Texte zur Landschaft
About Landscape

Essays über Entwurf, Stil, Zeit und Raum

Essays on design, style, time and space

Edition Topos

Callwey Verlag
München

Birkhäuser
Basel · Boston · Berlin

Inhalt
Table of contents

Braunkohletagebaugrube bei Bitterfeld
Photo: Gerhard Ullmann
Coverdesign: Boris Storz

Robert Schäfer

Der Begriff Landschaft schillert so vielfältig wie die Landschaft selbst. Unter all den Themen, die Topos – European Landscape Magazine in den vergangenen zehn Jahren aufgriff, zählen die Aufsätze über Geschichte, Bedeutung, Ästhetik und Nutzung der Landschaft zu den spannendsten. Die wichtigsten Beiträge wurden in diesem Band zusammengefasst.

Von der Literatur über die Kunstgeschichte bis zur Landschaftsarchitektur ist Landschaft Gegenstand sowohl wissenschaftlicher wie pragmatischer Betrachtung. Dabei ist es zwar gut zu wissen, dass der Begriff deutlich jünger ist als die Sache selbst, wirklich bedeutend sind jedoch andere Erkenntnisse. Was ist eigentlich Landschaft? Eine simple Frage die keine simple Antwort zulässt. Vielmehr geben die Antworten eher Aufschluss über den betreffenden Menschen und dessen Haltung. Das Wesen der Landschaft wird erst durch Geistesarbeit erschlossen, geschaffen und gestaltet. Die Kommunikation darüber ist schwierig, weil zunächst das Begriffsfeld abgesteckt werden muss.

Die hier gesammelten Texte ersetzen nicht all die wichtigen Werke zur Theorie der Landschaft. Dort steht, dass Landschaft ein Medium ist, das uns vollständig umfließt, in einem unablässigen Strom von dem was war und dem was kommt (James Corner), dass Landschaft unsere angeborene Sprache ist (Ann Whiston Spirn), dass nicht der Gestalter eine Landschaft bedeutsam macht, vielmehr der Betrachter, der Nutzer (Marc Treib). Hier geht es um Betrachtungen, die sich, mehr oder weniger eng, an den Alltagsproblemen orientieren. Und der Alltag spielt sich in der Kulturlandschaft ab, in der wir arbeiten und wohnen, nicht nur in arkadischen Gefilden, auch in der Innenstadt und in den ausufernden Siedlungsgebieten. Was sind dann die Qualitäten einer zukünftigen Kulturlandschaft, die neben Ökologie und Ökonomie auch all die weichen Faktoren wie Schönheit, Harmonie, Heimat beinhaltet, die als sensible, weil kaum quantifizierbare Empfindungen den emotionalen Wert einer Landschaft ausmachen? Wohlbekannt das Unbehagen, wenn sich die Landschaft ändert. Doch sie ändert sich, auch wenn wir die Hände in den Schoß legen. Es ist die Zeit, die an allem nagt. Viel rascher transformieren aktive Gesellschaften das Landschaftsbild. So entstehen vornehmlich städtische Landschaften als aktuelle Kulturlandschaften, wobei die Landschaft sich manifestiert bevor die dazugehörige Kultur einigermaßen zu benennen wäre. Noch besteht kein Konsens über die wünschenswerten Landschaften des 21. Jahrhunderts, sofern das Wünschen noch helfen könnte in dem mehr oder weniger chaotischen Prozess des Landschaftswandels. Vielleicht vermag eine starke, also anerkannte, Landschaftsarchitektur, Kultur in diesen Prozess zu bringen. Das hieße, das Bild von Seite 64 adäquat umzusetzen: Kultur, Ästhetik, Kontext, Mensch, Technik, Bedeutung, Sprache – Landschaft.

The concept of landscape is as iridescent as landscape itself in all its variety. Of all the topics that Topos – European Landscape Magazine covered over the past ten years, the articles on history, significance, aesthetics and uses of landscape were among the most fascinating. The most important contributions have been collected in this volume and provide an overview of the landscape we live in.

In everything from literature through art history to landscape architecture, landscape is the subject of both scholarly and pragmatic contemplation. While it is good to know that the concept is considerably younger than the thing itself, what really matters are other kinds of knowledge.

What is landscape actually? This simple question won't allow a simple answer. Instead, any answers tell us more about the person giving them. The essence of landscape is only discovered, created and formed through brainwork. It is hard to communicate with others about it because the content of the concept must be defined first.

The writings collected here do not replace all the important works on the theory of landscape. There we can read that landscape is a medium which is all-enveloping and surrounds us in a serialistic and unfolding flow of befores and afters (James Corner), that the language of landscape is our native language (Ann Whiston Spirn), and that significance is not the product of the maker, but is, instead, created by the receiver (Marc Treib).

The reflections in thid volume, however, are oriented more or less closely on the everyday concerns of architects, landscape architects and urban planners. Any daily life happens in the cultural landscape in which we live, work and reside, not only in Arcadian fields but also in the inner city and in spreading housing developments.

So, what are the qualities of a future cultural landscape that includes, besides ecology and economy, all the soft factors such as beauty, harmony, and feeling at home, the sensibilities that are barely quantifiable sensations making up the emotional value of a landscape? We all know the feeling of uneasiness when a landscape changes. Yet it changes even when we keep our hands in our laps. Time is what nibbles away at everything. Active societies transform the appearance of landscapes much more quickly. Hence it is mainly urban landscapes that are today's developing cultural landscapes, whereby these landscapes manifest themselves before the concomitant culture can even be identified. There is no consensus yet on what the desirable landscapes of the 21st century should be, provided that desiring could still help in the more or less chaotic process of change in landscape. Perhaps a powerful, recognized, landscape architecture is capable of bringing culture into this process. That would mean finding an adequate way to convert the illustration on page 64: culture, aesthetics, context, human being, technology, significance, language – landscape.

Der konkrete Traum von der neuen Harmonie

A concrete dream of new harmony

Franziska Bollerey

Im 18. Jahrhundert forderten utopische Sozialisten eine neue Harmonie von Natur und Mensch, sowie menschliches Wohnen und Arbeiten.

In the 18th century, utopian socialists began to postulate a new harmony of man and nature for more human ways of living and working.

»Setzt euch in das rechte Verhältnis untereinander und mit der übrigen Schöpfung.«[1] Dieser 1792 ausgesprochene Wunsch des deutschen utopischen Sozialisten Franz Heinrich Ziegenhagen muß heute – im Angesicht der weltweiten Bedrohung der Natur – nicht nur eine Hoffnung, sondern eine Forderung sein. »Könnte nicht auf diese Art der Erdboden nach und nach einem (englischen) Garten gleich werden, wo heitere gesunde Wohnungen, nützliche Gärten, lachende Fluren, grünende Wiesen, angenehme Wälder, schattige Landstraßen ununterbrochen abwechselten und Gesundheit, Stärke, Gewandtheit, Schönheit und Dauerhaftigkeit mit Liebe, Eintracht und Sicherheit verbunden wären?«,[2] fragt er. Für Ziegenhagen wie auch für den Franzosen François Marie Charles Fourier (1772–1837) und den Engländer Robert Owen (1771–1858) scheint die Schaffung eines »paradiso terrestro« ein Ausweg aus den sich bereits Ende des 18. Jahrhunderts für die Menschen und die Natur abzeichnenden negativen Folgen der industriellen Revolution.[3] Owen konstatiert in einem »Die Harmonie, Einheit und Wirksamkeit dieser Ethik« betitelten Kapitel: »Der Beweis für die Richtigkeit jeder Wissenschaft besteht in der Harmonie jedes einzelnen Teilgebietes mit dem Ganzen und in der Übereinstimmung dieser Wissenschaft mit der gesamten Natur, denn zwangsläufig muß jede Wahrheit über einen Gegenstand genauestens mit jeder anderen Wahrheit in Einklang stehen, da es den Naturgesetzen widerspricht, wenn sich zwei Wahrheiten entgegenstehen. Wenn so diese Tatsachen und Gesetze die Tatsachen und Gesetze der Natur sind, dann wird zwangsläufig vollendete Harmonie zwischen ihnen herrschen, und sie werden auch mit jedem Teil der Natur übereinstimmen.«[4] »In dem Maße, in dem die Natur wieder Ort des Tuns und Handelns wird, gewinnt sie ihren Wert wieder, und gleichzeitig verbessert sich die Gesundheit des Menschen, der dennoch ständig daran erinnert wird, daß er zerbrechlich und sterblich ist wie sie«,[5] läßt uns Claude Leroy 1989 wissen. Und seit Beginn der 1980er Jahre pflanzen die »green thumbs« und die »green guerillas« buchstäblich zu Füßen der Wolkenkratzer von Downtown Manhattan Blumen und Gemüse und züchten in Gewächshäusern in der Bronx Kräuter für die Luxusrestaurants der Stadt New York. Diese Nachbarschaftsgärten sind, wie Schrebergärten und wie Berliner Schulgärten – von denen ich hoffe, daß es sie noch gibt –, ein

"Establish appropriate relationships amongst yourselves and with the rest of creation."[1] Considering the worldwide threat to our natural environment, this entreaty, expressed by the German utopian socialist Franz Heinrich Ziegenhagen in 1792, should not merely remain a hope but should become an imperative. Ziegenhagen continues: "Would it not be possible for the earth to develop into an English-style garden, with nothing but pleasant apartments, useful gardens, beautiful fields, verdant meadows, serene forests and shady country roads, combining health, strength, efficiency, beauty and permanence with love, harmony and security?"[2]

For Ziegenhagen, as for the Frenchman François Marie Charles Fourier (1772–1837) and the Englishman Robert Owen (1771–1858), the creaton of a "paradiso terrestro" seems to have been a way for man and nature to escape from the negative consequences of the industrial revolution, which were already beginning to make themselves felt at the end of the 18th century.[3] In a chapter entitled "The Harmony, Unity and Effectiveness in This Ethical Code", Owen sets out his idea that for any science to be proved right, each part of it must be in harmony with the branch of science as a whole, which in turn must accord with nature as a whole. According to Owen, any truth must necessarily be compatible with every orther truth, since it would be contradictory to the laws of nature if two truths were incompatible; thus if al these facts and laws are the facts and laws of nature, complete harmony will exist amongst them and between them and the rest of nature.[4]

"As nature becomes the centre of activity once more, it regains its value and improves man's

Mitbringsel vom »paradiso terrestro«: Eine Vogelschau der Siedlung »New Harmony«, nach Ideen von Robert Owen (1771–1858) vom Architekten Thomas Stedman Whitwell entworfen, wurde dort auf Tücher gedruckt und verkauft. Auch eine Gegenvision zur Industriegesellschaft mußte vermarktet werden.

A souvenir of "paradiso terrestro": A bird's-eye-view of the New Harmony community, designed by the architect Thomas Stedman Whitwell in line with Robert Owen's ideas (1771–1858), was printed onto scarves at the community and sold. Even visions of life that rejected industrial society required marketing.

wesentlicher grüner Notanker im steinernen Meer der Stadt. Eben wie Renaturierungskonzepte und Ökohäuser und die ausgedehnten Park- und Grünflächen repräsentieren sie die Natur in der Stadt.

In den neunziger Jahren des zwanzigsten Jahrhunderts hat die Weltbevölkerung nicht nur quantitativ, sondern vor allem qualitativ einen folgenschweren Sprung gemacht. Zum ersten Mal in der Geschichte leben mehr Menschen in den Städten als auf dem Land. Nun weist aber Georg Simmel nach, daß sich in der Stadt der Kampf des Menschen mit der Natur in einen Kampf des Menschen mit dem Menschen verwandelt hat.[6] Nicht mehr der Natur muß etwas abgerungen werden, sondern dem Menschen. Der städtische Überlebenskampf, das Heranwachsen eines urbanen Menschentypus, dem andere Perzeptionen aufgezwungen werden und andere Reaktionen abverlangt werden, haben zu einer Entfremdung von der Natur geführt. Die Vernachlässigung – ja Zerstörung der Natur, der Umwelt ist unmittelbar an diese Entfremdung gekoppelt. Wer den Kontakt zur Natur verloren hat, der wird die Verletzung derselben nicht mehr wahrnehmen. Und dennoch bleibt das Zitat »Nicht die Natur braucht uns, wir brauchen die Natur«[7] wahr.

Naturwelt – Kunstwelt: Dieser Gegensatz wird, wenn auch in einer ganz anderen Dimension, bereits im 18. Jahrhundert wahrgenommen. Was im englischen Landschaftspark und in Frankreich in Reaktion auf das unnatürliche Leben der höfischen Welt im fiktiven bukolischen Landleben, zum Beispiel im »Hameau de la Reine«,[8] in einer Art Agromanie seinen Ausdruck findet, wird bei den utopischen Sozialisten zu einer wichtigen, auf die Veränderung bestehender Verhältnisse angelegten Ideologie.

Natur ist ein Aspekt eines allumfassenden Idealbildes, in dem die Ausbeutung des Menschen durch den Menschen wie auch die Ausbeutung der Natur durch den Menschen eliminiert wird. In Harmonie mit sich, seinen Mitmenschen, seiner Umwelt leben: Das ist die Quintessenz der Gedanken von Fourier und Owen. Owens ideale Ansiedlung heißt »New Harmony«, Fouriers idealer Gesellschaftszustand »harmonie universelle«. Seit zweitausend Jahren ist in Utopien die Ausbeutung des Menschen durch den Menschen abgeschafft. »Sozialutopien kontrastierten die Welt des Lichts gegen die der Macht, malten ihr Lichtland breit aus, mit dem gerecht gewordenen Glanz, worin der Unterdrückte sich erhoben, der Entbehrende sich zufrieden fühlt«[9], läßt uns Ernst Bloch wissen.

Bei der Konstituierung des »paradiso terrestro« kommt der Natur eine wichtige Rolle zu. Natur bedeutet im 18. und frühen 19. Jahrhundert so-

health – whilst man is still constantly reminded of how fragile and mortal he is",[5] wrote Claude Leroy in 1989. Since the beginning of the eighties, the "green thumbs" and "green guerillas" have been planting flowers and vegetables by the skyscrapers of downtown Manhattan and growing herbs for New York's top-class restaurants in the greenhouses of the Bronx. These neighbourhood gardens are typical patchwork allotments – similar to the Berlin school gardens, which I hope still exist – a crucial green anchor in the stone sea of the city. Just like renaturation concepts and ecohouses, extensive parks and green spaces, these gardens are the urban representatives of nature.

In the 1990s, the world's population has not only made a quantitative leap forward but also a qualitative one. For the first time in history, more people live in towns than in the country. Of course, Georg Simmel has shown that in an urban context, man's struggle against nature has become man's struggle against man.[6] It is no longer a question of squeezing more out of nature, but out of man. The urban fight for survival, the development of an urban type of human being, of whom new perceptions and reactions are expected, has led to a general sense of alienation towards nature. The neglect – or rather the destruction – of the natural environment is indirectly linked to this sense of alienation. If people lose contact with nature, they will no longer register its desolation. Yet it is still true to say that "nature does not need us: we need nature".[7]

Natural world versus artificial world: this antithesis was felt in the 18th century, too, albeit in an entirely different dimension. In England there was the landscape park, and in France the fictious bucolic idyll, as in "Hameau de la

Reine",[8] which expressed a kind of agromania in reaction to the unnatural world of the court.

The utopian socialists took this idea further and developed an influential ideology which aimed to transform existing conditions. To them, nature was one aspect of a universal ideal, in which man's exploitation of nature and man's exploitation of man were to be eliminated. Fourier's and Owen's quintessential idea was that of living in harmony with oneself, one's fellow men and one's environment. Owen called his ideal form of

wohl das »être humain« an sich, als auch Natur als Landschaft im Gegensatz zur Stadt. Um die Natur des Menschen in seiner physischen und psychischen Bedingtheit und um einem ausgewogenen Verhältnis von Stadt und Land zu entsprechen, propagieren Fourier und Owen Landkommunen. Die Hochschätzung der Landwirtschaft durch die Physiokraten und die Lehre vom »ordre naturel«, von der natürlichen Ordnung, implizieren eine mehr oder weniger entschiedene Ablehnung jedes Verstädterungsprozesses. »Die verwirrende Anhäufung von Gebäuden in unseren Städten und Dörfern ist das Bild einer … Zusammenhanglosigkeit … In 3000 Jahren haben wir nicht gelernt, gesund und angenehm zu wohnen«,[10] konstatiert Fourier. »Sortir de la Civilisation« war für Fourier nicht ein Schlachtruf der

Eine Idealstadt, 1822 von einem Anhänger von Charles Fourier gezeichnet. Im innersten Ring sollte die City liegen, im zweiten Ring die Fabriken, im dritten waren die Alleen und die Banlieues, die Wohngebiete, gedacht. Die Elefantenallegorie erinnert an den 1808 von Napoleon ausgeschriebenen Wettbewerb für einen Elefantenbrunnen auf der Place de la Bastille.

An ideal city drawn in 1822 by a follower of Charles Fourier. The business district was to be at the very centre of the city, the factories in the surrounding perimeter, and avenues and residential areas in the outer ring. The inclusion of elephant statuary is reminiscent of a competition held by Napoleon in 1808 for an elephant-embellished fountain at Place de la Bastille.

Blasphemie, sondern die Vorausschau auf eine Gesellschaft, in welcher der Entwicklung der Fähigkeiten, Leidenschaften und Bedürfnisse des »neuen sozialen Menschen« nichts mehr im Wege stehen sollte.

Die harmonische Erziehung trachtet in ihren Methoden zunächst danach, in jedem Individuum von frühester Kindheit an die unterschiedlichsten Fähigkeiten und Instinkte zu wecken und es vielfältigen Aufgaben zuzuführen, für welche die Natur es bestimmte. Fourier ersinnt für die Kinder Hängematten, Kostüme, Rangabzeichen und überlegt sich unter anderem didaktische Möglichkeiten zur Ausnutzung der kindlichen Naschhaftigkeit, der »gourmandise appliquée«.[11] Und weiter fragt er: Habe die Natur »eine Frau nur dazu bestimmt, sich um die Kochtöpfe zu kümmern und die Hosen ihres Mannes zu flicken, ... weit davon entfernt den Frauen eine Möglichkeit zu geben, sich schon als Kind bei der Arbeit in den Künsten und Wissenschaften und den sozialen Tugenden auszuzeichnen, weiß man sie nur unter das Ehejoch eines Unbekannten ... zu zwingen ... als Mädchen werden sie zu Intrigen und dummem Stolz verleitet, indem man nicht aufhört von der Macht ihrer doch allzu flüchtigen Reize zu schwärmen. Ebenso bringt man ihnen Verschlagenheit, und die Kunst bei, die Männer zu umgarnen. Die Leichtfertigkeit der Frauen wird gerühmt, indem Diderot sagt, man müsse, um die Frauen zu zeichnen, seine Feder in einen Regenbogen tauchen und mit dem Staub von Schmetterlingsflügeln bestreuen ... Was wird mit diesen abgeschmackten Schmeicheleien von Regenbogen und Schmetterlingsflügeln erreicht? Die beiden Geschlechter werden nur betrogen, denn wenn man nicht die soziale Bestimmung der Frau erkennt, verkennt man indirekt auch die des Mannes.«[12]

Ort der natürlichen Selbstverwirklichung aller Gesellschaftsmitglieder sollte bei Fourier der Sozialpalast, das Phalanstère sein. Hier sollten ihren vielfältigen Bedürfnissen entsprechend sich die Menschen der Phalange in einem Rhythmus von zwei Stunden lustvoll betätigen. Wie Owen, so entspricht auch Fourier mit seinen Überlegungen zur Ansiedlung einer Phalange den Vorstellungen von J. C. Loudon, der Kombination des »utile« mit dem »dulce«. »Obwohl jedes Gelände mit günstigen Voraussetzungen für diesen Versuch geeignet sein könnte, müßte man doch ein Stück Land finden, das in der Gestaltung unterschiedlich ist, in dem kleine Hügel sind, ... eine Landschaft, in der verschiedenartige Kulturen gedeihen könnten, und in der auch ein schöner Fluß zu finden ist. Hat die Phalange sich ein nach Möglichkeit hügeliges und von einem Fluß durchzogenes Terrain aus-

human settlement "New Harmony", Fourier's ideal society was the "harmonie universelle". For two thousand years, the abolition of man's mutual exploitation has been propagated in utopian ideals. Social utopians contrasted the world of light with that of power, "spreading the light of true justice and allowing the oppressed to rise in freedom and the deprived to be satisfied",[9] as Ernst Bloch put it.

In the construction of the "paradiso terrestro", nature had an important part to play. In the 18th and early 19th century, the term "nature" referred to the "être humain" himself as well as to the natural landscape as opposed to the town. Fourier and Owen advocated "rural communes", both to fulfil man's physical and spiritual needs and to achieve a balance between the urban and rural environment.

In the importance attached by the physiocrats to agriculture and the doctrine of "natural order", we see a clear rejection of any process of urbanization. "The muddled collection of buildings in our towns and villages is the very image of incoherence ... In 3,000 years we have not learnt to live healthy and contented lives",[10] writes Fourier. To him, "sortir de la civilisation" was not a blasphemous battlecry, but the anticipation of a society in which nothing would hinder the development of "new social man" and his abilities, passions and needs.

According to this idea of harmony, methods of child-rearing were to arouse a wide variety of abilities and instincts within each individual at the earliest possible age, introducing the child to the wild range of tasks for which nature predetermined the human race. Fourier's ideas for keeping children occupied included hammocks, costumes and badges of rank, and he considered ways of exploiting a child's sweet tooth for educational purposes – what he called "gourmandise appliquée".[11] He went on to ask the question: did nature "predestine a woman merely to look after the cooking pots and sew her husband's trousers? … Far from giving women the opportunity to gain distinction in the arts, the sciences and social virtues, she is simply forced into the yoke of marriage with a person she does not know … girls easily become the victim of intrigue and ignorant pride, simply because there is constant talk of their power and their charms – tansient though these are. They are also taught to be cunning and to ensnare men with their charms. Women are celebrated for their frivolity, for example when Diderot says that in order to draw a woman, one must dip one's quill in a rainbow and sprinkle upon it the dust of a butterfly's wings … What is achieved with such fatuous adulation? Nothing but a deception of both sexes, for by failing to recognize the social role of women, we indirectly do the same for men, too".[12]

According to Fourier's scheme, all members of society were to experience natural selfrealization in the "social palace" or phalanstery, as Fourier called it. Here, the people of the "phalanx" (community) could pursue their interests and needs in a system of two-hour shifts. With his idea of the phalanx, Fourier, like Owen, followed J. C. Loudon's notion that the "utile" should be combined with the "dulce".

"Although any convenient piece of land is suitable for this experiment, it would be ideal if a varied landscape could be found which includes small hills, such as the canton of Waadt, Savoy and Charollais, the lovely valleys of Breisgau and

gesucht, dann soll sie bei der Anlage der Kulturen darauf achten, den Charme der Landschaft nicht zu zerstören und ein breites Spektrum von Nutzungsmöglichkeiten erhalten, um eine abwechslungsreiche Arbeit zu ermöglichen!«[13]

Fourier, der als Knabe den Tod eines Tortenbäckers bedichtete, Preise für lateinische Gedichte erhielt, Blumen züchtete, komponierte und Atlanten studierte, hatte die Abwechslung und die Lust am kommunitären Leben vor Augen. Er war der Hedonist, wohingegen Owen der Pragmatiker war. Owen war Anfang des 19. Jahrhunderts im schottischen New Lanark der Beweis gelungen, daß »enlightened selfinterest« und »social progress« einander nicht ausschließen müssen. Auch Owen wünscht die Aufhebung der Diskrepanz zwischen entfremdeter Arbeit und persönlichen Interessen. Zur Erlangung dieses moralisch-ethischen »Equilibre social« übernehmen pädagogische Maßnahmen im weitesten Sinne eine wesentliche Aufgabe, in

New Lanark im Tal des Clyde war Robert Owens erste und äußerst populäre Mustersiedlung. Hier verbanden sich Ideal und Wirklichkeit. Wasserfälle boten landschaftliche Reize und Wasserkraft für den Betrieb einer Baumwollspinnerei, den Bewohnern war alles geboten, was sie zum Leben brauchten. Oben: Ansicht aus der Entstehungszeit, 1814. Links: Zustand um 1987.

New Lanark was Robert Owen's first model town and aroused great interest at the time. It was here that the marriage of ideals and reality found its most consummate expression. Waterfalls provided scenic attraction and the power for driving a cotton mill, and the inhabitants had everything they needed. Above: View from the early days (1814). Left: Current state (1987).

Der Baustil muß nicht unbedingt Indikator für den Inhalt
sein: Dieser 1807 veröffentlichte Entwurf für ein Phalanstère lehnt sich formal an feu-
dale Vorbilder an. Doch statt
eines absolutistischen Herr-
schers und seines Hofstaats
sollte dieser Bau Heimat für
eine »Phalange« werden, eine
Gemeinschaft, die sich an
Charles Fouriers Gedanken
über Gleichheit und Brüder-
lichkeit ausrichtete.

The style of a building does
not necessarily have to indicate its function. This design
for a phalanstery, published in
1807, is clearly based on a
feudal building, but instead
of providing a setting for an
absolute ruler and his court,
it was to become the home
of a phalanx, a community
based on the ideas of equality
and fraternity postulated by
Charles Fourier.

der das Verhältnis zwischen Kopf- und Handarbeit eine ebenso wichtige Rolle spielt wie der Kontakt zur Natur. Drei Aspekte sind in diesem Zusammenhang zu nennen:

1. Die Situierung der Siedlung: So heißt es etwa in der Erklärung zu Owens amerikanischem Modellversuch, der vom Architekten Thomas Stedman Whitwell 1824 entworfen worden war: »Das Whitwell-Modell erhebt sich, wie auf einem Tablett präsentiert, über künstlich aufgeschüttetem Land. Die sehr breite Esplanade, eine Abart des Boulevards mit Grünanlage und asphaltierten Wegen, paßt sich dort, wo sie sich von der Landschaft abhebt, in ihrer Umrandung den Eck- und Mittelbetonungen der Square-Bebauung an. Die Umgehungsallee ist an den Ecken und vor den Mittelbetonungen durch Treppen erreichbar. Der Promenaden-Highway ist von einem Geländer umgeben und an einer Seite durch eine befahrbare Rampe mit der Landschaft verbunden. Darunter ist ein Zufahrtsweg für das unterirdische Versorgungssystem angelegt. Das Ganze soll sich in einer paradiesischen Landschaft von Obstbäumen, Spalierobst und kultiviertem Land umgeben, erheben.«[14]

2. Das Verhältnis von Bebauung und Grünfläche sowie die Ausgerichtetheit der Fenster auf die Landschaft und die Innenhöfe: »Angenehme Schlafzimmer, die über die Gärten ins Land schauen, und Wohnzimmer, die geräumig genug sind und auf den Platz/Innenhof hinausgehen.«[15]

3. Die Beziehung des Menschen zum Landhaus und zur Natur: »Im Sommer haben die Einwohner von New Lanark ihre Gärten und Kartoffelfelder zu bestellen, sie kennen Spazierwege, auf denen sie zur Erhaltung ihrer Gesundheit wandern und die Natur von immer neuen Seiten genießen können.«[16]

Grüngürtelplanung, Auflockerung durch Grünzonen, das »Grün« schlechthin entwickelt sich bis heute zu einem vielbenutzten und teilweise überbeanspruchten Terminus der Planer. »Man liebt auf die Dauer nur die Landschaft, die voll freudiger menschlicher Arbeit ist; glatte Felder, schöne Gärten; reiche Fruchtgehege; eine geordnete, eine heitere Landschaft, in welcher überall die Heime der Menschen stehen.« (Ruskin/Howard)[17]

Zu Beginn des 20. Jahrhunderts verheißt der Propagandist der deutschen Gartenstadtbewegung: »Und diese Stadt kann dabei den höchsten Anforderungen der Technik, der Hygiene und Aesthetik genügen und durch Privatgärten an den Häusern und durch ausgedehnte öffentliche Anlagen mehr einem Garten als einer Stadt gleichen.« (B. Kampff-

the Pyrenees and the landscape between Brussels and Halle; it should be a stretch of land in which a variety of cultures can flourish, and where a pleasant river flows. Once the phalanx has selected a hilly terrain with a river, it should be careful not to destroy the natural charm of the landscape when establishing agriculture. The aim should be to maintain a broad spectrum of possible uses so that the opportunities for work remain varied."[13]

As a child, Fourier had written poems about the death of a pastry cook, won prizes for Latin poems, grown flowers, composed music and studied atlases, and he had a clear idea of what he meant by occupational variety and the joys of community life. He was a hedonist, whilst Owen was a pragmatist. With the industrial community that Owen set up in New Lanark in Scotland at the beginning of the 19th century, he succeeded in proving that enlightened self-interest and social progress were not necessarily mutually exclusive. Owen, too, wanted to do away with the conflict between work as an alienating activity and the interests of the individual. His social progressiveness is reflected in his constant demands for satisfaction for all. In his opinion, the most important means of achieving this moral-ethical "Equilibre social" was the use of educational programmes in the broadest sense of the world, in which the relationship between intellectual and manual work was just as important as the role of nature. There are three aspects to be mentioned in this connection:

1. The location of the ideal settlement. For example, as the description of the American model experiment designed by Thomas Stedman Whitwell in 1824 states:

"The Whitwell model rises above an artificially raised area of land, as if presented on a tray. The very broad esplanade is a type of boulevard with a park and asphalted paths, and its surround follows the corner and middle accentuations of the built-up square, where it stands out from the landscape. The bypass avenue can be reached by stairways at the corners and before the middle accentuations. The promenade highway is surrounded by a railing and connected to the land by a trafficable ramp. Beneath it is an access road for the underground supply system. The whole thing rises out of a paradise-like landscape, surrounded by fruit trees, espalier fruit and cultivated land."[14]

2. The relationship between built-up area and parkland, and the placing of the windows in relation to the landscape and courtyards: "Pleasant bedrooms, looking out across the gardens, and spacious living rooms which one can go out into the squares or courtyards."[15]

3. The relationship of man to the cultivated land and the wilderness: "In the summer, the inhabitants of New Lanark must till their gardens and potato fields; there are nature's trials so that they can keep fit and healthy and enjoy the variety of their natural surroundings."[16]

Green belt planning, the breaking up of built-up areas with green areas, and the term "green" in general tend to become a much-used – sometimes over-used – planner's concept. "Eventually, one comes to love only the landscape, full of people going contentedly about their work; flat fields, pleasant gardens, rich fruit hedges, an ordered and pleasing landscape dotted with individual homes." (Ruskin/Howard)[17]

"And this town can meet the highest standards of technology, hygiene and aesthetics; with private gardens by the houses and large public

meyer)[18] Einige Jahrzehnte später schreibt Le Corbusier: »L'agglomération urbaine (est) traitée en ville verte«, »Die städtische Agglomeration wird wie eine Stadt im Grünen behandelt.«[19] »Soleil, espace, verdure. Les immeubles sont posés dans la ville derrière la dentelle d'arbres. Le pacte est signé avec la nature«, »Sonne, Raum, Grün. Die Gebäude der Stadt verschwinden hinter den Spitzensäumen der Bäume. Mit der Natur wird ein Abkommen geschlossen.«[20] 1967, als der Höhepunkt der Ausweisung monumental anmutender Großsiedlungen erreicht scheint, heißt es zum »Märkischen Viertel« in Westberlin: »Der Entwurf ist angewandte Gartengestaltung, keine Architektur, eine bewohnbare Pflanze. Die Äste recken sich der Sonne entgegen. Die Maximalhöhe war vorgeschrieben, der Rest ist angewandte Sonne.«[21] Was ursprünglich von den utopischen Sozialisten und in ihrer Nachfolge von der englischen und deutschen Gartenstadtbewegung als Lösung im Kampf gegen eine Trennung von Stadt und Land intendiert war, pervertierte zur formalen Vokabel »grün« und wurde oft genug Ersatzwort für notwendige infrastrukturelle Einrichtungen.

Vom pervertierten Grün könnte man sprechen, und daß ebenso der Begriff Park einer Perversion anheimgefallen ist. Denn zu fragen bleibt, auf welche tiefverborgenen Sehnsüchte nehmen Bezeichnungen wie Entsorgungspark, Autopark, »brain park« Bezug? Oder denken die Namensgeber nicht einmal mehr über ihre Wortschöpfung nach?

Welch ein Unterschied zur analytischen Sicht Fouriers!

Fourier denkt hier an die ideale Architektur eines Phalanstère. Abgesehen von seinen Ausführungen zu einem Sozialpalast hat er aber auch eine Modellstadt beschrieben: Jedes Haus der Stadt ist mit einem der bebauten Fläche entsprechenden Hof oder Garten zu versehen. Der Freiraum soll immer die Hälfte der Höhe des angrenzenden Hauses betragen. Ildefonso Cerdà kommt Mitte des 19. Jahrhunderts in seinem Stadterweiterungsplan für Barcelona[23] mit dem Vorschlag »36% bebaute, 64% nicht bebaute Fläche« hierauf zurück. Anders als Cerdà jedoch lehnt Fourier das Raster als Strukturierungssystem ab. »Die Monotonie des Schachbretts ist aus der Planung zu verbannen. Um der Uniformität zu begegnen, werden einige Straßen krumm oder geschlängelt sein. Ein Achtel der gesamten Planungsfläche ist den öffentlichen Plätzen vorbehalten. Die Hälfte aller Straßen ist mit Bäumen verschiedener Art zu bepflanzen.«[24]

Die im absolutistischen Städtebau üblichen Point-de-vues hingegen übernimmt Fourier.[25] Jede Straße sollte auf einen pittoresken Punkt, ein öffentliches oder privates Denkmal, einen Hügel, eine Brücke, einen Wasserfall hinweisen oder den Blick auf eine Aussicht lenken.

Im urbanistischen Konzept Fouriers gehört die Grünplanung zu den wichtigsten Faktoren. Das Grün hat in seiner Stadt nicht als gestaltete Landschaft aufzutreten, eine Aufgabe, die ihm dann in gartengestalterischer Manier als Umgebung des Phalanstère zufällt. Die Grünanlagen dienen dem Prozeß der Renaturierung der Stadt und sollten in der garantistischen Übergangsperiode – einem Zeitabschnitt des von ihm neubedachten historischen Systems – zur langsamen Auflösung städtischer Agglomeration beitragen. Der mit Rabatten, Hecken und Bäumen bepflanzte Boulevard, die Kaskaden und Blumenbeete der öffentlichen Parks sind als »natürliche« Propagandamittel für die prästabilisierte Harmonie entworfen. »Als ich vor 33 Jahren zum ersten Mal über die Pariser Boulevards lief, kam mir die Idee von der ›architecture unitaire‹, an deren Konzept ich jetzt arbeite. Ich verdanke diese Erfindung dem Boulevard des Invalides.«[26] Fourier hat sich in seinen Konzepten an die unter Louis XIV. veränderte Pariser Wirklichkeit angelehnt, an das formale Angebot der Feudalklasse also, aber er verbindet es mit anderen funktionalen Intentionen.

Die Rückkehr zum Boden sei, so der französische Genossenschaftstheoretiker Charles Gide 1913, ein Schlagwort vieler sozialer Schulen, »... viel früher schon war es das Fouriers. Und diese Rückkehr zum Boden muß bei ihm in einem doppelten Sinne aufgefaßt werden. Erstens die Auflösung der großen Städte und Verteilung der Einwohner in die Phalanstères, – die in Wirklichkeit nichts weiter als elegante Dörfer sein würden, da ihre Bevölkerung auf 1600 Einwohner oder 400 Familien beschränkt ist. Sie sollen in wohlgelegenen Gegenden errichtet werden ... Dies ist nicht nur, wie man ironisch gesagt hat, das Arkadien eines Oberbuchhalters, sondern die vollständige Voraussage der Gartenstädte ... und zwar nicht nur, um die Forderungen der Hygiene und der Ästhetik zu befriedigen, die Tatkraft und die Lebensfreude zu vermehren, sondern (zweitens) auch, um die Wohnungsfrage und die des Mehrwertes des städtischen Grundbesitzes zu lösen.«[27]

Eine neuerliche Beschäftigung mit Owen und Fourier und das wünschenswerte Studium ihrer Texte kann nicht bedeuten, lineare Lösungen für heute akute Probleme zu finden. Es geht bei den utopischen Sozialisten um die auf einer kritischen Analyse ihrer Zeit basierende Vorstellungskraft, die Verbesserungen erdenkt und für ihre Realisierung kämpft.

parks, it tends to resemble a garden rather than a town." (B. Kampffmayer/ *Deutsche Gartenstadt*)[18]

"L'agglomération urbaine (est) traitée en ville verte", "The urban agglomeration is treated like a city in green."[19] "Soleil, espace, verdure. Les immeubles sont posés dans la ville derrière la dentelle d'arbres. Le pacte est signé avec la nature", "Sun, space, green. The buildings of the town disappear behind the veil of the trees. A pact is concluded between man and nature." (Le Corbusier)[20]

"The conception is that of applied garden design, not architecture: a plant which can be lived in. The branches stretch up towards the sun. The maximum height was stimulated anyway: the rest is applied sun." (Stranz, *Märkisches Viertel*)[21]

The utopian socialists' original intention was to put an end to the encroaching separation of town and country, an aim later taken up by the English and German garden city movement. Eventually this concern became reduced to the formalized term "green", a simplified reduction of what should in fact be a much more differentiated scheme of infrastructural facilities.

The terms "green" and "park" have thus been distorted beyond their original meaning, and we must ask ourselves what secret longings such neologisms as "disposal park", "car park" and "brain park" really refer to. Or do the people who coin these terms bother to reflect on the origins of their meaning?

Fourier's analytical approach is quite different: "By means of the arts, nature would have to be used to offer people a new way of sensing harmony. This could only be conveyed by art because it satisfies the five senses cumulatively; I predict that architecture will be the new way."[22]

Here, Fourier is thinking of the ideal architecture of a phalanstery. Apart from his concept of a "social palace", he also described a model town: every house was to have a courtyard or garden adapted to the buildings around it, while the open space was always to be half the height of the adjacent house. In his urban extension plan for Barcelona[23] in the mid-19th century, Ildefonso Cerdà makes use of this idea in his proposal that 36 per cent of the area should consist of buildings and 64 per cent of open space. Unlike Cerdà, however, Fourier rejects the use of a strictly structured system. "The monotony of the chess board should be banned from the planning process. Some roads should be curved so as to avoid uniformity. One eighth of the entire planning area should be taken up by public spaces. Half of the roads are to be planted with various types of tree."[24]

However, Fourier does take on the "point-de-vues" approach typical of absolutist city development.[25] Every road was to highlight a picturesque spot, a public or private monument, a hill, a bridge, a waterfall or a vantage point.

Green space planning was one of the most important factors in Fourier's urban concept. The green open spaces in his town model did not primarily fulfill the traditional landscape function (the decorative green spaces surrounding the phalanstery fulfilled this role); rather, they served the purpose of renaturation: during the so-called "transitional" period of his newly conceived historical system, the urban agglomerations were to be gradually broken up with the help of such spaces. The boulevard, planted with borders, hedges and trees, and the public parks with their cascades and flower beds were designed as "natural" propaganda for pre-established harmony. "When I first walked down the Paris boulevards 33 years ago, the idea of "architecture unitaire" occurred to me, the design of which I am now working on. I owe this invention to the Boulevard des Invalides."[26]

In developing his designs, Fourier drew on the changes that had been made to Paris under Louis XIV. Boulevards and parks were to bring nature into the city and permeate it with green. Fourier based his ideas on the urbanistic concept originally introduced by the "Roi Soleil", while incorporating ideas of Boullée's and Ledoux's (in his Chaux project at the turn of the century, Ledoux had introduced a conceptual approach to relating built-up areas to open spaces). Fourier thus drew on the formal schemes of the feudal state, but combined them with other functional concepts.

According to the French social theorist Charles Gide, writing in 1913, the return to nature had been a slogan of many social schools:

"... but Fourier arrived at this idea much earlier. And in his case, this return to nature has two sides to it. Firstly as a way of breaking up the large towns and distributing the inhabitants in the phalansteries – which were in fact nothing other than elegant villages since they were limited to a population of 1,600 or 400 families. They were to be laid out in pleasant areas ... This was not just an office clerk's idea of arcadia, as it has been ironically called, but the accurate prediction of the garden cities ... not just to satisfy standards of health and aesthetics and to enrich the lives of the inhabitants, but (secondly) to solve the problem of living space and that of the increasing value of urban land ownership."[27]

Aus der wohlgeordneten Natur in den Palast der neuen Gemeinschaft. In diesem Detail für Owens Siedlung »New Harmony«, Indiana, führt ein Weg aus der Landschaft über Treppenanlagen auf das Siedlungsplateau.

From neat and tidy nature to the palace of the new community. In this glimpse of New Harmony, Indiana, a path leads in from the landscape to the level area of the community buildings via a system of steps.

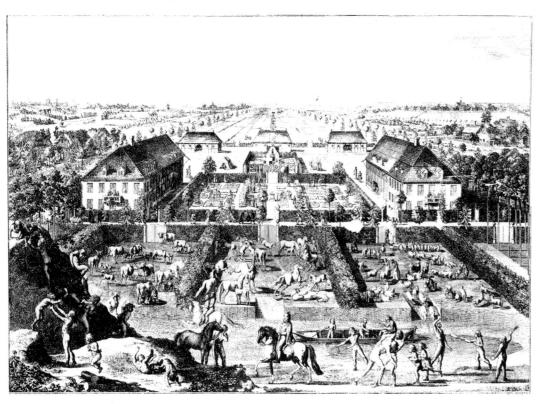

A reappraisal of the works and ideas of Fourier and Owen is certainly to be encouraged today, though we must not expect them to supply us with straightforward solutions to acute contemporary problems: Owen's service and apartment houses and his international network of phalansteries cannot be compared to modern hotel chains; Fourier's "antilions" – on which the traveller rode off from Calais in the morning to have breakfast in Paris and arrive in Lyon by midday – are no anticipation of the "TGV"; and the phalanstery's winter garden cannot be regarded as a forerunner of those "indoor open spaces" intended to persuade shoppers the world over to spend their money. What the utopian socialists undertook was an imaginative but critical analysis of their age that involved coming up with improvements and fighting to have these implemented.

They deserve recognition for their vision, foresight and sensitivity towards the natural environment. Their motivation was tireless and they made their basic message clearly understood: that man should establish an appropriate relationship between himself and nature. How relevant and crucial this message is today! "Social utopias, even in their tentative beginnings, were always able to reject baseness", writes Ernst Bloch, "even when it was powerful or habitual. Custom and habit are often the greatest restraint upon the imagination, since the are always with us and therefore seem less pathetic, deadening our sense of conflict and protest and sapping our courage. The power of a utopia derives from the fact that it questions everything that we take for granted in such a way that change seems the only possible way forward."[28]

Anerkennung ist ihnen zu zollen für ihre Weitsicht, Voraussicht und Sensibilität beim Umgang mit der Natur. Unermüdlich war ihre Motivation und laut ihre Forderung: Der Mensch möge sich in ein rechtes Verhältnis mit der Natur setzen. Und wie bitter nötig und aktuell ist diese Forderung heute noch!

»Sozialutopien, selbst in ihren tastbaren Anfängen, waren stets imstande, zum Niederträchtigen nein zu sagen«, schreibt Ernst Bloch, »auch wenn es das Mächtige, selbst wenn es das Gewohnte war. Letzteres ist ja subjektiv meist noch hemmender als das Mächtige, indem es sich unaufhörlich und darum weniger pathetisch darstellt; indem es das Bewußtsein des Widerspruchs betäubt, den Anlaß zum Mut herabsetzt. Die Kraft der Utopie liegt darin, das Gegebene, Gewohnte so wenig selbstverständlich zu finden, daß nur seine Veränderung einzuleuchten vermag.«[28]

»Heitere Wohnungen der Selbstgenügsamkeit und Freude ... eine große zusammenhängende Stadt und ein ununterbrochener Garten ...« war schon 1792 das Ideal des deutschen utopischen Sozialisten Franz Heinrich Ziegenhagen.

As early as 1792, "Cheerful dwellings of self-sufficiency and joy ... a large, continuous city and an uninterrupted garden" were the ideals of the German utopian socialist Franz Heinrich Ziegenhagen.

Die zaghafte Moderne

The faltering progress of modernism

It is commonly held that there was no modernist movement in German landscape architecture, and there has been a disinclination to delve more deeply into the history of the profession as far as the period of national socialism is concerned. The result is that too little research has been done into the subject: we do not know nearly enough about the active role played by some of the "grand old men" during the Nazi period. Neither has enough light been cast on those met with professional bans and other forms of harassment in the Third Reich years. Interestingly enough, a number of studies prove that modernist approaches existed in open space planning and design prior to 1933 and after 1945, even though such ideas were limited to only a few proponents.

In order to trace the history of the modernist movement in Germany, one must divert one's attention away from the mainstream and pursue a narrow tributary – and it is here that the truly pioneering concepts are to be found. The various modernist approaches and currents had a fundamental attitude in common which distinguished them from their anti-modern counterpart in that they were all in search of solutions to contemporary problems in the form of industry, urban expansion, and, at the beginning of the 20th century, the emergence of the proletariat, rather than with reverting to the panaceas of the past. It was this fundamental attitude that inspired the attempt to formulate a theoretical and methodical basis for urban and open-space planning which would ensure humane living conditions for all city-dwellers. Modernism sought not only to fulfil the functional needs of modern life but also set out to add an aesthetic dimension to it.

Weitverbreitet ist die Meinung, es habe in Deutschland keine Moderne in der Landschaftsarchitektur gegeben. Die Abneigung, sich mit der Vergangenheit des Berufsstandes zu befassen, wenn sie die Zeit des Nationalsozialismus einschließt, hat hier zu Forschungsdefiziten geführt. Daher ist immer noch zu wenig bekannt über die teilweise sehr aktive Rolle mancher »großer alter Männer« im Nationalsozialismus. Zugleich ist immer noch zu wenig über diejenigen erforscht, deren Biographie durch Berufsverbote und andere Repressalien im Nationalsozialismus einen Bruch erfahren hat. Immerhin belegen etliche Forschungen, daß moderne Ansätze in der Planung und Gestaltung von Freiräumen vor 1933 und nach 1945 bestanden haben, wenn sie auch nur von wenigen getragen worden sind.

Der Moderne in der Landschaftsarchitektur nachzugehen, bedeutet für Deutschland, nicht dem Hauptstrom zu folgen, sondern einer schmalen Nebenlinie – die allerdings zukunftsweisende Konzepte entwickelt hat.

Grundsätzlich verbindet die unterschiedlichen Herangehens- und Sichtweisen Moderner eine gemeinsame Grundhaltung, ein ganz bestimmter Umgang mit den Gegebenheiten, der sie von antimodernen Vertretern ihrer Professionen unterscheidet: Wer modern dachte, suchte die Lösung für anstehende Probleme und Aufgaben nicht im Rückgriff auf Vergangenes, sondern in der direkten Auseinandersetzung mit der Gegenwart: der Industrie, dem Wachstum der Städte, dem Entstehen des industriellen Proletariats zu Beginn des 20. Jahrhunderts. Daraus entsprang die Suche nach theoretischen und methodischen Grundlagen einer Stadt- und Freiraumplanung, die allen Bewohnern humane Lebensbedingungen sichern sollte. Nicht nur die Funktionen des Wohnens, sondern auch die Ästhetik im Alltag sollte dem modernen Leben angemessen sein.

Im Vergleich zur modernen Architektur in Deutschland, das zwischen 1924 und 1933 als das Zentrum der neuen Architektur galt, hat die moderne Gartenarchitektur in jener Zeit eher ein Mauerblümchendasein geführt. Das bedeutet: sie war wohl noch stärker angefeindet als die moderne Architektur. Bauen im Heimatschutzstil war in den 20er Jahren immer noch die Regel, ebenso Gärten nach vage nachempfundenen feudalen Vorbildern. Die Moderne kämpfte, so der Architekturhistoriker Julius Posener, um ihr Überleben. Sie erfuhr erst durch die Gewerkschaften

Ursula Poblotzki

Der versäumte Neubeginn in der Bundesrepublik Deutschland nach 1945 ist auf das Desinteresse an der Moderne zurückzuführen.

The failure of German landscape architecture to take up a new start after 1945 can be explained by lack of interest in the modernist movement.

und die sozialdemokratischen Regierungen der großen Städte Förderung. Dort wurden in den 20er Jahren die Ergebnisse moderner Theorie und Planung greifbar: die neuen Großsiedlungen und ihre Gärten und die vielseitig nutzbaren, auf die Kultur der Arbeiter zugeschnittenen Volksparke.

Es wurden, wie es der Architekt Schuster 1927 formulierte, Modelle für die »neue Wohnung, die Wohnung der Vielen« und die Gärten für die Vielen entwickelt, die den Menschen die Möglichkeit zur Entfaltung geben und frei sein sollten von allem unnützen Ballast. Leberecht Migges Planungen für Gärten und gemeinschaftliche Freiflächen an Großsiedlungen sind Beispiele für konkrete, verwirklichte Projekte. Ihr ideeller Hintergrund ist in Martin Wagners Dissertation von 1915 mit dem Titel »Das sanitäre Grün der Städte« formuliert worden. Wagner ging es letztlich darum, das herrschende Verständnis von Stadtgrün als »Bonifacium, das man an die Bürger geben oder nicht geben kann«, wie er das 1914 bezeichnete, durch das Bewußtsein abzulösen, daß allen Stadtbewohnern von der Wohnung aus erreichbare Grünflächen zuständen. Sie sollten selbstverständlicher Teil ihres Wohnungsstandards werden. »Sanitäres Grün« – das bedeutete weniger das repräsentative, letztlich doch auf die Selbstdarstellung der Kommu-

Between 1924 and 1933 Germany was regarded as the centre of modernist architecture, but modernist landscape architecture led a neglected existence and probably faced even greater hostility. Traditional regional styles continued to dominate during the twenties, and gardens were designed according to vague notions of manorial archetypes. Modernism had to fight for its survival, as the architectural historian Julius Posener has put it, and it was not until Social Democrat-controlled city authorities and trade unions gave it their backing that the situation improved. It was thus in the cities that the efforts of modern theory and planning began to bear fruit, in the form of new large-scale residential estates and gardens, and the "Volksparke" – multi-purpose parks designed to cater to the working classes. As the architect Schuster wrote in 1927, models were developed for new housing – "homes for the people" and "gardens for the people", with the aim of providing them a sense of personal freedom unburdened by unnecessary ballast. Leberecht Migges' plans for residential estates in Frankfurt and Celle are examples of projects in this vein. The conceptual foundations of such projects were set out by Martin Wagner in his dissertation of 1915 entitled "The sanitary green of the cities". Here he attacked the notion that urban parks were some kind of "charitable gift which might or might not be granted to the citizens" as he had put it in 1914. Rather, he advocated that all city-dwellers had a right to green spaces within reach of their homes, indeed that this should be a minimum requirement for urban living standards in general. Thus "sanitary green" did not so much mean stylish parks intended as local authority show-pieces,

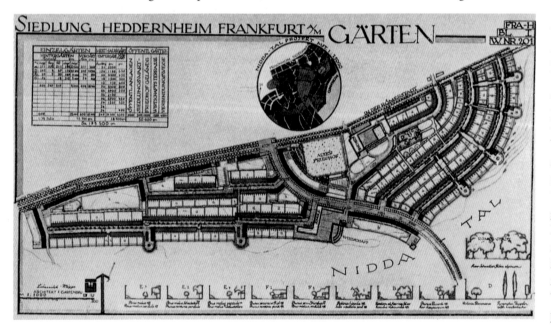

In seinem Plan für die Siedlung Heddernheim in Frankfurt/Main, die sogenannte Römerstadt (1927), hat Leberecht Migge Einzelgärten, Miethausgärten und öffentliche Gärten ausgewiesen. Grundsätzlich ist diese Typisierung heute noch üblich.

In his plan of 1927 for the Heddernheim estate in Frankfurt on Main, Leberecht Migge designated gardens for private, public and tenement block use, a classification which is still in common use.

but as green spaces designed for active use by city-dwellers. It is thanks to this idea that the convenient location of urban parks and their adaptability to the varying interests of city-dwellers still have high priority in urban planning today. On the same note, the planner Philip Rappaport demanded in 1929 "fewer representative gardens and more green spaces" in connection with inter-urban green-space planning in the Ruhr area.

Such concerns often went hand in hand with residential and open-space planning concepts based on the kind of rationalized prototype which is often judged critically by today's standards. However, the aim was simply to provide practical apartments and open spaces for large sections of the population – some of whom were destitute – using limited financial resources. It was the first time that the necessary theoretical basis for such an endeavour had been created. The rational-reformist thought of the modernist era was thus allied to a respect for working people and their culture. It is true that the new apartments and green spaces tended to benefit the better-off workers rather than the poorest, probably as a result of the deteriorating economic situation at the time. Nonetheless, this type of planning and construction certainly promoted a sense of emancipation and social pacification. As Julius Posener writes: "The most important aspect of this architectural progress of emancipation as I see it was now talk of "people", in the sense of underprivileged individuals, such as women, messengers and workers. Thinking of people, however, meant rejection of the proletarian revolution as such. This was no class struggle but universal emancipation."

Der sonderbare Garten
Ausgestellt auf der Juryfreien Kunstschau
Berlin 1925

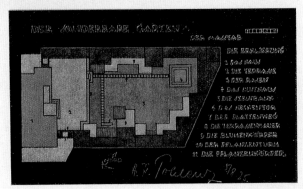

Grundriß

Oben : Blick auf den Pflanzenturm
Unten : Blick auf die Steinbank

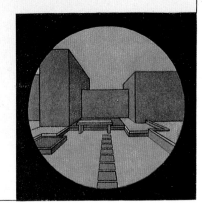

Entwurf von H. F. Pohlenz, Gartenarchitekt, Berlin

Im »Sonderbaren Garten«, den Hans Friedrich Pohlenz 1925 in Berlin auf der Juryfreien Kunstschau präsentierte, werden Pflanzen und Bauten als »Türme« und »Körper« aufgefaßt.

At the "Sonderbare Garten" (Strange Garden) designed for the Berlin Kunstschau in 1925 by Hans Friedrich Pohlenz, both plants and hard elements were given the form of abstract, geometrical shapes.

Another area in which the long-term influence of modernism is equally significant is the contemporary middle-class culture of home and garden. Posener's statement that modernism was the last original architectural legacy of the bourgeoisie can be said to ring true today. Here, the need was expressed – as Posener puts it – "to live in surroundings which exuded a certain permanence, and at the same time to liberate these surroundings of any indebtedness to the past". In fact, this was the attitude of the nouveau riche, who had gained their wealth through industrial developments; the refreshing aspect is, however, that these people had no pretensions to being anything more elevated, but adopted a genuinely international, cosmopolitan outlook. Contemporary journals bear witness to the modernist garden designs of the period. Whether private gardens and parks, designs displayed at garden shows, model gardens such as Gustav Allinger's "Garden of the Future" built in 1926 at the Jubilee Garden Exhibition in Dresden – all these demonstrate to varying degrees an orientation towards modern art and architecture. The designs were also intended to cater for modern man – albeit as defined by the

nen fixierte Schaugrün. Es ist das Grün zur aktiven Inbesitznahme durch die Bewohner.

Dieser Gesichtspunkt ist entscheidend dafür, daß bis heute der Erreichbarkeit der Grünflächen und ihren Funktionen für die unterschiedlichen Interessen der Stadtbewohner ein hoher Stellenwert eingeräumt wird. Der Planer Philip Rappaport forderte dementsprechend im Zusammenhang mit stadtübergreifenden Grünplanungen im Ruhrgebiet 1929 »weniger Gartenanlagen und mehr Grünanlagen«. Daß solche Überlegungen mit Gedanken zur Rationalisierung und Typisierung im Wohnungsbau wie in der Freiflächenplanung einhergingen, wird heute oft ambivalent beurteilt. Es ging hier nicht darum, Menschen in uniformierte Räume zu pressen, die sich bislang solcher Freiflächen und Wohnungen hätten frei und ungezwungen erfreuen können. Es ging schlicht darum, nutzbare Wohnungen und Freiräume für breite, teilweise verelendete Schichten der Bevölkerung mit geringen Mitteln bereitzustellen. Dafür wurden erstmals systematische Grundlagen geschaffen. Rationales, reformerisches Denken in der Moder-

Im Gegensatz zu manchen Architekten konnten sich Gartenarchitekten sehr wohl eine bewußte moderne Freiraumgestaltung vorstellen. Die Skizze von Sepp Rasch (1929) hat den Untertitel »Zusammenklang von Architektur und Vegetation«.

Unlike some architects thought, landscape architects envisioned applying Modernist principles to outer space design. The sketch by Sepp Rasch of 1929 is titled "Harmony of architecture and vegetation".

designer. A typical insight here is provided by Allinger's "Garden of the Future", designed for "an actively creative individual who bears within him a great reverence towards floral beauty and a strong emotional attachment to nature, for people who love their German homeland and yet adore the added embellishment provided by exotic plants; for much-travelled people who have seen the world …".

Whilst the nationalist sentiments expressed here are coupled with a cosmopolitan outlook, Allinger later showed his true colours: as chairman of the German Association for Garden Design he was instrumental in engineering the association's Nazification from 1933 on.

In terms of content and presentation, designs such as Hans Friedrich Pohlenz's "Strange Garden" or Georg Béla Pniower's "Rhythmic-Personal Garden" adopted a cubist or, respectively expressionst, approach to plants and buildings, with dramatically expressive perspectives and spatial sequences, while some of the private gardens of the times displayed a new sense of the function a garden was to fulfill and of spatial organization in general. The new image of the garden was less elaborate and less complex in com-

ne war gepaart mit dem Verantwortungsgefühl für die sozial benachteiligten Bewohner. Man respektierte die Arbeiter und ihre Alltagskultur. Zwar kamen die neuen Wohnungen und grünen Freiräume, wohl bedingt durch die sich verschlechternde Wirtschaftslage, nicht den Ärmsten unter ihnen, sondern eher den bessergestellten Arbeitern zugute. Dennoch wirkte dieses Planen und Bauen emanzipatorisch und sozial befriedend. Julius Posener betont 1979: »Das Entscheidende aber an diesem Fortschritt durch Architektur, dieser Emanzipation durch Architektur scheint mir zu sein, daß man *von Menschen* sprach, wobei man an die Unterprivilegierten gedacht hat: Frauen, Dienstboten, Arbeiter; aber man sprach von dem »Menschen« schlechthin … Indem man aber *von Menschen* sprach, erteilte man in der Tat der proletarischen Revolution eine Absage. Man dachte nicht an den Klassenkampf, man betrieb die Emanzipation aller.«

Ein weiteres, nicht weniger bedeutsames und bis heute nachwirkendes Feld der Moderne ist ihr Beitrag zu einer zeitgemäßen bürgerlichen Wohnkultur in Haus und Garten. Poseners Feststellung, in der Moderne habe

Die Siedlergärten in Praunheim, Frankfurt/Main hat Leberecht Migge 1927–1929 geplant. Die Zeitschrift »Gartenkunst« lobte 1929 an ihnen die »innige Verbindung von Wohnraum und Garten mit gepflastertem Sitzplatz als Zwischenglied«.

Leberecht Migge planned these gardens at Praunheim, Frankfurt on Main, between 1927 and 1929. The German journal *Gartenkunst* praised the "union of living space and garden, with a paved seating area linking the two."

sich das Bürgertum zum letzten Male eine originäre Architektur geschaffen, dürfte auch heute noch gelten. Das hier konkretisierte Bedürfnis – so Posener 1990 – »in einer Umgebung zu leben, welche dauert, und gleichzeitig der Wunsch, in einer Umgebung zu leben, welche nichts von irgendeiner Vergangenheit borgt«, ist eigentlich das von Parvenüs, die in der Industriegesellschaft zu Geld gekommen sind. Sie geben aber, und das ist das Erfrischende daran, nicht vor, etwas anderes zu sein, sie orientieren sich international, sie haben an Weltläufigkeit gewonnen.

Zeugnisse moderner Gartengestaltung dieser Zeit sind in Fachzeitschriften und Büchern erhalten. Hausgärten und Gartenanlagen, Gartenpläne, die auf Planschauen gezeigt wurden, idealtypische Gärten wie Gustav Allingers »Kommender Garten«, der modellhaft auf der Jubiläums-Gartenschau in Dresden 1926 gebaut wurde, zeigen, wenn auch in unterschiedlicher Gewichtung, eine Orientierung an moderner Kunst und am modernen Bauen. Daß sie auch am modernen Menschen orientiert sind – freilich oft am modernen Menschen im Sinne des Gestalters – läßt Allingers Widmung seines »Kommenden Gartens« erahnen. Für ihn ist das ein Garten »für einen schöpferisch tätigen Menschen, der eine große Verehrung für Pflanzenschönheit und ein starkes Naturgefühl in sich trägt. Für Menschen, die ihre deutsche Heimat lieben und doch zu ihrer Ergänzung exotische

Das expressiv gestaltete Sonnenrund im »Rhythmisch persönlichen Garten« (1923) soll, so sein Gestalter Georg Béla Pniower, das Seelenleben des Gartenbesitzers widerspiegeln.

"The lively rhythm of forms and colours" in Georg Béla Pniower's "Rhythmic-personal Garden" (1923) sought to reflect the inner life of the garden's owner.

Modeaufnahme im »Kommenden Garten« in Dresden 1926

A fashion photo taken in "The Garden of the Future", created in Dresden in 1926.

parison to the "feudal" tradition in that it was characterized by a fluid transition between interior and exterior and dispensed with the decorative elements of manorial parks. A grassy area intended for sports and games became the optical and functional focal point. The new garden was to be multi-functional and provide the modern citizen with opportunities for social intercourse, leisure and representation. As the boundaries between these various functions gradually blurred, the demarcation between interior and exterior also became less distinct.

After 1945, modernism found itself on the defensive. The architectural critic Christoph Hackelsberger writes: "The advocates of traditionalism, having survived the collapse of the Third Reich completely unscathed, dominated the scene, whilst the modernists had to struggle for recognition despite their newly-found freedom of expression."

As was the case with architecture, open-space design nevertheless saw the emergence of a new form language which was both modernist and pragmatic in approach. Although there were verbal insults from the conservative camp, such as Alwin Seifert's reference to "amoebic distortions" in 1951, these were no more than a rearguard action. A design approach which made a clear break with strict architectonic principles was very much in keeping with the modern sense of permissiveness and optimism shared by urban planners of the time.

In reality, however, the social climate in the early Cold War days of West Germany was one of moral intolerance. In 1950, the journalist Walter Dirks wrote of the "restorative character of the age", which tacitly perpetuated social inequalities

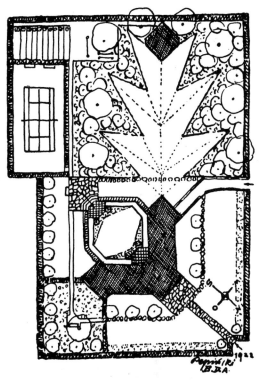

during the very process of reconstruction. As Chancellor Adenauer said at the Hanover Federal Garden Show in 1951, those who were not able to afford their own garden could surely take pleasure in potted plants.

This atmosphere accounts for the shortcomings in open-space planning during the fifties and sixties. Discussion of the social dimensions of urban and rural open-space planning was nipped in the bud. Working people were ousted from allotment gardens and the often draconian redevelopment measures introduced showed little regard for the socially-inspired concept of the allotments. Urban parks were designed in a chic and sumptu-

Pflanzen nicht entbehren können, die viel gereist sind, viel gesehen haben …«. Die nationalistischen Töne, die sich hier mit Proklamationen von Weltoffenheit mischen, gewinnen für Allinger selbst offenbar die Oberhand: Als Vorsitzender der Deutschen Gesellschaft für Gartenkunst (DGfG) war er ab 1933 maßgeblich an der politischen und ideologischen »Gleichschaltung« dieser Organisation im Nationalsozialismus beteiligt.

Pläne, wie etwa der »Sonderbare Garten« von Hans Friedrich Pohlenz oder der »Rhythmisch persönliche Garten« von Georg Béla Pniower folgen in Inhalt und Plandarstellung kubistischen Auffassungen von Pflanzen und Bauten und zeigen dramatisch-expressive Perspektiven und Raumfolgen. Ein neues Verhältnis zum Zweck des Gartens und zur Raumbildung lassen auch so manche moderne Hausgärten erkennen. Der fließende Übergang vom Innenraum zum Außenraum, der Verzicht auf dekorative Elemente feudaler Parks prägen ein neues, schlichteres und unkomplizierteres Gar-

Eryk Pepinski hat diesen Garten zu einem Landhaus in Berlin (1922) auf den Wintergarten hin ausgerichtet. Von dort sind die sternförmige, vertiefte Rasenfläche und die kulissenartige Pflanzung am besten zu erleben.

The garden designed by Eryk Pepinski in 1922 for a Berlin villa was oriented towards the conservatory, where the best views could be had of the star-shaped sunken lawn and the occasional, prop-like plantings.

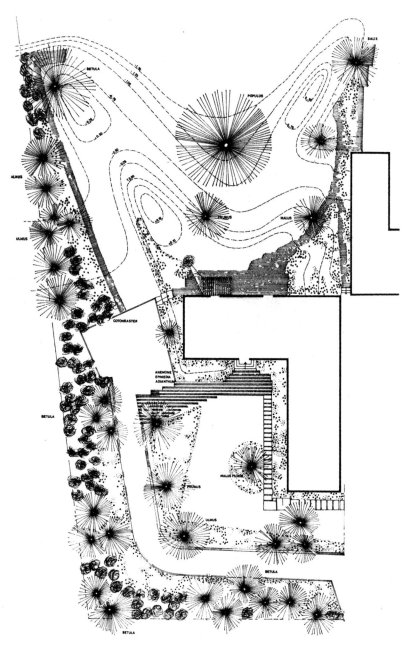

Hermann Mattern entwickelte im Garten Peyron, Glumslöv/Schweden (1956), Tendenzen der modernen Gartengestaltung weiter. Nach 1945 war die Bedeutung der Gartengestaltung als Berufsaufgabe für Landschaftsarchitekten gesunken.

Hermann Mattern took up Modernist garden design principles and developed them further in his plan for the Peyron Garden in Glumslöv, Sweden (1956). After 1945, garden design was no longer an important source of income for most German landscape architects.

tenbild. Der Spiel- und Sportrasen rückt sichtbar und funktional in den Mittelpunkt des Gartens. Der Garten für die neuen Bürger wird mehrfunktional: er ermöglicht Ruhe und Geselligkeit, Spiel und Repräsentation. Ebenso wie die Grenzen für die Funktionen innerhalb des Gartens allmählich verschwinden, lösen sich auch die Grenzen zwischen Innen und Außen.

Nach 1945 befand sich in der Bundesrepublik Deutschland die Moderne erneut oder immer noch in der Defensive. Dazu schreibt der Architekturkritiker Christoph Hackelsberger: »Die Anhänger des Tradionellen hatten den Untergang ihres ›Vehikels‹ Drittes Reich unangefochten überlebt und beherrschten ... die Szene, während die gerade wieder straffrei zu Wort kommende Gruppe der Modernen mühsam um Anerkennung rang.«

Ähnlich wie in der Architektur setzte sich in der Gestaltung von Freiräumen eine pragmatische, moderne Formensprache durch. Verbalinjurien Völkischer und Konservativer – Alwin Seifert sprach 1951 von »Schleimtierchenformen« –, waren Rückzugsgefechte. Eine Gestaltung von Freiräumen, die sich deutlich von strengen architektonischen Grundformen abwandte, entsprach Vorstellungen von »Lockerheit« und »Beschwingtheit« im modernen Leben, wie sie auch Stadtplaner damals hegten.

In Wirklichkeit war das gesellschaftliche Klima in der Bundesrepublik vom »Kalten Krieg« und moralischer Intoleranz geprägt. Der Publizist Walter Dirks schrieb 1950 vom »restaurativen Charakter der Epoche«, die im Wiederaufbau die bestehenden sozialen Ungleichheiten stillschweigend beibehielt. Wer sich keinen eigenen Garten leisten konnte, sollte, so Bundeskanzler Adenauer auf der ersten Bundesgartenschau 1951 in Hannover, doch Freude an Topfpflanzen finden.

Vor diesem Hintergrund werden die Defizite der Freiraumplanung in den 50er und 60er Jahren erklärlich. Ein Diskurs um soziale Inhalte für Freiräume in Stadt und Land wurde frühzeitig abgewürgt. Die Verdrängung der Arbeiter aus dem Kleingartenwesen und die oft brachialen Sanierungen von Kleingartenanlagen stellten die Sozialidee im Kleingartenwesen in Frage. Städtische Parks wurden nach dem Vorbild der durchgestylten und üppig bepflanzten Gartenschauen als bürgerliche Spazierparks gestaltet, in denen aktive körperliche Betätigung nicht möglich und meist auch verboten war. Erst in den 60er Jahren, als das gesellschaftliche Klima liberaler wurde, kritisierten progressiv denkende Landschaftsarchitekten wie Günther Grzimek und Hermann Mattern die wenig nutzbaren Freiflächen am Wohnungsbau der 50er Jahre. Die Planung für den Münchener Olym-

ous style for the middle-classes to stroll in, meaning that physical exercise was impossible – and very often prohibited. It was not until the sixties that the social climate became more liberal, with progressive landscape architects such as Günther Grzimek and Hermann Mattern criticizing the impractical design of open spaces adjacent to residential sites. The design for the Olympia Park in Munich represented an unambiguous break with the traditional concept of the park. Here was a place to show the rest of the world, designed as a leisure area and sports-oriented landscape that could be used by city residents after the olympics were over, yet before the late sixties such a design would not have been acceptable.

Nonetheless it was not so much the design of a small number of open spaces that saw the realization of modernist ideas in open-space planning after 1945. It was in urban park and landscape planning that the really trend-setting forms and concepts were developed. Hermann Mattern's "Landscape for Living" of 1950, Günther Grzimek's "Civilization Landscape" of 1965, ideas concerning the leisure potential of

piapark bricht deutlich mit der bis dahin gängigen Parkkonzeption. Einen Ort, der Deutschland dem Rest der Welt präsentieren sollte, als Spiel- und Sportlandschaft, als Park für den Alltag der Bewohner nach den Spielen aufzufassen, war wohl erst gegen Ende der 60er Jahre akzeptabel.

Dennoch enthielt weniger die Gestaltung von – wenigen – Freiräumen, modernes Gedankengut in der Landschaftsarchitektur nach 1945. Für die Planung des Stadtgrüns und der Landschaft sind die eigentlichen zukunftsweisenden Formen und Inhalte entwickelt worden.

Leitbilder wie »Wohnlandschaft«, von Hermann Mattern 1950 geprägt, »Zivilisationslandschaft«, von Günther Grzimek 1965 formuliert, Gedanken über die Erholungslandschaft und über den Naturgenuß als hedonistischer, befreiender Tätigkeit beruhen auf der pragmatischen, sympathisierenden Hinwendung zu den Zeitgenossen.

Im Garten Peyron gehen Garten und Landschaft ineinander über, Modellierte Bodenwellen und Landeinbrüche ergänzen einander. Im Hintergrund die Ostsee.

The garden and landscape merge into one, as do the modelled hills and natural hollows. The Baltic Sea can be seen in the background.

landscape and the enjoyment of nature as a liberating, hedonistic activity – these were influental ideas derived from a pragmatic sense of sympathy and respect for one's fellow human beings.

Such ideas reflected an image of mankind formulated by the architect Adolf Arndt in 1961 in his lecture titled "Democracy as a Building Patron": they were ideas which laid down a framework within which human beings in a democratic society could shape their lives in a liberated and politically responsible fashion. The emphasis was on the individual's right to determine his or her own life – including living space, leisure time and, as far as possible, working life. People were to be able to play an active part in shaping their home and local environment, with equal opportunities provided for everybody. A further concern was to ensure that this environment remained usable for future generations. Hermann Mattern described the idea of one's home environment ('Heimat') as consisting of "an active challenge which we must constantly strive to recognize and take up afresh". Just as he saw the native environment – or even society as a whole – as consisting of an unceasing process, so planning to him was also something dynamic that was never finally completed: It was the active development and improvement of society, its central endeavour being the well-being of mankind – including future generations. Planners thus came to regard themselves as the trustees and coordinators of open-space utilization on behalf of a democratic and emancipated populace. These principles also guided Günther Grzimek's landscape plans for Ulm in 1954 and Darmstadt in 1965.

Grzimek took an analytical, functional approach to planning: "Open-space planning con-

Das Menschenbild, das der Architekt Adolf Arndt 1961 in seinem Vortrag »Die Demokratie als Bauherr« geprägt hat, ist in jenen Leitbildern wiederzuerkennen. Sie formulieren den Rahmen, in dem mündige Menschen in der Demokratie leben sollten, die ihr Leben selbst gestalten und als politische Menschen geschichtliche Mitverantwortung tragen sollten. So hatte sie Arndt definiert.

Die Selbstbestimmung der Menschen, die Möglichkeit, ihr Leben – ihr Wohnen, ihre Freizeit und soweit wie möglich ihren Arbeitsalltag – selbst zu gestalten, wird hier immer wieder betont. Die Menschen sollen sich ihre Umwelt aktiv als Heimat gestalten, auf eine Weise, daß für alle Bewohner gleiche Entfaltungsmöglichkeiten bestehen. Außerdem soll sichergestellt werden, daß die Umwelt noch für künftige Generationen nutzbar ist. Hermann Mattern bezeichnet Heimat als eine »lebendige, Aktivität fordernde Situation, die immer wieder neu erkannt, erschlossen und geformt sein

Der Stadtpark Hannover wurde in seiner jetzigen Form für die erste Bundesgartenschau 1951 gestaltet.

Hanover Stadtpark was designed in its present form for the first federal garden show in 1951.

ceived in terms of efficiency, scale, functions, effects and costs is analytically superior and can generate new solutions. It is unimpeded by any tradition of aesthetic status-seeking and is thus in a position to avoid undue expense and misplaced investment." This may sound technocratic today, but at the time it meant a rationally comprehensible planning process which took natural and social aspects of spatial design into account, such as providing people with nearby leisure space and opportunities for games and sports. Indeed in 1951, the pressure group "Aktion Sandfloh" was founded at the Adult Education Institute in Ulm and began to compaign for the construction of playgrounds: in this way it become directly involved as a democratic force in the urban planning process in Ulm, thus proving Grzimek's theory. However, until the end of the sixties,

will«. Ebenso wie er Heimat oder die Gesellschaft als dynamisches Gebilde auffaßt, ist Planung für ihn ein dynamischer Prozeß, der nie ganz abgeschlossen ist. Sie ist die offensiv verstandene Weiterentwicklung gesellschaftlicher Sachverhalte, in deren Mittelpunkt das Wohlergehen der Menschen stehen soll. Die Planer sahen sich in diesem Zusammenhang als Treuhänder und Koordinatoren einer selbstbestimmten Freiraumnutzung.

Diese Prinzipien prägen auch die Grünplanungen von Günther Grzimek für Ulm (1954) und Darmstadt (1965). Grzimek beschreibt 1965 Planung als analytisches und funktionelles Vorgehen: »Eine Grünplanung, die in Wirkungsgraden, Größenordnungen, Maßstäben, Funktionen, Auswirkungen und Kosten denkt, wird anspruchsvoller in der Analyse und kann aufgrund ihres rationalen Vorgehens zu neuen Folgerungen führen. Auf der anderen Seite ist sie frei von der Tradition des ästhetischen und repräsentativen Aufwands und kann kostspielige Umwege und damit falsche Investitionen vermeiden helfen.« Das mag heute technokratisch klingen. Damals bedeutete es zunächst einmal den Planungsprozeß rational aufzubauen und nachvollziehbar zu machen. Es wurden naturräumliche und sozialräumliche Gesichtspunkte in der Analyse betrachtet, etwa die Versorgung der Bevöl-

Der Olympiapark in München wurde 1967–1972 von einer Planungsgruppe des Büros Behnisch mit Günther Grzimek nach einer Idee von Carlo Weber entwickelt. Der skulpturale Schuttberg dient als Aussichtspunkt.

Munich's Olympia Park is the result of an idea originating from Carlo Weber (1967) and developed by a planning group from the Behnisch office in collaboration with Günther Grzimek. The sculptured hill at the centre of the park provides excellent views all round.

kerung mit wohnungsnahen Erholungsflächen und die Interessen der Bewohner an Spiel- und Erholungsmöglichkeiten. Die Bürgerinitiative »Aktion Sandfloh«, die, von der Ulmer Volkshochschule gegründet, 1951 ihre Arbeit für den Bau von Spielplätzen aufnahm, wurde für die Stadtentwicklung in Ulm eine direkte partizipatorische Kraft. Ein am Ideengut der Moderne, sozial und pragmatisch orientiertes Verständnis von Freiraumplanung, wozu auch Hermann Matterns Konzept der »Landschaftsaufbauplanung« zählt, blieb bis Ende der 60er Jahre eine Minderheitenposition. Erst zu Zeiten eines demokratischen Aufbruchs damals gab es Publikum für diese Ideen.

Die Geschichte der Moderne in Planung und Gestaltung ist immer Teil des Werdegangs progressiver sozialer und kultureller Störumungen gewesen. Daß die Moderne in der Landschaftsarchitektur in Deutschland und nach 1945 in der Bundesrepublik so stark vernachlässigt wurde, kennzeichnet den Charakter dieser Berufsgruppe, die trotz oft drängender gesellschaftlicher und planerischer Probleme in ihrer Mehrzahl fortschrittlichen Ideen abhold gewesen ist.

Zum Bild einer pluralistischen und multikulturellen Gesellschaft würde heute gut passen, wenn auch in Leitbildern der Freiraumplanung eigene fortschrittliche Traditionen und ein internationaler Blick zusammenkämen. Die Utopie der Moderne könnte wieder in die Suche nach einer Ästhetik münden, die schlicht und zeitgemäß ist. Sie müßte auf einer Planung beruhen, die anstrebt, allen Bewohnern gleiche Entfaltungsmöglichkeiten zu sichern. Das könnte gerade jetzt wieder aktuell werden, da die wirtschaftlichen Grundlagen knapper werden und die sozialen Spannungen zunehmen. Zu den populären Werten in unserer Gesellschaft gehört die Forderung, Naturgüter so zu nutzen, daß sie auch für künftige Generationen noch da sind. Das mit dem pragmatischen, sozialen Menschenbild der Moderne zu verbinden, der Einfühlung in die Menschen und ihrer Alltagskultur, ist eine wichtige Grundlage für bürgerorientierte Freiraumpolitik.

Es ist wohl an der Zeit, sich konsequenter auf die Philosophie der Moderne einzulassen als bisher.

Der »Sandfloh« war das Logo der Initiative, die sich 1951 in Ulm gründete, um den Bau von innovativen Kinderspielplätzen zu fördern.

The logo of the "Sand Flea" pressure group, founded in 1951 in Ulm to promote the construction of innovative playgrounds.

socially-minded and pragmatically-oriented open-space planning concepts, such as Mattern's idea of landscape restructuralization planning, were to remain a minority approach, and it was not until the democratic upheaval at the end of the decade that these ideas were to attract a wider audience.

The history of the modernist movement in planning and design has always been closely bound with progressive social and cultural trends, and the neglect of modernism in German landscape architecture after 1945 is characteristic of a profession which has largely been averse to progressive ideas, despite confrontation with planning problems of critical social significance.

A combination of the progressive ideals of the twenties and today's orientation towards international ideas could well provide landscape architecture with the right design ethos for our pluralist and multicultural society. Indeed, the simple and functional design approaches that the modern movement sought to realize in its strivings for a cultural and social utopia seem particularly well suited to an age characterized by increasing economic and social tension. The ideal of putting nature to use in such a way as to benefit mankind – including future generations – retains its validity. Modernism represented a pragmatic and socially-oriented view of mankind, an endeavour to come to terms human realities and people's everyday culture: this approach is still the most important basis of any open-space policy bearing human dimensions.

Now is perhaps the time to take up the challenge of the modernist philosophy in a more whole-hearted manner than has been the case in the past.

Der Münchener Olympiapark ist nicht nur ein einmaliges Architektur- und Landschaftsensemble. Er steht zudem für die Ära einer bürgerorientierten Freiraumpolitik, bei der Kommerzialisierung noch ein Fremdwort war.

The Olympiapark in Munich is not only a unique architectural and landscape ensemble. It also stands for the era of citizen-oriented open space policy, when commercialisation was still a foreign word.

Die Form, der Inhalt und die Zeit

Form, content and time

Dieter Kienast
Günther Vogt

Nachdem in vielen Gesellschaftsbereichen um den Begriff der Postmoderne bereits seit geraumer Zeit ein heftiger Streit geführt wird, redet auch unsere Sparte über Moderne und Postmoderne. Immer mehr Wettbewerbsbeiträge besinnen sich auf die Moderne beziehungsweise auf die konkret-abstrakte Formensprache der 20er Jahre. Mit konstruktivistischen Mustern wird ein Bezug zur Moderne suggeriert, um damit das eigene Tun zu legitimieren. Die Frage sei erlaubt, was uns Sattgegessene fasziniert an dem neukonzipierten Kulturversuch jener harten Hungerjahre? Zwischen dem Schock, den die Moderne mit ihrer Bilderstürmerei damals auslöste, und der Situation heute liegt ja bekanntlich der Schock der eingeholten Utopie.

Bevor wir uns nun auf die Suche nach dem Garten der Moderne begeben, müssen wir uns bewußt sein, welchen Zeitabschnitt wir meinen, wenn wir von »der Moderne« sprechen. Die Moderne ist ja keine zeitlich genau begrenzte Epoche. Je nach Standpunkt und Interessensgebiet wird der Beginn der Moderne unterschiedlich festgelegt. Einig ist man sich, die ästhetische Moderne Mitte des 19. Jahrhunderts mit den Schriften Baudelaires beginnen zu lassen. Nach 1900 ist die Moderne zunächst ein Begriff der Stadt, der Industrialisierung, der neuen sozialen Bewegungen. Wenn wir uns heute aus der Sicht der Landschaftsarchitektur auf die Moderne als Leitbild beziehen, so ist meist der historisch kurze Abschnitt der sogenannten Avantgarde zwischen 1915 und 1932 gemeint.

Ab 1922 finden die unterschiedlichen Strömungen der Avantgarde, Kubisten, Dadaisten oder Surrealisten, zu einer relativ einheitlichen Ausrichtung. Die anfängliche Radikalität wird abgeschwächt, der gemeinsame Nenner deutlich. Innerhalb der Avantgarde wird die Architektur nun zum wichtigsten Instrument zur Verwirklichung der neuen Ideale. Der Anspruch der Avantgarde, aus den sozialen und technologischen Verhältnissen der Zeit heraus eine neue Kultur, ja sogar einen neuen Menschen zu entwickeln, beruht auf einem missionarischen Glauben an die Utopie. Der Bruch mit der Tradition, den Idealen früherer Epochen, wird getragen von einer heroischen Grundhaltung, ignoriert aber die Beharrlichkeit tradierter Kulturmuster. Aus zeitlicher Distanz betrachtet, hat das Programm der Avantgarde, wie jede Utopie, groteske Züge. Doch welches Programm verfolgte eigentlich die Avantgarde?

Was gerade erst vorbeiging, kommt leicht wieder. Menschen von gestern leben mit dem Ihren fort, kramen es aus. Ernst Bloch, Verfremdungen II

Does postmodernism have its roots in modernism? What exactly is postmodernism and what does all this have to do with garden design?

The term "postmodern" has been the subject of considerable debate for quite some time in various disciplines and has now, in its relationship to modernism, attracted the attention of landscape architecture. More and more competition entries are quoting the concrete abstract idiom of the twenties or employing Constructivist elements to imply a relationship to modernist ideas and thus legitimize their own work. The question is, why are we, the satiated and prosperous, so fascinated by the cultural concepts of the Depression years, particularly since we have experienced the downfall of the utopias that the iconoclastic modernist movement was so instrumental in ushering in.

Before we undertake the search for the modernist garden, we must first decide which period of time we are referring to when we talk of modernism. After all, it was not an era with a well-defined beginning and end, and opinions vary greatly as to when to set its boundaries. It is generally agreed, however that the first stirrings of aesthetic modernism took place in the middle of the 19th century with the works of Baudelaire. By the turn of the century, the modern movement was being associated with city life, industrialization and the new social movements. When present-day landscape architectures employ modernist elements in their work, they are generally referring to the short period from 1915 to 1932.

From 1922 on, the various avant-garde movements of the time, namely Cubism, Dada or Surrealism, took on a more uniform, less radical character. Architecture became the most important means of realizing the new ideals. Their attempts to develop a new culture and new human being out of the prevailing social and technological conditions was based on a missionary belief in a future, utopian state. The break with the traditions and ideals of former eras was borne by a heroic attitude that ignored the persistence of traditional idioms. Indeed, seen from the distance of time, the avant-garde programme displays some of the grotesque traits typical of all attempts to create a utopian state.

The modernist programme was made up of various elements, the first being a preoccupation with the new. This, of course, has always been a characteristic of aesthetic renewal but had previously moved within the narrow and strictly defined boundaries of the respective arts. The avant-garde of the early 20th century, however, was neither concerned with variation within the confines of an individual discipline nor with producing surprise effects, nor did it seek to renew or revive traditional methods. Rather, its celebration of the new as a design principle was radical in its denial of existing standards. Not only past methods and stylistic principles were negated, the whole tradition of the past was repudiated. The battle-cry of the Futurists, "Down with the moonlight!", was applied to all the arts and in its exaltation of symbolical violence, insubordination, provocation and the dissolution of time and space sought to break with all taboos.

Another avant-garde principle, the use of accident and chance as a design principle, as practiced by the Dadaists in their poems made up of odd fragments of printed matter, was the natural consequence of a rigid society in which the spontaneous and irrational had no place. What happened by coincidence had nothing to do with ideology and could not be constrained by the pressures that were already beginning to make themselves felt with the intrusion of technology

El Lissitzky: Sieg über die Sonne. Sportsmänner aus dem Projekt für ein mechanisches Ballett zur futuristischen Oper von Krutschonych. Lithographie 1923.

El Lissitzky: "Victory over the sun". "The sportsmen". Litography 1923. Drawn up for the mechanical ballet in Krutchonich's Futurist opera.

Das Neue. Das Neue als ästhetische Kategorie hat es längst vor der Moderne gegeben. Neuheit als gestalterischer Anspruch bewegte sich jedoch in engen, festgelegten Grenzen einer Gattung. Der Avantgarde dagegen geht es weder um Variation innerhalb enger Gattungsgrenzen, noch um Überraschungseffekte, noch um die Erneuerung von tradierten Verfahrensweisen. Das Neue in der Moderne unterscheidet sich vom bisher gültigen Begriff durch die Radikalität, mit der sie mit den gültigen Normen bricht. Negiert werden nicht nur die Verfahrensweisen und stilistischen Prinzipien, sondern die gesamte Tradition. »Nieder mit dem Mondschein!« Die Kampfparole der Futuristen ist als Programm Tabuverletzung, Provokation, symbolische Gewalt, Ungehorsam, Auflösung von Zeit und Raum.

Der Zufall. Der Zufall als Gestaltungsmittel wie ihn die Dadaisten in ihren Papierschnitzelgedichten vorführen, ist die Folge eines Gesellschaftszustandes, in dem das Zufällige einen besonderen Wert erhält. Das Zufällige ist frei von Ideologie, frei von falschem Bewußtsein, frei aber auch von den Zwängen der beginnenden Technisierung aller Lebensbereiche. Zufall ist herstellbar. So ist bei den Surrealisten der Blick geschärft für das Unvorhersehbare im Alltäglichen. Die Fixierung auf bestimmte Orte, die selektive Auswahl der Zufälligkeiten und die Bemühungen um eine moderne Mythologie zeigen an, daß es ihnen um die Beherrschung des Zufalls geht. Das Sich-dem-Material-Überlassen stellt eine Bereicherung in der zunehmend zweckrational geordneten Welt dar. Der im Prinzip der Konstruktion gelegene Verzicht auf eine subjektive Formgebung ist ähnlich wie das Neue als ästhetische Kategorie, als die einzig mögliche Form des Widerstands gegen die herrschenden Verhältnisse, gegen die zunehmende Entfremdung zu verstehen. Produktion von Zufall durch Anwendung eines Konstruktionsprinzips, in dem zwar die Mitte, aber nicht das Ergebnis bekannt sind, wird zu einem Eckpfeiler moderner Gestaltung.

Die Montage. Die Montage von Bildern ist im Film das grundlegende Verfahren. Sie setzt die Teilung der Wirklichkeit voraus und beschreibt letztlich die Art der Konstruktion. Das Entscheidende sind nicht mehr die Einzelelemente in ihrer Besonderheit, sondern das der Reihe der Elemente zugrunde liegende Konstruktionsprinzip. Ein prägnantes Beispiel der Avantgarde ist Sergej Eisensteins Film »Panzerkreuzer Potemkin«. Die einzelnen Sequenzen am Schluß des Films: der Kinderwagen die Treppe herunterrollend, die aufwärtsmarschierenden Soldaten und das schreckverzerrte Gesicht der Frau, sind Ikonen des modernen Films. Auch bei den Kubi-

into all areas of life. The accidental is also something which can be made to happen and in this way the eyes of the Surrealists were opened to the unpredictable in everyday objects. Their fixation with certain places, their selective choice of the accidental and their efforts to create a modern iconography prove that one of their main concerns was indeed to master the possibilities held by the accidental in art. The surrender of the Surrealists to coincidence was an enrichment in a world increasingly organized along functional and rational lines. Their refusal to give their work personal, subjective form, made possible by the style they chose, became a mainstay of modern design, and like their preoccupation with the new as an aesthetic category, was the only possible way they had of revolting against prevailing conditions and an increasing state of alienation, namely by causing surreal images by means of a style in which the means but not the results were known.

Montage is a characteristic of modernism as well. In film, where it is a basic method, it fragments time and is simultaneously the method itself, it is form and content. Here the individual image does not count, but the method of putting the individual images together. A fitting example is Sergej Eisenstein's film "Potemkin". The pram rolling down the steps, the soldiers marching upward, the woman's horrified face, all these have become icons of film as an art.

In its meaning as a form of composition involving the combination of heterogeneous elements, montage was also the most important compositional method employed by the Cubists, who used it to fragmentalize objects in order to destroy the unity of a picture. In this way, the composition was a metaphor in itself.

sten ist die Montage das wichtigste Konstruktionsprinzip. Das Einfügen von Fragmenten in die Komposition zerstört die Einheit des Bildes. Die graphische Gestaltung ist damit realisierte Metapher.

Der Schock. Der Schock ist eine direkte Folge aus den vorbeschriebenen Prinzipien der Avantgarde. Nichts, aber gar nichts von geschichtlichem Selbstverständnis, nichts mehr von der Wiederkehr des immer Gleichen und nichts, das als bekannt vorausgesetzt wird. Dies muß zwangsläufig zu einer Provokation führen. Der Schock ist Stimulans für eine Verhaltensänderung. Er soll eine Veränderung der Lebenspraxis auslösen. Am weitesten geht in der Moderne wohl Marcel Duchamps mit seinen »Ready Mades«. Er signiert ein industriell hergestelltes Produkt, ein Urinoir, und stellt es ins Museum. Die Provokation, der Schock, wird selbst zum Werk. Die Konfusion, die er auslöst, hat eine Ursache auch darin, daß er die Bedeutung des Individuums in der sich abzeichnenden Massengesellschaft mit seiner Signatur eines Massenprodukts in Frage stellt. Was bedeuten diese Postulate jetzt für den Garten der Moderne?

Wenn man sich die hervorragende kulturelle Bedeutung des französischen und englischen Gartens in ihrer Entstehungszeit vor Augen hält, mag es unverständlich erscheinen, daß die Gartenkultur auf die Ideale der Avantgarde kaum reagierte. Gartenarchitektur ist eine langsame Disziplin. Das Prozeßhafte im Garten, Wachsen und Vergehen, benötigt Zeit, die in der rasanten bildnerischen Produktion der Avantgarde nicht gegeben ist. Der Garten als Hort der Paradiesvorstellungen ist ein Urmythos unserer Gesellschaft. Per Definition ist der Garten auch ein Ort der Tradition und daher wenig geeignet als Experimentierfeld für die Visionen der Avantgarde. Der Garten blieb Teil des großbürgerlichen Selbstverständnisses – auch während der Zeit der Avantgarde.

Beispiel: Gabriel Guevrekians Garten in Hyères. Kubistische Montageprinzipien werden auf den Garten übertragen, eingebunden in eine traditionelle Konzeption der Symmetrie und Hierarchie. Dieser oft zitierte Prototyp eines Gartens der Moderne taugt wenig, um die formalen und inhaltlichen Visionen der Avantgarde zu verdeutlichen. Die gültigen Beispiele für den Freiraum der Avantgarde sind dort entstanden, wo nicht nur die formalen, sondern auch die sozialen Problemstellungen der Zeit radikal angegangen wurden. Leberecht Migges Siedlungskonzepte, oft in Zusammenarbeit mit Architekten entwickelt, enthalten die wesentlichen Postulate der Avantgarde. Am Muster der Gartenstadt orientiert, ist die Sozialisie-

Shock was another principle, shock resulting from the principles described above. First of all, modernism rejected the use of historical idioms and staunchly refused to partake in the perpetual repetition of the known and familiar. The results were provocative, to say the least, causing a shock that was meant to act as a catalyst of change and trigger off a whole new attitude towards life. With his ready-mades, Marcel Duchamps probably went the furthest in this direction, particularly when he displayed a urinal, an industrially-made product, in an exhibition. Not the urinal

Kurt Schwitters: Umschlag für die Mappe »Die Kathedrale«, Hannover 1920
Kurt Schwitters: Cover for the portfolio "Die Kathedrale", Hanover, 1920

rung der Gartenkunst Migges Verdienst. Das architektonische Gefüge seiner Vorschläge stützt sich nicht allein auf die neue Ästhetik, sondern verbindet das Nützliche, die Ökonomie mit dem Poetischen. Dem Gebrauch des Freiraums setzt er die Konstruktion, die architektonische Formation des Gartens voraus. Trotzdem: Selbst bei Migge ist der Bruch mit der Vergangenheit nicht so radikal wie in anderen Bereichen der Avantgarde. Betrachtet man seine Entwürfe für die Volksparks, so wird Migge auf verschiedenen Ebenen dem gestalterischen Ideal der Zeit gerecht. Er befreit die Freiflächen vom unsäglichen Ornament, er stellt den Einzelbaum den Baumreihen als Kontrast gegenüber, er gibt die Rasenflächen frei für den ungezwungenen Gebrauch. Aber im Gegensatz zu seinen Siedlungskonzepten bleiben die Vorschläge für die Volksparks manchmal im Schematischen stecken und erinnern zuweilen an ausgeräumte Barockanlagen.

Die drei dominierenden Materialien in der Architektur der Avantgarde, Stahl, Glas und Beton, werden in der Landschaftsarchitektur der damaligen Zeit erstaunlicherweise kaum verwendet. Auch das nun wichtigste Material für Straßen und Plätze, Asphalt, findet selten den Weg in die Gärten und Parks. Erstaunlich ist dieses Phänomen, weil Stahl, Glas und Beton als Baumaterialien historisch gesehen aus der Gartenbaukultur stammen. Joseph Paxton sei erwähnt, eine Mischung aus Gärtner und Konstrukteur, dessen Kenntnisse aus dem Gewächshausbau 1851 im Bau des Kristallpalastes in London mündeten. Ebenso Monnier, der in Frankreich aus einfachen Versuchen mit weidenarmierten Gartenmauern die Technik des Stahlbetonbaus entwickelte, welcher bald danach die Welt eroberte. Die neuen Materialien entstehen alle aus dem Doppelprozeß Gießen und Erstarren. Diese Bauprozesse gleichen im Gegensatz zu früheren Methoden wie Schneiden, Hauen, Leimen oder Nageln, geologischen Abläufen in der Natur. Die Erosion des Gesteins bis zum Sand, die Aufbereitung mit Wasser und Kalk zu einer gießfähigen Masse und die Erstarrung zu einem festen Block, erscheinen wie stark geraffte Naturabläufe. Für die industrielle Fertigung eignen sich diese Prozesse in besonderem Maße. Während die Architekten die These vertreten, daß man das, was man technisch kann, in jedem Fall auch soll, sträubt sich unser Berufsstand mit Vehemenz gegen diese Auffassung der Moderne.

Wenn im folgenden der Freiraum der Avantgarde am Beispiel eines Architektenprojektes analysiert wird, so hat dies mehrere Gründe. Zum einen ist ein wichtiges Kennzeichen der Avantgarde die interdisziplinäre Arbeit,

but the provocation it represented was the work of art. Duchamps particularly confused the public by providing the mass-produced object with the most personal emblem of man as an individual, namely his signature, thus questioning the significance of the individual in mass society.

When one considers the enormous cultural significance that French and English gardens had in the periods when they were created, it is difficult to understand that modernist ideals did not take root in the garden design of the twenties and thirties.

However, garden architecture is a slow discipline. The natural processes of growth and

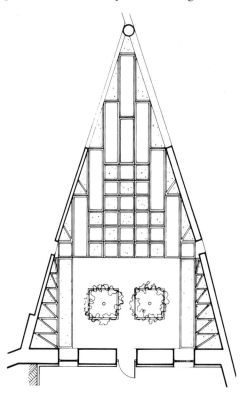

Jardin d'Hyères, 1927, von Gabriel Guevrekian; Rekonstruktionszeichnung
Jardin d'Hyères, 1927, by Gabriel Guevrekian; reconstruction sketch

decay require time, an element that is in short supply in the rapid pace of avant-garde developments. The garden as a paradisiacal refuge is an elemental myth and by definition is thus a place of tradition and therefore not particularly suited as a medium for avant-garde experimentation. Yet even in the thirties the large private gardens remained an expression of haute bourgeois identity, and as such provided a stage for trying out certain avant-garde concepts. One example is the grounds designed by Gabriel Guvrekian in Hyères, which reflect cubistic montage principles; these however are embedded within a traditional concept of symmetry and hierarchy. Thus it is not surprising that with regard to form and content, this oft-cited prototype of the modernist garden is not particularly suited as a demonstration of avant-garde principles in garden work.

More valid examples are to be found in places where a radical approach was being taken not only to the stylistic developments of the age but also to its social problems. Leberecht Migge's housing concepts, for example, often developed in collaboration with architects, expressed the most important avant-garde postulates. Basing his work on the example of the garden cities, Migge played a leading role in introducing social considerations to garden design. The architectural character of his proposals was based not only on the new style of the times but was also concerned with the functional and as such sought to combine the poetic with the useful. In this he created a basic, geometric structure which could then be filled out in varying ways and for various uses. Nevertheless, even in the case of Migge the break with the past is not as radical as in other areas of the avant-garde.

Wassily Kandinsky: Orange.
Farblithographie 1923
Wassily Kandinsky: "Orange",
colour lithograph, 1923

zum anderen ist, wie gesagt die Architektur das wichtigste Instrument der Avantgarde zur Verwirklichung der neuen Ideale. An drei Punkten von Le Corbusiers Manifest »Fünf Punkte einer Architektur« wollen wir Bezug zum Freiraum, zur Landschaft beschreiben.

Les pilotis. Das Haus wird auf Stützen gestellt. Damit wird ein offener, begehbarer Außenraum geschaffen und die Künstlichkeit des Bauwerks gegenüber der umgebenden, scheinbar unberührten Natur verstärkt.

Les toits-jardins. Auf dem Flachdach wird ein Dachgarten erstellt. Dieser wird als kosmologischer Raum des Hauses verstanden. Der Himmel bildet die Decke und das begrünte Dach den Boden. Natürlichkeit ersetzt Künstlichkeit und mahnt als realisierte Antithese an die surrealistische Vorgehensweise.

La fenêtre en longueur. Das Langfenster ermöglicht einen Panoramablick auf die umgebende Landschaft. Die Landschaft, eingerahmt wie in einem Bild oder als kinetische Erfahrung ähnlich der Fahrt in einem Zug, wird Teil des architektonischen Konzepts.

Werfen wir nun einen Blick auf Le Corbusiers »La petite maison«, gebaut für seine Eltern am Genfersee. An diesem sehr kleinen Projekt treten die Visionen der Avantgarde als gebautes Manifest hervor. Zunächst erstaunt uns die Tatsache, daß es erstellt war bevor der eigentliche Bauplatz feststand. Der Ortsbezug ist aber als übergeordnete Konzeption spürbar. Gerade weil Le Corbusier wenig Interesse für die Gestaltung des Außenraumes zeigte, tritt der starke Bezug zur Landschaft deutlich hervor. Wie in seinen großen Stadtplanungen (Plan voisin für Paris, Algier, Chandigarh) versteht er die Bauten als reine Formen, als Kristalle, die in der vermeintlich unberührten Natur stehen. Diese Auffassung erinnert an die Montageprinzipien der Kubisten, wo organische, pflanzliche Formen strengen, geometrischen Formen unvermittelt gegenübergestellt werden.

Auf dem Grundriß wird der differenzierte Bezug zum See und zu den Bergen manifest. Während sich das Haus mittels eines großen Langfensters zum See öffnet, verstellt im Garten eine Mauer den direkten Ausblick. In die Mauer eingelassen ist ein Fenster. Die semantische Poetik des Fensters läßt auch das voyeuristische Element der Avantgarde anklingen. Dazu schreibt Le Corbusier: »... die allgegenwärtige und übermächtige Landschaft auf allen Seiten wirkt auf die Dauer ermüdend. Um der Landschaft Gewicht zu verleihen, muß man sie einschränken, ihr ein Maß geben: den Ausblick durch Mauern versperren, die nur an bestimmten strategischen

Yet if one considers his designs for the Volksparks, it is apparent that he mastered various aspects of the design ideal of the twenties and thirties in that he freed open space from unnecessary ornamentation, contrasted solitary trees with rows and created lawns that the public could use freely and without constraint. Unlike his housing reform concepts, however, Migge's proposals for the Volksparks remained somewhat stereotype in tone and are sometimes reminiscent of depopulated Baroque arrangements.

Steel, glass and concrete, the predominant materials of the International Style, as modernist architecture came to be known, were hardly used in the landscape architecture of the twenties and thirties. Even asphalt, the most important material for streets and hard surfaces, seldom found its way into gardens and parks. This is all the more surprising in view of the fact that steel, glass and concrete were originally used in the garden realm. Joseph Paxton, a mixture of gardener and engineer whose knowledge of greenhouse construction found its apex in the Crystal Palace (built in London in 1851), is worth mentioning in this context. Another name that should not be forgotten is that of Monnier, who developed reinforced concrete on the basis of fortifying garden walls with willow rods. The new materials all involve the twin processes of casting and solidification and in comparison to earlier construction methods, such as cutting, chopping, gluing and nailing, resemble natural geological processes. The erosion of rock to sand, the mixing of water and lime and the resulting solidification are all processes that take place in nature, albeit more slowly. At the same time, they are also processes particularly suited to industrial production. However while architects sought to use the technically feasible in their work to the exclusion of all else, landscape architects were horrified by this modernist view.

Our next step is to analyse modernist open space planning with the example of an architectural project, for two reasons. Firstly, an interdisciplinary approach was an important characteristic of the art movements of the twenties and thirties, and secondly, architecture was the most important means of interpreting modernist ideals, as stated above. I will therefore try to describe the relationship of modernism to open space with the help of three of Le Corbusier's *"Five Points of Architecture".*

The first concerns the *piloti,* the slender pillars on which Le Corbusier set his buildings. Placing them up on stilts in this way not only meant that the area below was free for use but also emphasized the artificiality of the buildings in comparison to the lush countryside around them.

The second consists of the *toits-jardins,* or roof gardens. Le Corbusier saw them as forming the cosmological storey of the house, with the sky forming the ceiling, so to speak, and the roof the floor. Here nature replaces the otherwise artificial roof surface and forms a realistic antithesis to that kind of surreal procedure.

The third point concerns the *fenêtre en longueur,* or wide window. This allows panoramic views of the landscape and provides it a frame through which it can be looked at as if it were a picture, or experienced as if seen from the window of a moving train. In this way, the landscape is really incorporated into the architectural concept.

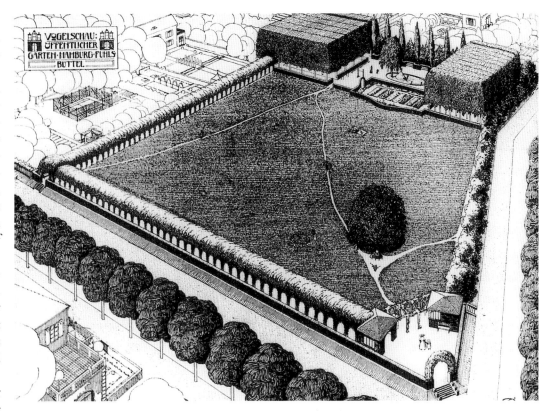

Punkten durchbrochen sind und die Sicht freigeben.« Der Garten selbst wird als Teil der architektonischen Formation als »grüner Saal« verstanden. Die Erweiterung des Gartens auf die Dachflächen, »lebt aus eigener Kraft, gespeist von der Sonne, dem Regen, den Winden und den samenbringenden Vögeln« – vertraut der Dynamik der Natur. Der dramatische Wechsel von Bezugsebenen, das menschliche Maß gegen die kosmologischen Bezüge, schaffen letztendlich, im Zusammenspiel mit dem naturalistischen Landschaftsverständnis, die neue Identität dieser Architektur.

Und nun zur Postmoderne, die als Literaturbegriff in den 60er Jahren in den USA geschaffen wurde. Die Moderne war in der Nachkriegszeit zur formalen Kategorie erstarrt, während moderne Inhalte populäres Gut wurden. Die Trivialisierung, vor allem in der Literatur und in der Kunst, trieb bunte Blüten. Andy Warhols »anything goes« wurde zum Leitbild einer

Öffentlicher Garten in Hamburg-Fuhlsbüttel; um 1910 von Leberecht Migge geplant. Aus: W. Hegemann: Ein Parkbuch. Berlin 1911.
Public gardens in the Fuhlsbüttel district of Hamburg, planned by Leberecht Migge around 1910.

ganzen Generation. Im deutschsprachigen Raum erscheint der Begriff »Postmoderne« erst im Zusammenhang mit der postmodernen amerikanischen Architektur. Daher prägte diese Bedeutung unsere Vorstellung der Postmoderne. Das unterschiedliche Selbstverständnis: in der Architektur die Postmoderne als neue Zeit, in der Literatur und der Philosophie die Postmoderne als Differenz, als etwas Anderes ohne es neu zu benennen, bietet Stoff für den aktuellen Streit um einen wenig geglückten Begriff.

Lediglich über die Beschreibung der Differenzen, der Werteverschiebungen ist das Phänomen Postmoderne einzugrenzen. Die Postmoderne, wie die Dekonstruktivisten oder die Poststrukturalisten sie verstehen, ist kein neuer Stil, keine neue Epoche. Vielmehr ist es die bilderreiche Beschreibung einer allgemeinen kulturellen Veränderung. Der Blick zurück auf den Ursprung der Moderne, ist an sich ein Indiz für den Beginn von etwas Anderem. Das Post ist nicht gegen, sondern als ein zeitliches Nach der Moderne zu interpretieren. Viele Eigenarten der Postmoderne sind bereits in der Moderne angelegt, werden heute aber stärker akzentuiert.

Der Postmoderne fehlt eine Vision der Zukunft, sie ist antiutopisch. Da sie die Geschichte in unserer Wirklichkeit respektiert, kennt sie auch die aktive Ablehnung der Vergangenheit nicht. Die Utopie, die Zukunftsgläubigkeit ließ die Welt der Moderne immer größer werden. Neue Kulturen, neue Grenzen gibt es heute nicht mehr zu erforschen. Die »new frontiers« werden von einer wachsenden Tourismusindustrie vermarktet. Zugleich wird der Fremde von nebenan zum Problem erklärt.

Alte Feindbilder verschwinden, Ideologien und Utopien finden ihr Ende. Politik wird Show, ein Teil der Fernsehunterhaltung. Die mediale Bilderflut stumpft ab, behindert sinnliche Wahrnehmung. Doch dieses Überangebot an optischen Reizen provoziert neue Bilder: eine endlose Kette von Simulationen als referenzlose Bildkultur. Was folgt daraus für die eigene Arbeit?

Die Gleichzeitigkeit. Die heterogene und multikulturelle Stadt der Gegenwart lebt von den alltäglichen Widersprüchen und Ungereimtheiten. Stadtraum und Naturraum stehen sich nicht mehr dialektisch gegenüber. Die Grenzen sind diffus geworden. Das Prinzip, daß jede Kultur für ihre Entwicklung eine Gegenkultur braucht, ein Gegensystem, in dem die Gesetze der Kultur, des ersten Systems nicht gelten, wird in Frage gestellt. Das Gegensatzpaar Natur und Kultur, wird hier wie in anderen Bereichen aufgelöst. Die Gleichzeitigkeit von Stadt und Land, die Überlagerung unter-

To now turn to our example of an avant-garde project, let us take a glance at the "petite maison" that Le Corbusier built for his parents at Lake Geneva. A tiny project, it nevertheless expresses much of the avant-garde vision. The most amazing thing about it is that the plan was made before the actual site had been chosen, nevertheless the general concept clearly expresses the relationship that the house would have to its later surroundings. Indeed, it is because Le Corbusier had such little interest in the design of the grounds that the house has such a strong relationship to the landscape.

As in his large city projects (Plan voisin – Paris, Algiers, Chandigarh), it is apparent that Le Corbusier saw his buildings as comprising pure, geometrical shapes, like crystals set up in an

Une petite maison – die Geschichte eines kleinen Hauses, das Le Corbusier 1923 bei Vevey am Genfersee für seine Eltern gebaut hat.

Une petite maison – the story of the house that Le Corbusier built for his parents near Vevey, Lake Geneva, in 1923.

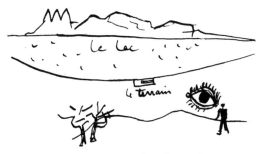

On a découvert le terrain

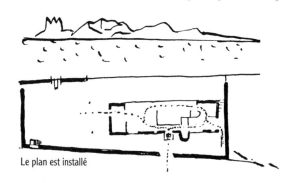

Le plan est installé

which open to reveal it at a few strategic points." As for the garden of a house, he saw as a "green room", something to be incorporated into the overall architectural concept and extended to the roof, where it is exposed to the dynamic, shaping forces of nature and where it "exists autonomously, fed only by the sun, rain, wind and the seeds brought by birds." Indeed, it is the dramatic interplay of the human, the cosmological and the natural which lends Le Corbusier's architecture its unmistakable identity.

And now to post-modernism, which was first dubbed as such as a literary term in the sixties. After the war, modernist design principles became more and more dogmatic in use while the concepts, which had become common property, were ultimately trivialized into "anything goes", coined by Andy Warhol that became the motto of a whole generation. In Germany, the word "postmodern" was first used in connection with new American architecture and has determined German understanding of the term ever since. In the meantime, architecture now regards postmodern as designating a new era while literature and philosophy see it as simply denoting something different to what went before without defining where this difference lies, thus contributing to the uncertainty about what postmodern really indicates.

The fact of the matter is that the postmodern style can only be defined in terms of how it differs to what went before and in the change in values it embodies. As the Deconstructivists and the Poststructuralists see it, postmodern is not indicative of a new style or era, but is the ornate expression of a general cultural change. Indeed, the present-day concern with the origins of modern-

untouched landscape. This approach is strongly reminiscent of the montage principle of the Cubists, who contrasted organic, plant-like forms with strictly geometrical planes and angles. The ground plan clearly demonstrates the relationship of the house to the lake and the mountains. While the building opens up to the lake by means of a large, wide window, the garden is cut off from the view by a wall. The latter, however, in a poetic semantic gesture reminiscent of the voyeuristic element of Surrealist art, features an opening through which the lake can be seen. As Le Corbusier wrote, "... the omnipresent and overpowering presence of the landscape has a tiring effect in the long run. To gain significance, landscape has to be given limits and set in proportion. It has to be blocked out by walls

Das kleine Haus in Zeichnungen von Le Corbusier von 1945. Obwohl Le Corbusier wenig Interesse für die Gestaltung der Landschaft zeigte, lebt das Haus vom Bezug zur Landschaft.

La petite maison, as drawn by Le Corbusier in 1945. Although the great architect showed little interest in landscape as such, this house stands in close relationship to the surroundings.

schiedlicher Strukturen und Systeme müssen wieder transparent werden. Die Glaubwürdigkeit unserer Arbeit stützt sich auf den Respekt, den wir dem spezifischen Ort und seiner Geschichte zollen.

Die Ambivalenz. Die Veränderungen in der Wirtschaft, neue Technologien und neue Armut bewirken grundlegende Veränderungen der Gesellschaft. Von der früheren Klassengesellschaft über die Massengesellschaft der 60er Jahre bewegen wir uns hin zu einer Gesellschaft individualisierter Lebenslagen. An die Stelle harmonischer, einheitlicher Lösungen für eine elitekulturelle Schicht, treten ambivalente Wertvorstellungen. Die Vielschichtigkeit der Stadt und ihrer Bewohner mit sich widersprechenden Standes- und Rollenverhalten verlangt nach einer zeitgemäßen Aktion und Reaktion im Außenraum.

Das Nicht-Darstellbare. Das Erhabene, wie es Lyotard in seinem Buch »Postmoderne für Kinder« nennt, sind Ideen, deren Darstellung nicht möglich ist. »Das Erhabene ist ein anderes Gefühl. Wir verfügen zwar über die Idee der Welt (der Totalität dessen, was ist), aber wir haben nicht die Fähigkeit, von ihr ein Beispiel aufzuzeigen. Wir haben die Idee des Einfachen (des nicht weiter Teilbaren), aber wir können es nicht durch einen Sinnesgegenstand veranschaulichen, der dafür als ein Fall fungierte.« Dies erinnert an die Axiome der Avantgarde, die darauf zielen, durch sichtbare Darstellungen auf ein Nicht-Darstellbares anzuspielen. Stellvertretend für viele Arbeiten der Avantgarde sei Tatlins Turm, das Denkmal der III. Internationalen, erwähnt. Die Idee der weltumspannenden, sozialistischen Bewegung sollte ein gigantischer Turm mit einer Neigung von 23,5 Grad, analog der Neigung der Erdachse, darstellen.

Postmoderne Gartenarchitektur ist nicht dort zu suchen, wo Gärten mit dem Anspruch einer postmodernen Theorie gebaut werden. Die Postmoderne ist da zu finden, wo das Vorhandene und das Neue von der Gesellschaft postmodern verstanden werden.

ism would seem to indicate that we are experiencing the start of something new.

"Post" is not to be understand in the sense of "against" but as "after", as subsequent to, developing from. After all, many characteristics of postmodernism are to be found in the modernist programme, albeit in less accentuated form.

Postmodernism has no ideals towards which it can strive, no vision of the future. It is anti-utopian and since it respects history, it does not actively reject the past. During the early years of the century, utopian ideals and a concomitant belief in the future continually expanded the scope of modernism. Today there are no territories or unknown cultures left to be discovered. The "last frontiers" are inundated by hordes of tourists who can barely tolerate the sight of strange faces at home.

On the political stage, the era of postsocialism has set in. The old enemies have disappeared, taking with them their ideologies and the utopian visions on which they were based. Politics has become show, something for TV entertainment. The glut of pictures blunts their effect and dulls perception. The superabundance of visual stimulation has brought about an artificial world of electronic images, an endless chain of simulated reality, a new visual culture with little reference to the actual world. What does this means for landscape architecture?

Synchronicity. The heterogeneous, multicultural city of the present is characterized by contradiction and inconsistency. City and nature no longer exist in a state of dialectic confrontation; their boundaries have mingled, become unclear. The principle that every culture needs a different culture in order to develop, a culture in which

Wladimir Jewgrafowitsch Tatlin (1885–1953) entwarf für die III. Internationale ein Monument (1919) mit einer schrägen Fassade. Der Neigungswinkel entsprach mit 23,5 Grad exakt jenem der Erdachse – ein Symbol für die weltumspannende sozialistische Bewegung. Mitarbeiter am Bau des Modells 1920, von links: Dymschitz-Tolstaja, Tatlin, Schapiro, Meierson.

The legendary monument designed in 1919 by Wladimir Yevgrapovich Tatlin (1885–1953) for the Third International leaned at the same angle as the earth's axis, expressing the conviction that the Socialist movement would soon encompass the world.
From left to right: Dymshitz-Tolstaya, Tatlin, Shapiro and Meierson at work on the model in 1920.

its own rules have no validity, is losing in significance. Nature and culture are no longer seen as opposing elements. In this respect, landscape architecture has to find solutions which express and do justice to the simultaneous existence of city and country and the overlapping of structures and systems. After all, the more our work shows respect for the individuality of a place and its past, the more it gains in credibility.

Ambivalence. Economic changes, the new poverty and new technologies have caused fundamental changes in society. From the class society of yesteryear and the mass society of the sixties we have now moved to a society of individuals. Ambivalent values have replaced the harmonious and uniform order of the old cultural elite. The heterogeneity of city life and the contradictory class and role behaviour this entails requires a new approach to open space.

The non-depictable. The sublime, a term coined by Lyotard in his book, *Postmodernism for Children,* refers to ideas and concepts that cannot be depicted. As Lyotard writes: "We have an idea of the world (or the totality of what exists) but cannot produce an example of what we mean, nor can we depict it. We have an idea of simplicity (the irreducible) but cannot demonstrate it in material terms." These words are reminiscent of the avant-garde principle of alluding to the non-depictable via the means of depiction chosen. Tatlin's tower, the monument to the Third International, can be taken as representative of this idea. There is no point in looking for postmodern garden architecture in gardens that try to demonstrate it. It is far more likely to be found in places where society regards the existing and the new as postmodern.

Im Schatten des Vignola

In the shadow of Vignola

Man muß immer sagen, was man sieht, vor allem muß man immer – und das ist weitaus schwieriger – sehen, was man sieht. Le Corbusier

One must always say what one sees, but above all one must see what one sees, and that is far more difficult. Le Corbusier

Villa Lante in Bagnaia, Pegasusbrunnen

Villa Lante in Bagnaia: The Pegasus fountain

The place which Michel de Montaigne visited in the autumn of 1581 in the course of his Italian bathing tour is weathered and much changed today, more than four hundred years after his death, yet the basic layout of the cinquecento is still preserved.

Even today, the garden of the Villa Lante gives its visitors a welcome some degrees cooler than the stone piazza of the small town of Bagnaia. Following the slope up step by step, one arrives at a large stone table on the middle terrace, the spot where the lord of the estate was able to savour its pleasures in utter tranquillity, while his servants poured out wine that had been cooled in the shallow channel let into the table-top. "The cardinal was absent," noted Montaigne in his travel diary, but this fact did not stop him from exploring the place. His intention was clearly not so much to call upon the lord of the manor, since he had not gone to the trouble of finding out whether the latter would be present at the time of his visit; his purpose far more was to visit the beautifully designed gardens of the summer residence itself. In their day, these gardens were as modern as the nearby palace of Cardinal Farnese in Caprarola, which – as Montaigne reports – "was much spoken of in Italy". Designed by the papal architect Giacomo da Vignola, both works of architecture were apparently regarded at the time as sights exerting such fascination that they warranted a journey solely to be seen. Indeed, Renaissance man, concerned with delineating himself against the "measure of the world", as Montaigne recommended, was learning to experience his discreteness from the world about him via the function of seeing (videre); in this, in order not to separate or "divide" (dividere) himself from this world to

»Sonntag, am letzten Tag im September, reiste ich morgens von Viterbo ab und ging nach Bagnaia, einem Ort, der dem Kardinal Gambara gehört, schön gebaut ist und unter anderem besonderen Reichtum an Brunnen aufweist.«

Der Ort, den Michel de Montaigne im Herbst 1581 auf seiner Badereise durch Italien aufsuchte, ist heute, vierhundert Jahre nach seinem Tod, verwittert und verändert, aber in den Grundzügen der Anlage aus dem Cinquecento immer noch erhalten.

Um Grade kühler als die steinerne Piazza des Städtchens Bagnaia empfängt der Garten der Villa Lante auch heute seine Besucher. Stufe um Stufe hangaufwärts geleitet, finden sie an dem langen, steinernen Tisch auf der mittleren Terrasse den Platz, an dem der jeweilige Herr dieses Orts seinen Besitz in Beschaulichkeit genießen konnte, während seine Diener den Wein einschenkten, den das Wasser in der flachen Rinne der Tischplatte gekühlt hatte. »Der Kardinal war nicht da«, notierte Montaigne in seinem Reisetagebuch. Aber dieser Umstand hinderte ihn nicht an der ausführlichen Besichtigung des Orts. Sein Besuch galt also weniger dem Herrn des Hauses, dessen Anwesenheit sich der reisende Seigneur ja zuvor nicht versichert hatte, als vielmehr der schön gebauten Anlage des Sommersitzes selbst. Sie war seinerzeit modern wie der nicht weit davon gelegene Palast des Kardinals Farnese in Caprarola, der – nach Montaignes Bericht – »in ganz Italien viel von sich reden machte«. Von demselben Künstler, dem päpstlichen Baumeister Giacomo da Vignola, entworfen, galten beide Bauwerke damals offenbar als Sehenswürdigkeiten für eine Schaulust, deren Befriedigung den Zweck der Reise erfüllte. Das neuzeitliche Individuum, das sein Selbst »im Maße der Welt« zu erfahren suchte, wie es Montaigne empfahl, war auf dem Wege, sich durch Sehen – videre – mehr und mehr als vom betrachteten Gegenüber getrenntes Subjekt zu begreifen, das, selbst nicht zu teilen – dividere – mit trennenden, unterscheidenden Augen in der Welt, dem »Buch der Erziehung« las.

Abseits der städtischen Geschäfte Roms gelegen und selbst von Landwirtschaft unbelastet, war der Sommersitz des Kardinals in Bagnaia ganz und gar der Muße gewidmet. Nicht für das turbulente Treiben großer, rauschender Feste gedacht, erscheint der Garten, der hier alles Gebaute zur Einheit zusammenfaßt, doch wie gemacht zur geruhsameren Augenweide.

»Um noch einmal zu Vignola zurückzukehren«, schrieb dessen Zeitgenosse und Künstlerkollege Giorgio Vasari, »so wird seine Trefflichkeit in der

Brigitte Wormbs

Baukunst nicht nur durch seine herrlichen Bauten, sondern auch durch die Schriften bezeugt, die er verfaßt und herausgegeben hat«.

Mit seiner Abhandlung über den Gebrauch der Perspektive hatte sich Vignola der Voraussetzung zur visuellen Beherrschung des neu erschlossenen Erfahrungsraumes zugewandt, worin Subjekt und Objekt zwar voneinander getrennt, aber zugleich übersichtlich aufeinander bezogen waren. Die ins Auge gefaßte Welt, Erweiterung der individuellen Selbsterfahrung, fand in ihrer Unendlichkeit Halt an der perspektivischen Konstruktion, die den Blick vom willkürlich bestimmten Standpunkt aus auf die Beziehungen der sichtbaren Dinge im Raum zueinander und zum sehenden Subjekt lenkte. Nichts hier im Garten existiert beziehungslos für sich, alles hat seinen Platz als Teil eines übersichtlich geordneten Ganzen.

Neben den optischen Grundlagen der Kunst seiner Epoche untersuchte Vignola historische Formen und Quellen der Architektur. Nach seinem Studium der Lehren des Vitruv, des Baumeisters der römischen Kaiserzeit, und nach eigenen Messungen an den antiken Bauten Roms, verfaßte er ein Buch über »Die fünf Ordnungen der Architektur«, das jahrhundertelang als »ABC der Architekten« galt. Zeichnungen antiker Gebäudeelemente – Säulen, Pilaster, Architrave, Gesimse und dergleichen –, für die damals gegründete Akademie in Rom angefertigt und an den nachfolgenden Akademien Europas von Generation zu Generation weitergereicht, wurden durch Tradition zu Vorbildern kanonisiert, gerieten schließlich zu Schablonen des Eklektizismus im 19. Jahrhundert.

Der Name Vignola stand darum den Wegbereitern eines vom Historismus sich abwendenden modernen Bauens noch weit ins zwanzigste Jahrhundert hinein für den falschen Schein, den überlebter Akademismus in den historisierenden Verkleidungen seiner Bauten zu wahren suchte. Die drei Kriterien, denen Architektur zu Vignolas Zeit genügen sollte – Dauerhaftigkeit, Zweckmäßigkeit und Schönheit – stimmten hinter der Maske nicht mehr überein.

»Ich möchte versuchen, Ihnen, denen das Studium des Vignola und der ›drei Regeln der Architektur‹ auferlegt ist, das wahre Gesicht der Architektur zu zeigen«, verkündete Le Corbusier in seiner Schrift »An die Studenten der Bauhochschulen«, die nach dem Zweiten Weltkrieg zum Brevier einer jungen Architektengeneration wurde. Das »wahre Gesicht« der Architektur, unverstelltes Objekt des Schauens und Vision des wahrnehmenden Subjekts zugleich, beschwor er in seiner Erinnerung an die antiken

far, he eagerly sought to "read" it as a "book of education" in a discerning, analytical way.

Far away from the commercial bustle of Rome and not burdened by agricultural activity, the Cardinal's summer residence at Bagnaia was dedicated entirely to leisure. Not intended for the turbulence of grand, glamourous festivals, the garden combined all its architectural elements to create a peaceful retreat.

"Referring to Vignola again," as his contemporary and fellow artist Giorgio Vasari wrote, "his architectural excellence is not only borne out by his magnificent buildings but also by the literature he has written and published."

In his essay on the use of perspective, Vignola focussed on the necessity of visual domination in the newly-discovered spatial dimension of experience, where subject and object are discrete, though set in clear relation to one another. Perspective, which guides perception and thus establishes the relationship of visible objects to one another and to the observer, had been recently discovered and provided the observer with a device with which to order the endlessness of the seen world, experienced as an extension of the self. In the garden at Bagnaia, nothing stands as an unrelated entity, everything has its place as part of a systematically ordered whole.

Apart from the basic optical principles of Renaissance art, Vignola also examined the historical forms and sources of architecture. After his study of the teachings of Vitruv, an architect from Imperial Rome, and taking his own measurements of the city's ancient buildings, he wrote a book on the "Five Orders of Architecture" which for centuries was regarded as the architect's ABC. Drawings of the various elements of ancient buildings – pillars, pilasters, architraves, cornices and the like – were made for the academy that had recently been founded in Rome and were then passed on from generation to generation in other European academies. The "Five orders" eventually became canonized as archetypes and by the nineteenth century had evolved into mere eclectic clichés.

Well into the twentieth century, the pioneers of the modern architectural style that sought to distance itself from historicism came to regard the name Vignola as representing sham and show, as endemic of a historicizing adornment of buildings that the antiquated academic tradition of the time was seeking to preserve. The three criteria which architecture was required to fulfill during Vignola's age – permanence, utility and beauty – no longer fulfilled the needs.

"It would like to try and show you the true face of architecture – you who have the task of studying Vignola and the "three rules of architecture", announced Le Corbusier in his essay "To the students of architectural colleges", the bible of a new generation of architects after the Second World War. In referring to the "true face" of architecture – namely the unaltered object of visual perception and the act of perceiving at the same time – Le Corbusier was recalling his experience of the ancient buildings of Greece, an idealized Greece "full of sun and clarity" that he had seen on his travels as a young man.

His eye attuned to the originals, so to speak, he became critical of the "falsification of architecture" perpetrated by academic tradition as he returned to the west via Athens and Rome. "I was no longer able to accept the 'principles' of Vignola," he told the students. "This Vignola! Why

Bauten Griechenlands herauf, eines idealen Griechenlands »voll Sonne und durchsichtiger Klarheit«, wie es sich ihm als jungem Mann auf seiner Reise dorthin offenbart hatte. Mit gleichsam an den Originalen geschärftem Blick von Athen über Rom nach dem Westen zurückgekehrt, stieß er sich an den »Architekturverfälschungen« durch die akademische Tradition. »Es wurde mir unmöglich – Sie werden es verstehen – die ›Lehrsätze des Vignola‹ anzuerkennen«, schrieb er an die Studenten. »Dieser Vignola! Warum eigentlich Vignola? Wo steht es geschrieben, daß die moderne Gesellschaft wie durch einen Teufelspakt an diesen Vignola gefesselt sein muß? Ich tauchte in den akademischen Strudel.«

Wäre er damals hierher in den Schatten der alt gewordenen Platanen und Steineichen der Villa Lante gekommen, vielleicht hätte er, statt in seinem verständlichen Zorn auf die Borniertheit des Akademismus vom »unvermeidlichen Bankrott Vignolas« zu reden, seinen Skizzenblock auf den steinernen Tisch gelegt und angefangen, das, was er vor sich gesehen hätte, mit seinem Stift zu Papier zu bringen.

»Selbst zeichnen, Profilen folgen, Flächen ausfüllen, Volumen erkennen, das heißt« – für Le Corbusier – »zunächst schauen, das heißt vielleicht fähig sein, zu beobachten, vielleicht fähig sein, zu entdecken«. Vielleicht – denn leichter gesagt als getan ist, was er in seinem Appell »an die Studenten« fordert: »Man muß immer sagen, was man sieht, vor allem muß man immer – und das ist weitaus schwieriger – sehen, was man sieht.«

Mißtrauisch gegen alle scholastisch oder akademisch konservierte Tradition hält sich der skeptische Blick an das unmittelbar Einleuchtende der sinnlich wahrnehmbaren Welt. Aber wenn die Sinne, nach Montaigne, auch der Anfang und das Ende der menschlichen Erkenntnis sind, so wacht dazwischen doch vergewissernde Revision. Auf den ersten Blick läßt sie Linien und Sätze folgen, um ein getreues Bild der Wirklichkeit dauerhaft zu fixieren, aufgenommen im Augenschein wie von der Mittagssonne selbst gezeichnet, die mit kurzen Schatten scharfe Konturen um die Gegenstände zieht. Noch immer können die Blicke aus der nuancenreichen Vielfalt der verwitterten, patinierten, besonnten, verschatteten, bemoosten und überwachsenen Bestandteile des Gartens die geometrischen Grundformen herauslesen und in Zeichen und Wörter von scheinbar zeitlos gültiger Bedeutung überführen.

»Die Würfel, die Kegel, die Kugeln, die Zylinder oder die Pyramiden sind die großen primären Formen, welche die Sonne leicht entschleiert: ihr

Bild erscheint uns rein, greifbar, eindeutig. Aus diesem Grund sind sie schöne Formen, die allerschönsten Formen.« Die Hand des Zeichners Le Corbusier unterstreicht seine Worte, läßt Formen auf dem Papier entstehen, die den bereinigten Grundformen des hier vor Augen liegenden Orts gleichen wie ein Quadrat dem anderen. »Die Geometrie ist« für ihn »das Mittel, das wir uns selbst geschaffen haben, um die Umwelt zu erfassen und um uns auszudrücken.« Vierhundert Jahre Geschichte fortschreitender Erfassung der Umwelt mittels ihrer Geometrisierung trennen zwar »das Grundelement der Wohneinheit von Marseille: das Quadrat (in der Fassade), das eine Familie enthält«, vom Grundriß der Villa Lante aus jener Zeit, in der Arnold Hauser den »Ursprung der modernen Kunst« sieht. Doch abgelöst vom geschichtlichen Gebrauch, in gleichsam substantieller Blöße, erscheint Geometrie in visuell-ästhetischer Sicht klar, rein, eindeutig wie nie im Leben.

Nicht nur als Formen, sondern vielmehr als Ideen von Formen zugleich intellektuell einleuchtend, sind die geometrischen Grundfiguren in Le Corbusiers Augen schön, weil sie unumstößlichen mathematischen Gewißheiten entstammen, der »aus den Grundgesetzen unseres Weltalls abgeleiteten Berechnung«. Zeitlos wahr, gut und schön, hebt sich ihr Bild noch auf dem Hintergrund geschlossener Augen in scharfen Konturen ab wie der fixierte Einfall objektiver Sichtbarkeit. Jenseits subjektiver Schwierigkeiten, zu »sehen, was man sieht«, erzeugt Mathematik, indem sie »das Menschenwerk mit der Weltordnung zusammenklingen« läßt, für Le Corbusier die Proportion, die dem »wahren Gesicht der Architektur« meßbare Schönheit verleiht. »Als eine vorwiegend visuelle Funktion (es handelt sich doch um Gegenstände, die das Auge mißt)«, so sagt er, »kann die Proportion Metaphysik werden, das Körperliche mit dem Geistigen verbinden«. Unversehens gehen die Augen über in verklärte Blicke auf das, was ihr organisches Vermögen übersteigt: »Die Proportion ist das Werkzeug, das Verzauberung zuwege bringt. Ihr sind die Seelenregungen so eng verknüpft, daß sie in ihren äußersten Möglichkeiten an das Esoterische rührt, an die Sprache der Götter.« Hinter der Harmonie von Proportionen, die auch zur Zeit der Renaissance dem Auge wohlgefällige Übereinstimmung von Sinnlichem und Ideellem zum Ausdruck brachten, rissen indes damals schon längst Trennungen ins Leben ein. Das Körperliche und das Geistige entzweiten sich. Vom Handwerk trennte sich das Kunstwerk. Das eine behielt die Nützlichkeit im Sinn, das andere faßte die Sinnlichkeit ins Auge. Mit fortschreitender Arbeitsteilung emanzipierte sich das Auge von der Hand und über-

Vignola? Where is the law that says modern society has to be shackled to this Vignola as if by a pact with the devil? I immersed myself in the whirlpool of academia."

If Le Corbusier had visited Bagnaia at the time, and entered into the shade of the now aged plane trees and holm oaks of the Villa Lante, he might have propped his sketch pad against the stone table and transferred what he saw before him onto paper instead of ranting, understandably enough, at the narrow-mindedness of academicism and the "inevitable paucity of Vignola". "To draw, to trace outlines, to fill out spaces and to recognize volume – this means" – for Le Corbusier – "first seeing, and then perhaps, observing, exploring." Perhaps – for what he writes in his appeal "to the students" is easier said than done: "One must always say what one sees, but above all one must see what one sees, and that is far more difficult."

Mistrustful of fossilized scholastic tradition, the sceptical visitor to the garden restricts himself to the perception of his senses. But if the senses mark the beginning and end of human knowledge, as Montaigne believed, there must also be a sense of critical questioning to hold the balance between the two, a critical instance recording a faithful image of reality, much like the midday sun itself, with its short shadows drawing sharp contours around objects.

At Bagnaia, the fundamental geometric shapes can still be read from among the weathered, patinized, sun-drenched,

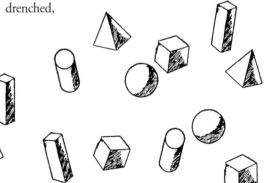

shady, moss-covered and overgrown elements of the garden as the signs and words of a timeless significance.

"Cubes, cones, spheres, cylinders and pyramids are the great primary shapes that the sun reveals: their image is pure, tangible, unmistakable. This is why they are beautiful shapes, the most beautiful shapes of all." The hand of Le Corbusier the artist underscores his words, allowing shapes to emerge that resemble the fundamental forms of this garden as one square resembles another. For Le Corbusier, "Geometry is a means we have created to understand our environment and express ourselves." Of course, four hundred years lie between Le Corbusiers square as the "the basic unit of the residential complex of Marseille" and the layout of the Villa Lante, which was created during a period described by Arnold Hauser as the "origin of modern art". And yet, from a visual-aesthetic point of view and abstracted from its historical use, geometry stripped down to its bare essence appears to be as clear and as pure as ever.

Le Corbusier appreciated the aesthetic quality of basic geometric figures not only as shapes but more importantly as concepts of shape, in that they have their origin in irrefutable mathematical certainties, in "calculations that derive from the fundamental laws of our universe." Even with our eyes closed, the sharp contours of basic geometrical bodies retain the unquestionable certainty of objective truth. Beyond the subjective difficulty of "seeing what we see", mathematics "brings human endeavour into harmony with the world order" in that it creates proportions which Le Corbusier saw as providing "the true face of architecture" with beauty that is

Villa Lante: Ort der reinen Muße, dem Alltag enthoben
Devoted entirely to leisure and remote from the worries and cares of daily toil: Villa Lante

nahm mit dem Aufflammen neuplatonischer Liebe zur Schönheit die Vorherrschaft im Reich der Sinne.

Als Ort der reinen Muße dem gewöhnlichen Alltag enthoben, ist der Sommersitz des Kardinals in luftiger Höhe über dem Städtchen Bagnaia jedoch nicht nur der ideale Schauplatz humanistischer Schöngeistigkeit in sich; darüber hinaus öffnet er sich schon zum Belvedere. Als Kunstraum, worin Natur in der strengen Ordnung geometrischer Formen in Erscheinung tritt, ist der Garten zwar deutlich getrennt, aber nicht mehr vollständig abgeschieden von seiner Umgebung. Tore öffnen sich zum angrenzenden Wald, dem das kunstvoll in Szene gesetzte Wasser entspringt. Vom erhöhten Standpunkt auf der Terrasse geht der Blick über die Mauern hinweg bis zu den blauen Hügelketten am Horizont weit hinter dem Torturm von Bagnaia. Er ruft das Bild einer Landschaft vor Augen, wie sie Gemälde des Cinquecento im Hintergrund bühnenhaft posierender Figuren darstellen.

Als »poetische Kulisse« erscheint die Umgebung seiner Bauten Le Corbusier noch vier Jahrhunderte später. »Die Landschaft, geformt aus Ebene, Hügel, Wasserfläche, Grün, Felsen und Himmel, bedeckt von dem Teppich der Vegetation, weit geöffnet durch Perspektiven, von Horizonten begrenzt, ist so die Weide, die den Sinnen, dem Geist, dem Herzen durch die Augen geboten wird.«

Während die Hand des Zeichners Le Corbusier Punkt für Punkt am Ende seiner schwärmerischen Blicke auf die weiße Fläche des Papiers über-

measurable. "As a chiefly visual function (after all, we are speaking of objects which are measured by the human eye)", proportion becomes metaphysical in that it combines the physical with the spirit: in this way, the eyes transfigure what they see; indeed, "proportion is a means of enchantment; it is so closely bound up with the innermost stirrings of the soul that at the very extreme of its potential it touches upon the mystical, the language of the gods."

However, even during the Renaissance, when the harmony of proportion expressed an aesthetic accordance of the sensory and the spirit, signs were nevertheless apparent of a growing rift behind this harmony. Artistry was becoming distinct from craftsmanship; the latter was concerned with utility, while the former was dedicated to sensory appeal. With the continued development of this dichotomy, the eye emancipated itself from the hand and – with the flowering of a neo-Platonic love of beauty – became predominant in the realm of the senses.

As a place of pure idle leisure, far removed from everyday concerns and high above the town of Bagnaia, the Cardinal's summer residence is not only a perfect scene of humanist aestheticism, it also acts as a belvedere, a vantage point. As an artistic space in which nature is set out in the strict pattern of geometric

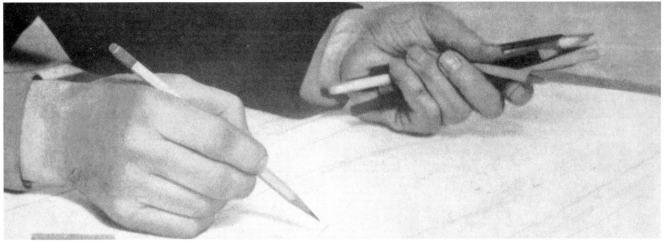

Man lernt sehen, wie die Dinge werden – Le Corbusier

One must truly see what one sees – Le Corbusier

shapes, the garden is clearly distinguished –
though not entirely cut off – from its surroundings. Gateways lead into the adjoining
woods, whence issues the water which is so imaginatively incorporated into the overall design.
The view from the raised portion of the terrace
extends across the walls to the blue range of hills
on the horizon, far beyond the tower-gate of
Bagnaia. This prospect conjures up the image of
landscape as portrayed in Renaissance art, where
it acts as a mere backdrop to figures in theatrical
poses.

Four hundred years later, Le Corbusier was
also to see the surroundings of his buildings as a
"poetic backdrop". "The landscape, covered by a
carpet of vegetation, is moulded out of plains,
hills, water bodies, greenery, rocks and sky, flung
wide open by perspective and restricted by hori-
zons: it is thus a rich pasture offered by the eyes
to the senses, the intellect and the heart."

Whilst Le Corbusier was transferring the results of his ecstatic vision onto paper point by
point with the accuracy of an artist's hand, joining each of them with beautifully shaped lines
to "form a framework for the architectural
composition", his eyes surely strayed off into the
realm of the imagination; they did not so much
see the landscape before him as, but the ideal of a
landscape as painted by the masters of the
Arcadian ideal.

In his design for the League of Nations Centre in Geneva, Le Corbusier celebrated the revival
of a bucolic motif, as if observing the landscape
from within a mental eye: "There is not one window which does not look out onto a pastoral
scene". Again, from the roof of his Unité
d'Habitation in Marseille, his eye, trained in the

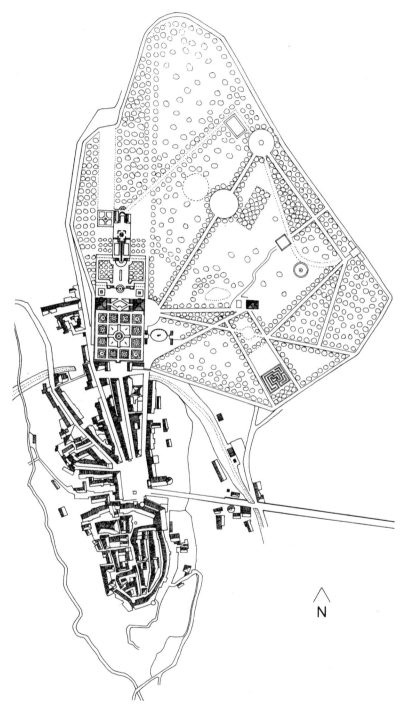

N

Bagnaia und die Villa Lante.
Zeichnung aus Van der Ree,
Smienk, Steenbergen: Italian
Villas and Gardens; Amsterdam
1992

Bagnaia and Villa Lante, drawing taken from Van der Ree,
Smienk, Steenbergen: Italian
Villas and Gardens. Amsterdam,
1992

trägt und mit schönem Linienschwung zur »Umrahmung der architektonischen Komposition« verbindet, schweifen seine Augen ins Imaginäre ab. Sie sehen weniger die Landschaft, die vor ihm liegt, als vielmehr das Ideal einer Landschaft, wie gemalt von den Meistern der arkadischen Bewegung. Aus seinem Entwurf für das Völkerbundgebäude am Genfer See im Geist wie aus einer zweiten Augenhöhle Ausschau haltend, feierte Le Corbusier Wiedersehen mit einem bukolischen Motiv: »Nicht ein Fenster, das sich nicht auf eine Pastorale geöffnet hätte.« Aufs Dach seiner Unité d'Habitation in

humanist tradition, beheld "Arcadia in all directions". Reaching the peak of his times, he went so far as to adopt a perspective of airborne-like supremacy or "supervision": "High in the air, the aeroplane establishes the authority of a new conscience, a modern conscience"; this he felt, empowered him to "draw the cities from out of their destitution", in other words – for the

Der Schweizer Pavillon in der Cité Universitaire von Paris, 1930–1931 erbaut von Le Corbusier.

The Swiss Dormitory designed by Le Corbusier at the Cité Universitaire in Paris (1930–31)

most part – to demolish them. Soaring above the "baseness of the world", he realized at this bird's-eye perspective that "if the eye sees clearly, the mind can make clear decisions." As a "visual person", as he described himself, Le Corbusier did not only keep a distance between himself and the reality of the landscape surrounding his architecture. At the same time, he also complied with the desire of building owners for pure visual bliss, as was the case with "Les Heures claires", the Villa Savoye, situated in what Le Corbusier felt to be the "Virgilian" landscape of the Seine valley. The architectural historian Sigfried Giedion wrote of "Les Heures claires": "The city dweller for whom it was designed did not ask for direct contact with meadows and shrubs; rather, he desired a view of the landscape and sought to enjoy the wind and the sun and the natural freedom denied him by his daily work."

The same is true of the city dweller for whom, long ago, a villa and garden were built in the rural landscape near Rome: the Cardinal did not till the land himself. Like a sun-dial, his aestheticizing view only counted the bright and merry hours at this favoured place. The very opposite – the drudgery of daily toil – has cast increasing shadows upon man's everyday surroundings since those days, when the eye began to emancipate itself from the hand.

Even though the Cardinal's earthly paradise – unlike Le Corbusier's "Heures claires" – may have been based on the layout of an imaginary, heavenly Jerusalem, it was nonetheless a place of pure leisure and thus, like the Villa Savoye, built on the foundation of a money economy: indeed, in the Italy of the cinquecento, world trade and the accumulation of monetary wealth were al-

Marseille sich versetzend, erblickte sein humanistisch gebildetes Auge »Arkadien nach allen vier Himmelsrichtungen«. Mit »Aircraft« die Höhe seiner Zeit erreichend, verstieg er sich schließlich zur Supervision: »Auf hohem Niveau etabliert das Flugzeug eine Instanz neuen Gewissens, eine Instanz modernen Gewissens«, in deren Namen er »die Städte ihrem Elend entreißen«, das heißt großenteils abreißen wollte. Über »die ordinären Umstände der Welt« hinwegfliegend, machte er sich aus der Vogelperspektive bewußt: »Wenn das Auge klar sieht, kann sich der Geist klar entscheiden.«

Als »visueller Mensch«, wie er sich nannte, hielt Le Corbusier nicht nur selbst Distanz zur Wirklichkeit der landschaftlichen Umgebung seiner Architektur; auch dem Wunsch der Bauherrschaft nach reiner Augenweide entsprach er mit Bauten wie »Les Heures claires«, jener in die als »virgilisch« empfundene Landschaft des Seinetals nahe bei Paris gestellten Villa Savoye, über die der Architekturhistoriker Sigfried Giedion schrieb: »Der Städter, für den sie entworfen wurde, verlangte nicht direkten Kontakt mit Wiesen und Sträuchern, vielmehr den Blick über die Landschaft. Er wollte Wind und Sonne genießen und die natürliche Freiheit, die die tägliche Arbeit ihm vorenthielt.« Auch der Städter, für den Villa und Garten einst in die bäuerliche Landschaft nahe bei Rom gebaut wurden, legte nicht selbst Hand an zur Bearbeitung der ländlichen Natur. Gleichsam ausgerichtet wie die Sonnenuhr verzeichnete der ästhetisierende Blick vom bevorzugten Standort aus die heiteren Stunden nur, während die Arbeit als deren Gegenteil immer längere Schatten auf alltägliche Umgebung warf seit jener Zeit, in der sich mit zunehmender Arbeitsteilung das Auge von der Hand zu emanzipieren begann. Mag sich das irdische Paradies des Kardinals – anders als Le Corbusiers »Heures claires« – auch noch am Grundriß des imaginären himmlischen Jerusalem orientiert haben, so war es als Ort der reinen Muße doch schon – wie jenes – auf dem Fundament der Geldwirtschaft erbaut, die im Italien des Cinquecento mit Welthandel und Anhäufung von Barvermögen die »moderne Geschichte des Kapitals eröffnet« hatte.

Je undurchsichtiger im Verlauf dieser Geschichte die grundlegenden Vorgänge der gesellschaftlichen Herstellung von Dingen und Beziehungen wurden, desto mehr Bedeutung gewann das Sehen, nicht nur in ästhetischer Hinsicht. Wie sich auf dem Warenmarkt zwischen Menschen und Gegenstände etwas Drittes schob, das den Tauschwert der Dinge verkörpernde Geld, diese »abstrakte Gestalt des allgemeinen Reichtums«, so wurde der auf Distanz abschätzende, vergleichende Blick zum Mittler in der wachsenden Kluft zwischen Subjekt und Objekt der Welterfahrung. Auf die Garantien der Geometrie gestützt und in den Rahmen überkommener Bilderwelt gespannt, versteift sich das Sehen mitunter zur fixen Idee vom Sehen und fördert so die Preisgabe von Sinnlichkeit an Abstraktion, wie sie auch das Geld als gewissermaßen metaphysisch die Gegenstandswelt durchdringende Kraft betreibt. Die scheinbar unmittelbare Wahrnehmung jenes »Sinns für Harmonie«, der – nach Le Corbusier – »zu allen Zeiten das Gleichgewicht zwischen Vernunft und Leidenschaft herstellt«, leistet in seiner Illusionsbereitschaft der kommerziellen Ausbeutung des ästhetischen Formenarsenals letztlich Vorschub.

Das »wahre Gesicht der Architektur«, dessen Form die Funktion adäquat zum Ausdruck bringen sollte, konkurriert heute unter anderem mit der sogenannten »Authentizität« von Rekonstruktionen. Die Revision einer funktionalistisch und formalistisch heruntergekommenen Moderne führte wieder zur Wertschätzung des schönen Scheins visuell reizvoller Verkleidung. Doch nicht nur die Säulen, Pilaster, Architrave, Gesimse und Portale des Vignola, auch die Piloti, Rampen, Loggien und Sonnenbrecher Le Corbusiers werden dem Warengesicht gegenwärtigen Bauens einverleibt. Zu Symbolfiguren jeweils als erledigt abgetaner Traditionen gestempelt – der eine am Anfang einer Moderne im weitesten Sinne stehend, der andere ihrem vorgeblichen Ende nahe – lassen sich beide über alle Traditionsbrüche hinweg von einer tiefer reichenden Kontinuität vereinnahmen.

Neomodern oder postmodern, aber nicht postkapitalistisch im Schatten des Vignola bleibend oder ihn vertreibend, ist Architektur »wie durch einen Teufelspakt« an die Verwertungsbedingungen des Kapitals gefesselt, der unsichtbaren Macht, die alles Sichtbare verwandelt. Auf dem Weg vom Horizont der Landschaft zurück zum Garten bleibt der Blick an Markierungen heutiger Welterfahrung hängen: die Fernsehantennen auf den Dächern von Bagnaia weisen darauf hin, daß eine Welt, die als Bilderwelt ins Haus kommt, die Isolierung und Distanzierung des Gesichtssinns auf die Spitze treibt. »Sehen, was man sieht«, ist in der Tat eine schwierige, von den Lebensumständen abhängige, historisch sich wandelnde Aktivität. Es führt kein Weg zurück zum naiven, unbeeinflußten Blick. Auch die rücksichtslose Flucht nach vorn ist schon überholt. Wie ließe sich das »Gewissen des Auges« heute für die Komplexität der Welt schärfen, damit es in der Kardinalfrage der Moderne nach dem Verhältnis von Form zu Funktion, die sich als Politikum ja noch keineswegs erledigt hat, kritisch weitersieht?

ready "heralding the approach of capitalism". As this development progressed, so the processes by which society produced things and relationships became increasingly complex, and visual perception gained in significance – not only in an aesthetic sense. In the same way that money had established itself as a symbol of value between people and things, so a perception of reality based on detached judgement and comparison became the mediator in the widening gap between the subject and object of empirical experience.

Relying on the unquestioned truth of geometry and forced into a framework of clichéd, obsolete images, visual perception sometimes rigidifies into a fixed idea of seeing which tends to abandon sensory appeal in favour of abstraction – just as money permeates the world of objects as the concrete form of a metaphysical idea. The apparently spontaneous realization of the "sense of harmony" which, according to Le Corbusier, "creates a balance between reason and passion at all times", ultimately allows commercialism to exploit the whole range of aesthetic forms in that it willingly conspires to create an illusion.

Today, the "true face of architecture", whose form should adequately express its function, stands in competition with the so-called "authenticity" of "historical" elements as used in current architecture. The attempt to revise the avant-garde architecture of the thirties, with its paucity of functionality and formality, has led once more to an inclination towards more visual decoration, towards superficial aesthetic appeal. But not only Vignola's pilasters, architraves, cornices and portals are being exploited by contemporary architectural commercialism: Le Corbusier's piloti, ramps, loggias and sun baffles

are also being subjected to the same treatment. Both have been dismissed as symbolic figures of their respective exhausted traditions – one at the dawn of modernity in its broadest sense, the other supposedly near its end – and yet both are open to exploitation by a continuity which extends deeper still, beyond all breaks in tradition.

Neo-modern or postmodern, i.e. either remaining in Vignola's shadow or rejecting him, but certainly not "post-capitalist", architecture today is bound "as by a pact with the devil" to the exploitative conditions of the capital-based economy, the invisible power transforms all visible things.

Back at Bagnaia, retracing the view from the landscape to the garden, the observer is suddenly arrested by the sight of television aerials on the roofs of the village. These emblems of modern-day experience, symbols of the world which enters our homes as a realm of images, serve to magnify the isolation and detachment of visual perception. "Seeing what we see" is indeed a difficult task, one which is in a state of constant flux according to the circumstances and historical context of our lives. There is no path which will lead us back to a naive perception unaffected by external influences, yet a ruthless and offensive approach is equally redundant. How can the "con-science of the eye" be sharpened to perceive the complexity of today's world? How can it make a critical contribution to the crucial question posed by modern architecture, namely that of the relationship of form to function? This is a question which in terms of its political significance cannot be regarded having been settled in any way.

Kindergarten auf der Dachterrasse der Unité d'Habitation in Marseille. 60 Meter über dem Boden eine moderne Landschaft mit Blick auf die arkadische Umgebung.

A modern roofscape, 60 metres high, with views of Arcadian surroundings: the kindergarten on the roof terrace at l'Unité d'Habitation.

Der Auftritt der Landschaft im Film

Symbolic landscapes in film

Kathinka Schreiber

Imaginäre, phantastische und realitätsgerechte Landschaftsbilder tragen die Handlung filmischer Kunstwerke mit.

In works of cinematic art, landscape images – whether imaginary, fantastical or realistic – are a key element of the action.

Das Ende sieht wie ein neuer Anfang aus: »Der Nebel verschwindet zauberhaft und eine Landschaft erscheint. Eine Wiese, und weiter drüben ein blauer Baum. Da laufen die Kinder los ... und tauchen in die Landschaft ein, die erleuchtet erscheint, wie am Ersten Tag der Schöpfung!«

Die 35. und letzte Szene von Theo Angelopoulos' Film »Landschaft im Nebel« (Topio stin omichli, 1988). Auf der Leinwand umarmen der Knabe und das Mädchen den Baum der Wünsche. Sie sind angekommen. Eine Reise durch die griechische Heimat, weit davon entfernt, dem tradierten Bild des klassischen Landes zu entsprechen, geht zu Ende. Die Geschwister sind über der Grenze, betreten ein neues Land. Mühelos gelingt es dem Kinogeher, einer Landschaft Stimmungen und Imaginationen der Helden abzulesen. Gegend und Wetter spiegeln auch in diesem Fall die atmosphärische Innenwelt des Geschehens, schaffen ferner mit dem blauen Baum eine Vision: Es ist ein Vorschein des Ersehnten, in dem sich Hoffnung manifestiert; die Farbe als Symbol seelischer Gelöstheit und kühler Geheimnisse.

Im scharfen Kontrast dazu die bedrückenden und lähmenden Sequenzen ihrer Tour, die wahrlich nicht durch Arkadien führte. Die von Angelopoulus vorgeführten Autobahnen dokumentieren den zerstörerischen, verächtlichen Umgang mit Natur und Kultur. Optisch zerfließt alle Zuversicht in diffusem Licht und abweisender, winterlicher Kälte. Unterwegs hatten die Kinder ein kleines Stück Filmstreifen gefunden, auf dem eine Landschaft mit Baum zu erahnen war. Als hätte das Wünschen noch geholfen, steht er wie eine Skulptur der Rettung am Ende wirklich unwirklich da, belaubt, blau, jenseits der Gefahr.

Der verfremdete Baum und das trübe Land sind äußere Erscheinungen, ästhetische Gestalt und zugleich Abbild der Psyche. Die sinnlich wahrnehmbare Materialität, die Formen und Farben erhalten reiche Bedeutung. Das kommt Alexander von Humboldts Vorstellung nahe, Natur müsse so dargestellt werden, wie sie sich im Inneren abspiegele, damit sich das Nebelland physischer Mythen mit anmutigen Gestalten fülle.

Die Wechselbeziehung zwischen Natur und empfindendem Menschen ist ein essentieller Grundzug abendländischer Kultur. Sie manifestiert sich in einer Fülle von Kunstwerken, seit sich die Augenzeugen teilnehmend und genießend der natürlichen Umgebung zuwenden:

In the 35th and last scene of Theo Angelopoulos' film "Topio stin omichli", 1988, the boy and the girl on the screen throw their arms around the Wishing Tree, having finally arrived at their destination. Thus ends a journey through Greece, a journey which shows a world quite different from the traditional, classical image of the country. The siblings have crossed the border and have entered a new land. The cinemagoer has no difficulty in sensing the moods and thoughts of the protagonists through the medium of the landscape; the setting and the weather reflect the atmospheric inner world of the action. The blue tree represents a vision: a premonition of the fulfilment of desire, a manifestation of hope. Colour becomes a symbol of spiritual freedom and dark secrets.

This contrasts sharply with the oppressive and paralyzing stages of the preceding journey, which certainly does not take us through arcadia. The motorways presented by Angelopoulos document the cynical destruction of nature and culture. All hope and confidence becomes lost in the diffuse light and frosty coldness. On the course of their journey, the children find a small

piece of film on which a landscape with a tree can be made out. As if their wishing had done some good, they see the tree at the end of the journey, standing there in front of them unreal in its reality, like a sculpture of deliverance in leafy blue, beyond all threats of danger.

The strange tree and the bleak landscape are physical symbols, aesthetic figures which portray psychic reality. The shapes and colours are richly imbued with meaning, reminiscent of Alexander von Humboldt's idea that nature ought to be portrayed as it is reflected within our psyche in order to people the misty landscape of physical myths with pleasing figures.

The interaction between nature and man as a sensitive being is a fundamental characteristic of Western culture, and ever since artists became active and willing eye-witnesses of the natural world, they have produced a wealth of artistic creations which attest to this interaction. Such spiritual landscapes have always fascinated painters and authors and been a source of inspiration. Film is a new medium that has taken up this link between inner vision and natural spectacle. Angelopoulos' "Trilogie des Schweigens" (Trilogy of Silence), for example, is not a clinically detached documentation of the environment, but uses strikingly composed images to associate psychic experiences with physical scenery. To the film-maker, bleak roadways reflect the bruised life of the individual and the general "melancholy of the end of the 20th century".

The spectator forms his own pattern of meaning from the elements and the real or symbolic references he perceives and the deeper implications they may suggest. In other words, he interprets what he sees: colours, shapes, a tree, the

In Theo Angelopoulos' Filmen reisen die Figuren durch Land und Vision. Die Landschaft entsteht allmählich aus Elementen der griechischen Realität. »›Landschaft im Nebel‹ ist einer der wenigen Filme, die auf poesievolle Weise nahebringen, was wir an materiellen wie immateriellen Werten in unserer Mitwelt zerstören«, schreibt der Filmkritiker Walter Ruggle.

The protagonists in Theo Angelopoulos' films travel through fictitious areas, made up of landscape elements taken from all over Greece. As the film critic Walter Ruggle once wrote, "'Topio stin omichli' is one of the few films that describe the material and immaterial destruction of the world about us in a poetic way."

Die Natur eine Seelenlandschaft! Maler und Literaten sind fasziniert und inspiriert. Der Film, als neues Medium, greift diesen Sinnzusammenhang auf. So ist etwa Angelopoulos ganze »Trilogie des Schweigens« kein unbeteiligtes Dokument der Umwelt, knüpft vielmehr das alte Band zwischen psychischen Erlebnissen und äußerer Erscheinung neu mit eindringlich komponierten Bildern. Triste Verkehrswege sind für den Filmer das Spiegelbild des individuell beschädigten Lebens und der allgemeinen »Melancholie am Ende des 20. Jahrhunderts«.

Der Zuschauer setzt sich die Zeichengestalt aus den wahrgenommenen Elementen, dem realen oder symbolischen Weltbezug und den möglichen Bedeutungen zusammen. Er interpretiert das Geschaute. Konkret: Farben, Formen, Baum, die Stadt Saloniki, visionäre Hoffnung und Trauer bilden das vielschichtige Zeichen »Landschaft«. Diese Bezüge werden im Kunstwerk eine Einheit. Der Regisseur schafft die außerordentliche, filmische Wirkung seiner Sicht des modernen Griechenlands mit einer spezifischen Arbeitsweise. Er betont: »Ich bin immer wieder von Griechen gefragt worden: Aber wo hast Du diesen oder jenen Ort gefunden. Es gibt ihn nicht, ich setze ihn zusammen. Was ich mache, ist wie eine Collage.« Für ihn zähle nur, »ob die neue Wirklichkeit sich anderen als harmonische, ästhetische Form vermittelt«. Das Aufspüren der Orte koste ihn beim Filmen die meiste Zeit. In diesem Sinne interpretiert sich Angelopoulos selbst als Maler, der, wie die alten Meister, eine Landschaft komponiert – nach einer Musterkollektion möglicher Erscheinungsformen.

Natürlich spielen Aufnahmetechnik und Kameraführung eine außerordentlich wichtige Rolle für die Aussage, wie eine weitere Szene aus »Landschaft im Nebel« zeigt. Eine einzige Einstellung der Bucht von Saloniki: Die von Hügeln gesäumte Stadt liegt im Dunst. Die Geschwister stehen mit ihrem Freund am Strand, als eine riesige Hand aus dem Meer hochgezogen wird. Dieses Fragment antiker Bildhauerkunst schwebt über dem Wasser. Vergangenheit konfrontiert mit der Gegenwart. Eine Kette von Assoziationen wird ausgelöst, der immense, panoramische Ausblick läßt unbegrenzte Gedankenspiele zu.

Imaginäre, phantastische und realitätsgerechte Landschaftsbilder tragen die Handlung filmischer Kunstwerke mit. Die langsame, ermüdende Kutschenfahrt durch das glühende, staubige, sizilianische Hochland in Luchino Viscontis »Leopard«, 1963, ist Metapher für den Fatalismus des Helden. Der Blick der Regisseurin Ulrike Ottinger auf die innerasiatische Steppe in ihrer

town of Saloniki. Visionary hope and sorrow go to make up the complex symbol of "landscape". All these elements become fused to a unity within the work of art, and the director thus creates an extraordinary cinematic effect with his view of modern Greece. He explains: "Greek people are always asking me: 'Where did you see this or that place?.' The truth is that these places don't exist: I put them together myself. What I'm actually doing is rather like a collage." He is only interested in "whether or not reality communicates itself in a harmonious, aesthetic form". It is the tracking down of suitable locations that takes up most of his time when he makes films. Angelopoulos regards himself as a painter composing a landscape rather like the old masters, based on a sample collection of all the possible forms landscape can take. Of course, filming technique and camerawork are extremely important to the message of a film, as another scene from "Topio stin omichli" exemplifies. We see a single shot of the bay of Saloniki; the town, surrounded by hills, is enveloped in mist. The siblings are standing on the beach with a friend when a huge hand suddenly rises up out of the sea, a fragment of ancient sculpture hovering above the water. The present is thus confronted with the past and a chain of associations is sparked off: the vast panoramic view gives the imagination plenty of freedom to roam.

Landscape images are key elements which support the plot in many works of cinematic art – whether imaginary, fantastical or realistic. The slow, exhausting coach ride through the blazing hot, dusty Sicilian hills in Luchino Visconti's "Leopard", 1963, is a metaphor of the hero's fatalism. The view of the Central Asian Steppes shown by director Ulrike Ottinger in her

"Johanna D'Arc of Mongolia", 1988, seeks out the long lost unity of human life and nature. Andrej Tarkowskij's "Solaris", 1971, contrasts the enforced self-exploration of cosmonauts in their isolated space station with a longing for the simple country life of Russia.

A script instruction of Alexander Kluge's illustrates the unclear distinction between plot, feeling and location. We hear the words: "They say I allow myself to be guided by history", as a spoken commentary on the following shots: "A stubble field in Sauerland, Pan across a landscape in Baden-Württemberg. More distinctly: A field with blossoming cherry trees. Pan from partial shot of ruins to a view through a ruined window into a green forest."

Whether we see real rain or snow, whether the roar of thunder is genuine or artificial, and even if the fog wafts through the studio and the panoramas are back projections, blue screen or matte painting: none of this is relevant to the interpretation. The image has its composition, and cinematic perception guides the viewer to the desired message. The sensory impression, i.e. the aesthetic dimension, can be determined and reinforced by the production process, but this does not affect its quality.

However the image is produced, it will always have a distinct sensory effect and suggestive quality. Fritz Lang's "Siegfried", 1922, shows an impressive display of "studio" nature on a pathetic ride through a German forest, the backdrop being an imitation of an Arnold Böcklin painting to which the lighting adds an element of the fantastic: the illuminated illusion of reality seems to arise out of a constructed vision. Thus it was no great feat to shoot the "Tiger of

Das Bild im Film ist künstlich, allein auf die Wahrnehmung abgestimmt. Eindrucksvolle Studionatur als Beispiel in Fritz Langs Film »Siegfrieds Tod« von 1922. Pathetischer Ritt durch den deutschen Wald. Phantastisch vom Licht in Szene gesetzt in der Nachbildung eines Gemäldes von Arnold Böcklin. Die illuminierte Illusion der Realität entsteht aus konstruierter Vision.

The scenes that we see in films are artificial, composed and lighted to address the senses, as here in an impressive display of studio nature in Fritz Lang's "Siegfried", 1922. The backdrop of the noble horseback ride through a German forest is an imitation of an Arnold Böcklin painting, lit in such a way as to add an element of the fantastic to the illusion of reality.

»Johanna D'Arc of Mongolia«, 1988, sucht die längst verlorene Einheit von Menschenleben und Natur. Andrej Tarkowskijs »Solaris«, 1971, stellt erzwungener Selbsterforschung der Kosmonauten in der Ausgesetztheit ihrer Raumstation Sehnsucht nach dem einfachen russischen Landleben gegenüber. Bei Jim Jarmusch scheint in den schwarzweiß gefilmten Sümpfen Floridas alle Haltung zu vermodern. Dann sehen die Betrachter den Dschungel als Jagdrevier für Leidenschaften in flimmerndem Licht mit anderen Augen.

Eine Drehbuchanweisung Alexander Kluges verdeutlicht die fließende Grenze zwischen Handlung, Empfindung und Örtlichkeit. Zum gesprochenen Kommentar: »Man sagt, ich wäre geschichtsorientiert« laufen synchron die Einstellungen: »Ein Stoppelfeld im Sauerland. Schwenk über baden-württembergisches Land. Nah: Eine Wiese mit blühenden Kirschbäumen. Schwenk von Ruinenausschnitt zu einem Blick durch totes Ruinenfenster auf grünen Forst.«

Ob es wirklich stürmt oder schneit, das Donnergrollen echt oder künstlich erzeugt ist und der Nebel im Studio wallet, ob die Panoramen Rückprojektionen, Blue Screen oder Matte Painting sind, bleibt für die Deutung irrelevant. Das Bild ist montiert und die filmische Wahrnehmung erschließt die projizierte Bedeutung. Unabhängig davon kann natürlich der sinnliche Eindruck, also die ästhetische Dimension, vom Verfahren bestimmt und verstärkt werden.

Jede Variante der Bildherstellung wirkt sinnlich und bedeutungsgeladen. Eindrucksvoll gezeigte Studionatur in Fritz Langs »Siegfrieds Tod«, 1922: Pathetischer Ritt durch den deutschen Wald. Phantastisch vom Licht in Szene gesetzt in der Nachbildung eines Gemäldes von Arnold Böcklin. Die illuminierte Illusion der Realität entsteht gewissermaßen aus konstruierter Vision. Kein Kunststück dann, den »Tiger von Eschnapur«, 1921, nahe Berlin, im Wald von Woltersdorf zu drehen.

Eshnapur", 1921, in the Woltersdorf forest near Berlin.

In Fredi Murer's "Höhenfeuer", 1985, art is created out of nature. On a secluded alpine meadow, the deaf son of a mountain farmer expresses his feelings by constructing unique stone formations. These strange shapes suggest the possibility of another world, of art.

A different phenomenon again is that of nature as the aesthetic object. The striking final shot in Eric Rohmer's "Grünes Leuchten", 1986, was captured by waiting in the bay of Biarritz until the light actually tinged the sky with the green gleam of the film's title. This exquisite spectacle also casts light on the human drama: the love story is about to begin.

Today, this kind of effect lies in the domain of specialists. In Coline Serreau's "The Crisis", a magnificent mountain panorama dramatizes the turning point in the life of the selfish protagonist, and a captivating sunrise and the flood of daylight reflect the inner process of purifying self-knowledge, thus raising the quality of what is otherwise a somewhat banal film.

Landscape, whether in close-up or in detail, also provides local colour. Talking to Truffaut about his "Secret Agent", 1936, Hitchcock once said: "One of the most interesting aspects of the film is that it is set in Switzerland. What has Switzerland got to offer, I asked myself. Milk chocolate, the Alps, folk dances and lakes. I filled the film with these typical Swiss elements. You have to try and work all these local features into the drama, with people drowning in the lakes and falling off alpine cliffs." The expert consciously combines all the clichés of the Alpine republic in such a way that fear and terror lurk behind the idyllic facade.

This is in fact a very simple principle, one which particularly applies to landscapes that have been made legend by film itself. The standard example of this is the Wild West, which gave its name to a whole genre. Monument Valley ("Stagecoach", "Fort Apache") is not a clichéd symbol, but has become an exalted place simply because it is so familiar. The reality of the period, with its aggressive land seizure and brutal violence, was quite different, of course. In a western, a horseback ride through the valley tells the myth of the free and wild west and of its courageous and cowardly, just and unjust inhabitants. Quite apart from this theatrical dimension, the physical

In Fredi Murers »Höhenfeuer«, 1985, entsteht aus Natur Kunst. Auf abgelegener Sommeralp baut der taube Bergbauernsohn eigenartige Steingebilde auf, schafft sich so sichtbaren Ausdruck. Die fremden Formen deuten die Möglichkeit einer anderen Welt, der Kunst, an.

Wieder anders: Die Natur selbst ist das ästhetische Phänomen. Hinreißend die Schlußeinstellung in Eric Rohmers »Das Grüne Leuchten«, 1986. Beim Drehen in der Bucht von Biarritz wartete er, bis das Spiel des Lichts den Himmel eben mit besagtem grünem Leuchten färbte. Das erlesene Schauspiel erhellt gleichzeitig dramaturgisch den Gefühlshorizont: Die Liebesgeschichte beginnt! Solche Effekte sind heute die Aufgabe ausgesprochener Spezialisten. In der »Krise« von Coline Serreau verhelfen sie einem eigentlich banalen Film zu einem grandiosen Gebirgsblick, um einen Wendepunkt im Leben des egoistischen Helden zu inszenieren. Betörender Sonnenaufgang, Tageslicht, Erkenntnis, Läuterung.

In Fredi Murers Film »Höhenfeuer« von 1985 entsteht aus Natur Kunst. Auf abgelegener Sommeralp baut der taube Bergbauernsohn eigenartige Steingebilde auf. Die fremden Formen deuten die Möglichkeit einer anderen Welt, der Kunst, an.

In Fredi Murer's "Höhenfeuer", 1985, the deaf son of a mountain farmer retreats to a remote alpine meadow to build strange piles of stones suggestive of another world — that of art.

landscape offers enough scope for adventurers, for pursuers and pursued alike. The viewer is guided by the familiar landmarks, such as the strange rock formations and the blurred horizon.

On first viewing, the western is purely an action film, but then sky and clouds, dust and rubble take up the tale, telling the old, old story all over again. The heroes are Odysseus returning home, the naive Parsifal, the brave Hector and the vengeful Kriemhild. A classic example is John Ford's "Black Falcon", 1956, in which a quarrelsome civil war soldier returns home, searching for his nieces who have been kidnapped by Indians. The westerner stands in the doorway with his back towards the camera – an image borrowed from Caspar David Friedrich's Romantic landscape painting. As we watch, we are led to look away into the far distance: a beautiful yet disturbing scene. This type of intensive camera shot superimposes recollected film images into reality.

In Werner Herzog's "Fata Morgana", 1968/70, the landscape is completely stylized to become a kind of mythical persona. Herzog originally intended to make a science fiction film, in which alien beings discover the planet Uxmal and make a film of it. He was faced with so many difficulties on location in Africa that the project failed althogether; nevertheless, fascinated by this "landscape contemplation", he used the material to put together a film epos, an allegory of misery and Utopia. The desert scenes, totally devoid of human life or vegetation, convey a sense of burdensome endlessness and thus acquire a transcendental significance. Quite apart from any natural catastrophes, all that is left of man is a desolate waste of civilization, shown in endless camera tracking. The three sections of the film are enti-

Landschaft, in Großaufnahme oder Detail, liefert selbstverständlich auch das gewünschte Lokalkolorit. Hitchcock äußerte im Gespräch mit Truffaut über seinen »Geheimagenten«, 1936: »Einer der interessantesten Aspekte des Films ist, daß er in der Schweiz spielt. Ich habe mich gefragt, was gibt es in der Schweiz? Milchschokolade, die Alpen, Volkstänze und Seen. Mit diesen Elementen, die für die Schweiz typisch sind, habe ich den Film gefüttert. Man muß versuchen, all diese lokalen Gegebenheiten in das Drama einzubauen. Die Seen müssen dasein, damit die Leute ertränkt werden, und die Alpen, damit sie in die Schluchten stürzen.« Der Könner versammelt mithin bewußt alle Klischees der Alpenrepublik, damit in der Idylle hinterrücks Angst und Schrecken hausen können.

Dieses an sich triviale Prinzip gilt um so mehr für Landschaften, die erst durch den Film Legende wurden. Das Paradebeispiel ist der Westen Amerikas, der dem Genre des Westerns den Namen gab. Das »Monument Valley« (»Stagecoach«, »Fort Apache«) ist nicht etwa abgenutzte Chiffre, sondern wurde, gerade weil es so bekannt ist, verklärter Ort. Die Wirklichkeit sah anders aus: aggressive Landnahme und brutale Gewalt. Im Film erzählt

Werner Herzogs Film »Fata Morgana«, 1968 bis 1970 gedreht, stilisiert die Landschaft zum mythischen Akteur. Ursprünglich sollte am afrikanischen Drehort ein Science-Fiction-Film entstehen, der auf dem Planeten Uxmal spielt. Der Film wurde nicht vollendet. Doch das zusammenmontierte Filmmaterial schuf ein Epos der langen, unbewegten Einstellungen.

In Werner Herzog's "Fata Morgana", 1968/70, the African landscape is stylized into a mythical persona. Originally intended to be a science fiction story taking place on the planet Uxmal, the film as such was never completed but was put together into an endless series of slow panning shots.

tled "Creation", "Paradise" and "The Golden Age", and the complete contrast between the meaning of these words and the content of the film makes the titles a cynical comment on reality. The beauty of the desert, says Herzog, is "infernal". At the end comes the fata morgana itself: film as a deception of the senses. The deep sense of mourning in "Fata Morgana" is conveyed in long, motionless camera shots, free associations and aesthetically refined montage: the film becomes the landscape.

Jean Luc Godard's presentation of landscape is quite different. "Two or Three Things I Know About Her", 1966, is set in the region around Paris. In his "True History of the Cinema", 1980, Godard explains what he was trying to do in the film: "The theme is the redevelopment of the Paris region. This was something the authorities decided on while the whole motorway infrastructure was being planned." He sees fundamental parallels between this specific example and the general way man makes changes to the earth, and he blames capitalism in this respect.

In the genre of the "Heimatfilm" – sentimental films made in a specific regional setting in Germany – landscape is frequently reduced to the level of kitsch. Many of those made between 1946 and 1960 present nature as entirely un-

der Ritt durchs Tal die Mythen vom freien, wilden Westen und seinen mutigen, feigen, gerechten, ungerechten Bewohnern. Unabhängig von dieser Theatralik bietet die Gegend genügend Spielraum für Abenteurer, Verfolgte, Verfolger. Der Zuschauer orientiert sich an bizarren Felsen, verschwimmendem Horizont, er kennt sich aus.

Auf den ersten Blick ist der Western reiner Aktionsfilm. Aber dann erzählen Himmel und Wolken, Staub und Geröll die uralten, archetypischen Inhalte. Die Helden sind der heimkehrende Odysseus, der naive Parzifal, der tapfere Hektor und die rachsüchtige Kriemhild. Klassisch vorgeführt in John Fords »Schwarzer Falke«, 1956. Kurz gesagt, die Rückkehr eines hadernden Bürgerkriegsteilnehmers, auf der Suche nach seinen von Indianern entführten Nichten. Mit dem Rücken zum Publikum steht der Westerner im Türrahmen, eine Anleihe bei der romantischen Landschaftsmalerei Caspar David Friedrichs. Der Blick schweift in die Ferne, deren Schönheit nichts Verheißungsvolles hat. Solche intensiven Einstellungen überlagern die Wirklichkeit mit erinnerten Filmbildern.

Vollends zum mythischen Akteur stilisiert Werner Herzogs Streifen »Fata Morgana«, 1968/70, die Landschaft. Ursprünglich wollte er einen Science-Fiction-Film machen, der auf dem Planeten Uxmal spielt, den Überirdische entdecken. Sie wollen einen Film darüber anfertigen. Am afrikanischen Drehort entstanden so viele Schwierigkeiten, daß Herzogs Vorhaben scheiterte. Trotzdem montierte er aus dem Material ein filmisches Epos, fasziniert von seiner »Landbeschau«. Eine Allegorie von Elend und Utopie. Gerade die absolut menschen- und vegetationslosen Wüstenformationen lösen die Empfindung lastender Unendlichkeit aus. Die transzendentale Bedeutung des Geschauten wird offenbar. Jenseits von Katastrophen bleibt von den Menschen – in endlosen Kamerafahrten vorgeführt – Zivilisationsmüll, Öde. Wie zum Hohn auf die wahren Verhältnisse heißen die

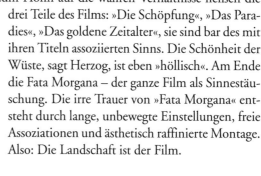

drei Teile des Films: »Die Schöpfung«, »Das Paradies«, »Das goldene Zeitalter«, sie sind bar des mit ihren Titeln assoziierten Sinns. Die Schönheit der Wüste, sagt Herzog, ist eben »höllisch«. Am Ende die Fata Morgana – der ganze Film als Sinnestäuschung. Die irre Trauer von »Fata Morgana« entsteht durch lange, unbewegte Einstellungen, freie Assoziationen und ästhetisch raffinierte Montage. Also: Die Landschaft ist der Film.

Ganz anders die von Jean Luc Godard vorgeführten Varianten. In »Zwei oder drei Dinge, die ich von ihr weiß«, 1966, ist es das Pariser Umland. In seiner »Wahren Geschichte des Kinos«, 1980, erläutert er die Absicht: »Das Thema ist die Umgestaltung der Pariser Region, die zu einem bestimmten Zeitpunkt beschlossen wurde, als man die ganze Infrastruktur der Autobahnen konstruierte.« Er sieht in diesem Vorgang grundsätzliche Parallelen zur Umgestaltung der Erde überhaupt und macht den Kapitalismus für die Umwälzungen verantwortlich.

Ansonsten verkitschen Heimatfilme den Auftritt der Landschaft. Sentimentale Einfalt, gefühlsbetonte, märchenhafte Süße. Zahllose Streifen, in Deutschland zwischen 1946 und 1960 über 300, konstituieren in scheinbar nicht entfremdeter Natur eine Gegenwelt zum verdinglichten Lebensraum des Stadtmenschen. Aus dem Blickwinkel beflissener Liebhaber von Fluß und Wäldern werden Wiesen und Auen als volkstümliche Reservate vorgeführt, bevölkert mit Förstern und Schwärmern, die Herz auf Schmerz reimen. Szenen wie Postkartenmotive, drapiert mit Narzissenwiesen, Heideseen und Silberwald. Passend dazu die sprichwörtlichen Titel: »Der König der Bernina« und »Schwarzwaldmädel«. Kein Wunder, daß die Balance zwischen den ästhetischen Mitteln und der Botschaft selten gelingt. Wenigstens in der deutschen Landschaft sollte die Zeit stillstehen.

Dieser auf Kunstkitsch reduzierten, verengten Bildersprache (zu schön, um wahr zu sein) stehen kritische Heimatfilme gegenüber, in denen Unverbindliches und Austauschbares aufgehoben werden. Sie zielen mitten ins Herz, greifen Zerfall und Zerstörung an. Bewegend demonstriert vom Streckengeher in Christian Wagners »Wallers letzter Gang«, 1988. Der alte Eisenbahner schreitet auf Gleisresten aus, die im Nirgendwo enden – ein wahrer Traumpfad. Die Szenerie in herbstliche Abschiedsfarben getaucht, die Strecke wird stillgelegt. Der alte Mann verkörpert die Tradition des Zusammensehens von Außenwelt, der Demontage und der Innenwelt, Verlust des Lebenssinns. Poetische Bilder einer untergehenden Kultur sagen: Es ist unwiederbringlich vorbei.

Der Dichter und Filmer Herbert Achternbusch machte Land und Leute Bayerns zu seiner Haßliebe. Häufig fokussiert auf Ambach am Starnberger See. Er verwirrt aktuelle Themen zu einem Knäuel persönlichen Leidens am Freistaat, verweist mit verquerem Witz auf moralische Divergenzen. Er lehnt sich auf und kehrt immer wieder hierher zurück, mögen phantastische Filmszenen inmitten grönländischen Eises auch behaupten, daß er

spoilt, in direct contrast to the objectivized environment of the city-dweller. Rivers and forests, lees and meadows are portrayed as if they were protected areas of traditional folk culture, inhabited only by foresters and sentimental lovers. The scenery is made up of postcard-style motifs such as daffodil fields, moorland lakes and silvery forests, and titles such as "The King of the Bernina" or "Black Forest Maid" exemplify the content. It is not surprising that such films rarely achieve an effective balance between aesthetic medium and message. It is as if time must be made to stand still – at least in the German landscape.

There are also critical films of this genre, however, which break out of this restricted code of images (too beautiful to be true) and find a more suggestive language, often making a direct, emotional appeal in their criticism of decay and destruction. A particularly moving example is Christian Wagner's "Wallers letzter Gang", 1988, in which an old railwayman walks along the disused remains of a railway track, apparently disappearing into nowhere as if in a dream, the scenery tinged with the farewell colours of autumn. In the figure of the old man we see a symbolic rep-

Abseits der Aktion erzählen auch Western von der archetypischen Landschaft aus Staub und Geröll, mit Himmel und Wolken. Der Held, gesehen durch den Türrahmen, schreitet in die Ferne, deren Schönheit nichts Verheißungsvolles hat.

In their quieter moments, Westerns tell the story of the archetypical landscape of dust and mountain scree, sky and clouds. The hero, seen through a doorway, walks into the distance, towards an impressive landscape that abodes no good.

resentation of the collapse of the exterior world leading to a destruction of inner balance and loss of orientation in life. Poetic images of a declining culture convey the message clearly: the loss is irretrievable.

The poet and film-maker Herbert Achternbusch made the people and landscape of Bavaria the object of a love-hate relationship, often focussing on Ambach by the lake of Starnberg. He takes up contemporary themes and combines them to form a statement of his own personal suffering in Bavaria, using cynical humour to unmask moral duplicity. His critical temperament does not stop him returning to the same place again and again: even fantastical shots of ice in Greenland are intended to signify that Bavaria is not a place where he would even like to die. Ice is one of Achternbusch's favourite metaphors, its cold sparkle reflecting a certain mental state. In his film "Wohin?", 1988, a television announcer describes the summer mood at the Starnberg lake, but the screen shows whiter-than-white icebergs floating past the Ambach landing stage. This iciness already found visual expression in the film "Servus Bayern", 1978: "In Greenland there is a lot of ice, but not as much as we have here in Bavaria." It is a human coldness that he senses in his home region: "The people of Bavaria carry the ice of Greenland within them."

The viewer never reaches a final destination on the visual journey of film. The worlds of the imagination, enticing and perturbing, are immeasurable. Alexander Kluge's final script direction in "Patriot" states: " A large, dark tree, the top of which is caught in a storm" – to the senses, this is an echo of the outside world. Once again, imagination sees a beginning in every end.

in Bayern nicht einmal mehr gestorben sein mag. Überhaupt das funkelnde Eis. Es ist kalte Metapher für die Seelenlage. In Achternbuschs »Wohin«, 1988, kündigt die Fernsehansagerin eine Sommerstimmung am Starnberger See an. Aber auf der Leinwand schwimmen, weißer als alles Weiß, vor dem Ambacher Bootssteg Eisberge vorbei. Schon in »Servus Bayern«, 1978, war die Vereisung klipp und klar bebildert: »Auf Grönland gibt es schon mehr Eis, aber nicht so viel wie bei uns.« Es ist die spürbare Kälte, »die Leute in Bayern haben das Eis in sich, das auf Grönland liegt«.

Nie erreichen Zuschauer auf der Augenreise den Zielort. Die Vorstellungswelten, lockende und unheimliche, sind undurchmeßbar. Regieanweisung Alexander Kluges für den Schluß der »Patriotin«: »Ein dunkler großer Baum, dessen Wipfel im Gestürm« ist für die Sinne Echo der Außenwelt. Die Imagination sieht in dem Ende wieder einen Anfang.

Der Heimatfilm als Landschaftskritik. In Christian Wagners Film »Wallers letzter Gang« schreitet der alte Eisenbahner auf Gleisen, die im Nirgendwo enden – ein wahrer Traumpfad.

"Waller's letzter Gang", a Heimatfilm in which a critical look is taken at the loss of old landscapes. Here an old railwayman walks along the disused remains of a railway track that seems to disappear into nowhere – as if in a dream.

Mercedes Benz 300 SL mit Flügeltüren

A Mercedes 300 SL with gullwing doors

Faszination Technik – futuristische Ästhetik als Traum und als Sinnbild; der Mercedes-Benz 300 SL mit Flügeltüren. Auch Sophia Loren scheint stolz gewesen zu sein, sich mit diesem Traumauto fotografieren zu lassen.

The Mercedes Benz 300 SL stands for the joint fascination exerted by technology, cutting-edge developments and futuristic aesthetics. Even Sophia Loren was proud being photographed with her dream of a car.

A few years ago, a protest chapel involving forty tons of building material was erected in a small Bavarian village, built overnight to protest against the refuse dump that was to be set up at the village in connection with an incinerating system in nearby Augsburg. As a young villager recalls: "Half the place was involved, but as it was a dark night and everyone was dressed up in strange costumes in this peculiar night, nobody recognized anybody else". The protestors not only erected the chapel, but also called for an avenue of trees to be planted along the road that will be leading to the dump.

In the light of what is accepted as technical progress and the possibilities it affords, this was indeed a courageous act and all the more fascinating for the creative energy involved. Indeed, by discarding normal ways of going about with factors such as having a refuse dump placed on your doorstep, the protestors discovered a new and innovative form of creativity.

Should the standpoint we take on such matters always be based on such a creative attitude, even when it means choosing the more difficult path?

The alarming increase of carbon dioxide in the atmosphere, and fear of the glasshouse effect, for which various signs seem to speak, have resulted in attitudes of complete hopelessness among the population and the conviction that we will be unable to bear the consequences of such calamity.

When the Club of Rome published its gloomy forecasts in the "The Limits of Growth" 20 years ago, many people shared the negative views expressed in the book, and anxiety and concern slowly spread throughout the world. In the meantime, we now know that the Club's assump-

Über Nacht wird in einem kleinen Dorf in Bayern eine Kapelle gebaut. Vierzig Tonnen schwer. Eine Protestkapelle, um damit eine Antwort zu geben gegen die dort geplante Rohstoffdeponie für die im Bau befindliche Müllverbrennungsanlage Augsburg. Dazu ein Bursche aus diesem Dorf: »Es war die halbe Ortschaft beteiligt, aber es war Freinacht, und es war dunkel. So hat keiner den anderen erkannt.« Die Gegner dieser Deponie haben zudem dazu aufgerufen, entlang des Weges eine Allee zu pflanzen.

Wenn man überlegt, was wir heute als den richtigen Weg betrachten, welche Möglichkeiten wir zu kennen meinen, dann fasziniert diese mutige Tat dank der Kraft, die in einem solchen kreativen Gedanken steckt. Das Vergessen und Verlassen der Gewohnheiten hat eine neue Form der Kreativität und Innovation ermöglicht. Ist in diesen Möglichkeiten der »positiven Erfindung« unser Standpunkt zu suchen, auch wenn das sicher bedeuten würde, den schwierigeren Weg zu wählen?

Der heute befürchtete Anstieg von CO_2 in der Atmosphäre und die Angst von einer Klimaveränderung, auf die heute schon einige Anzeichen hinweisen sollen, führen viele dazu, sich hoffnungslos negativ darüber zu äußern; überzeugt, daß wir die Folgen nicht werden ertragen können.

Als vor kaum zwanzig Jahren der Club of Rome mit »Grenzen des Wachstums« Prognosen aufstellte, die weltweit Angst und Bedenken auslösten, haben nicht wenige diese äußerst negativen Ansichten geteilt und diese weiter verbreitet. Inzwischen hat man erkannt, daß sich exponentielles Wachstum nicht auf diese Art als der richtige Maßstab erwiesen hat. Andere Mechanismen spielen mit: Der Mensch entdeckt als positives, kreatives Wesen erfinderisch neue Wege. Der Beobachter findet in der Geschichte Nutzen für seine Gegenwart und Antworten auf Fragen der Zukunft.

Sind wir deswegen nicht imstande, unsere Zeit zu leben? Angst, negative Einstellungen inmitten von Leuten, die lieber Streitgespräche führen als miteinander zu sprechen, die alles negativ empfinden, die auch jeden Eingriff in die Landschaft als einen Angriff auf die Natur sehen. Dieselben Leute glauben auch, daß jede in den Medien zur Veröffentlichung bestimmte Nachricht mit einem persönlichen und möglichst kritisch-negativen Kommentar enden müsse. Im täglichen Geschehen kann man diese negative Haltung bis in die kleinsten Einzelheiten wiederholt feststellen.

Paolo Bürgi

Der einst bewunderte technische Fortschritt ist uns heute suspekt, aber Nostalgie könnte die Bewältigung der Gegenwart behindern.

Although Technical progress is no longer "ecologically correct", nostalgia won't master the problems of the present, either.

Nachrichten in den Medien sind nur noch Mitteilungen des Schreckens, eine hypothetische fröhliche Meldung käme schlecht an, wenn sie nicht gar als störend empfunden würde. Objekt für Kritik. Eine Befriedigung in der grundsätzlichen Oppositionshaltung.

Sich von solchem Kritisieren zu distanzieren, gilt heute fast schon als unsolidarisch, als Rücksichtslosigkeit gegenüber den Ansprüchen anderer.

In dieser Unfähigkeit, unsere Zeit zu leben, werden auch der Schutz unserer Landschaft und die Aufwertung der urbanen Qualität zur Nostalgie; eine nostalgische Vision, die das Leiden nur vergrößert, indem man die Vergangenheit verherrlicht. In der Vergangenheit sieht man das Positive und vermißt es in unserer Zeit. Ein Leiden, das befriedigt?

Zum Wesen der Natur gehört Zerstörung (Heraklit), aber mit dem Wort Zerstörung wird heute nur noch an etwas Negatives gedacht. Eine positive Zerstörung kennt man nicht, in bezug auf die Landschaft sowieso nicht, weil man die Qualität eines Eingriffes nicht betrachten will – solches wird nur selten zum Thema. Auch in diesem Dialog sind die richtigen Verhältnisse verlorengegangen. Gewisse sogenannte ökologische Eingriffe zum Beispiel, auf ihre ökologische Bilanz hin betrachtet, dürften eigentlich von vornherein nicht mehr als solche deklariert werden.

Fehlbeurteilungen – zur Selbstverständlichkeit geworden, wie auch (um ein banales Beispiel zu nennen) der Terminus »Dritte Welt«, einer der diskriminierendsten und materialistischsten und erstaunlicherweise auch erfolgreichsten Begriffe, erstellt auf der Konsumbasis als Maßstab für Lebensqualität.

Heute banalisieren wir unsere Landschaft zweimal, in zwei grotesken Richtungen. Einerseits im Fehlen von Qualität beim Eingriff, wo Funktion genügt und die Venustas (nach Vitruvs »De architectura«: die Erscheinung des Baus, die Lieblichkeit) auf eine niedrige Stufe verwiesen wird, und anderseits in einem nostalgischen, nicht zeitgemäßen Schutz der Landschaft, im »integrierten Objekt«, wo man dem Territorium selbstverständlich Priorität gibt. Die Angst vor dialektischer Konfrontation. Die Landschaft wird nicht als Prozeß verstanden und akzeptiert.

Eine Flucht aus der Gegenwart wie in der Postmoderne, wo die Vergangenheit als Stil mißbraucht wird, als reine Dekoration. Wo Dialektik entsteht, wird das Verhältnis zur Vergangenheit lebendig, während dort, wo der Respekt vor denjenigen fehlt, die große Arbeit in dieser Richtung leisten, höchstens Selbstbefriedigung in der Destruktion herrscht.

tion that growth would continue in an exponential way was not the correct basis for such predictions; moreover, a certain mechanism was not taken into consideration: namely that of man as a forward-looking and creative being who seeks solutions to problems once recognized. A look at history in this respect would not only be of benefit for the present but would also help provide answers for the future.

Is this, namely fear, the reason why we are unable to accept the character of the times in which we live? Anxiety and negative attitudes are to be found everywhere, both among the people who conduct "strategic talks" but who are incapable of conversation, and among the people who see every measure affecting the landscape as an assault on nature. These same people also believe that every piece of news has to be rounded off with a personal and, where possible, critical and negative comment.

In daily life, this attitude can be observed in the smallest of details, and the news has devolved into reports of fear and terror. We seem to oppose everything on principle, and the few who try to disassociate themselves from all this criticism are regarded as lacking in solidarity or any feeling of consideration for the needs of others.

Given this inability to accept the times in which we live, landscape protection and the improvement of urban conditions are looked at through the glasses of nostalgia, resulting in a glorification of the past which, in the final analysis, only serves to increase the suffering. The past alone is seen in a positive light, and the present is experienced as painfully lacking in this quality. Does modern man like to suffer as a form of gratification?

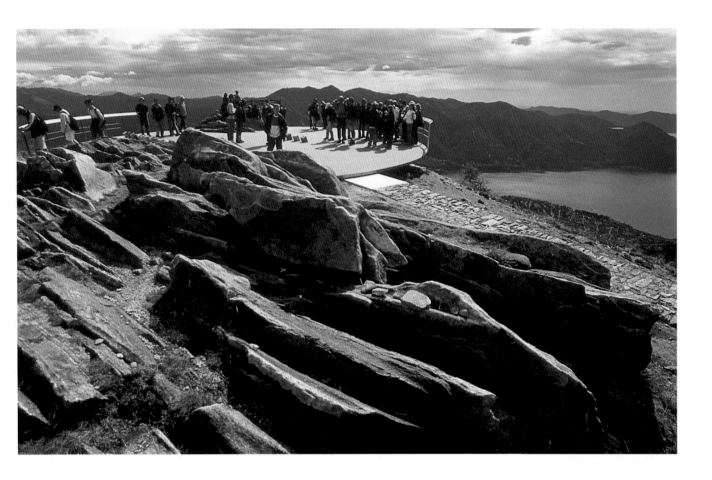

As Heracleitus pointed out, destruction and nature go hand in hand, but it is only today that the term "destruction" has taken on such negative connotations; the fact that it has its positive sides has been completely forgotten. This applies in particular to the landscape and is mainly due to an unwillingness to see that change does not nec-

Wenn ich mich heute manchmal umsehe und über gewisse Ergebnisse unserer Zeit nachdenke, dann fällt mir wieder ein, wie fasziniert und begeistert wir als Kinder noch sein durften. Als wir einmal in der Schulpause aus der Klasse rausrannten und mit beiden Händen an den Schläfen und plattgedrückten Nasen an den Scheiben eines Mercedes-Benz 300 SL mit Flügeltüren klebten, da lasen wir staunend am Tachometer: 320 Kilometer in der Stunde!

Architektur als Eingriff in die Landschaft. Auf dem Gipfel der Cimetta im Tessin gestaltete Paolo Bürgi das Geologische Observatorium. Das Bauwerk versteckt sich nicht in der Gebirgslandschaft, sondern steht mit ihr in dialektischer Konfrontation.

Architecture as an intervention in the landscape: on the peak of the Cimetta in the Ticino, the Geological Observatory was designed by Paolo Bürgi. The structure is not hidden in the mountain landscape but confronts it dialectically.

Sensenmäh-Wettbewerb in Rothenturm, Zentralschweiz. Was wie ein alter, verlorengehender Brauch aussieht, ist erst vor einigen Jahren eingeführt worden, um junge Leute wieder stärker für die Landschaft zu interessieren. Nostalgie als Zukunftsbewältigung?

A mowing contest in Rothenturm, central Switzerland. The competition, which has every appearance of being an old tradition, was re-introduced a few years ago to interest young people in agriculture again. Nostalgia as a means of mastering the future?

the idea of consuming as the most important measure of the quality of life.

Today we have a banal approach to landscape in a double, grotesque way. On the one hand this is expressed in the lack of quality of the measures affecting it, in which functional considerations reign supreme and *venustas,* the principle of grace and delightfulness as postulated in Vitruvius' treatise *De architectura,* is certainly no longer given pride of place. On the other hand, we take a nostalgic attitude (not at all in keeping with the times in which we live), to "integrating" certain objects into the landscape and assigning priority to the existing character of the territory. In other words, we are afraid of dialectic confrontation, and the landscape is neither seen as a process nor accepted as such.

This flight from the present has found apt expression in Postmodernism, a style based on the past for the sake of pure decoration. The tragedy of the matter is that were we to take a dialectic approach, our relationship to the past, would soon take on life. As it is, there are plenty of people who neither respect the efforts of others working in this direction nor who are willing to do anything to support them and who feel very pleased with themselves for taking this stance.

Sometimes when I look around me and ponder the "phenomena" of our times, I recall running out with my friends from school one day to gaze at a Mercedes 300 SL with gullwing doors. We simply had to find out how fast the car would go, and pressing our noses against the window and shielding the light out with our hands, we saw an amazing 200 miles an hour on the tachometer! Those were the days when it wasn't a sin to admire a typical product of our age.

essarily mean a loss in quality – an aspect which is rarely taken into consideration.

There is no longer any recognition of the dialectic nature of change. For example, if certain so-called "ecological measures" were seen from the point of view of their overall impact, they could no longer be declared as such. Misnomers of this kind have become a matter of course, as proved by the term "Third World" (to name a banal example), one of the most discriminating, materialistic, and, surprisingly enough, most successful concepts worldwide based as it is on

Landschaft von gestern für die Kultur von morgen?

Yesterday's landscape for tomorrow's culture?

Cultural landscape is in. Certainly the concept itself has long been applied in geography and various planning disciplines, but cultural landscape as a subject of research and an object of planning only became really popular during the last decade. As always happens with the popularization of concepts, the semantic coverage of "cultural landscape" became broader and consequently more obscure. When both historians and planners use the same term, it does not necessarily follow that they both mean the same thing. The question of definition is an academic one and of little relevance to everyday planning. It only becomes interesting once one is discussing how to deal with an actual, existing landscape while keeping in mind the many various approaches to the subject. This discussion proceeds within the range between preservation and change immanent to the discipline of planning. For the time being it is still characterized by dogmatically rigid positions which obstruct the prospect of the future. The following contribution would like to advocate a view oriented towards the future of the cultural landscape in the twenty-first century.

Is landscape still a reflection of current social circumstances? For centuries the appearance of the landscape reflected basic social circumstances. As by far the greatest part of the population of central Europe worked in agriculture and forestry, the appearance of the landscape itself: clearing, terracing, crop rotation, irrigation, planting of hedges, were closely connected to the requirements of food production. Essential modifications resulted from individual cultural idiosyncrasies, from religion, as well as from defence requirements or the wish to represent current power relations, and later from industrialization.

Kulturlandschaft ist in. Der Begriff selbst ist zwar schon sehr lange in der Geographie und in verschiedenen Planungsdisziplinen in Verwendung, die Kulturlandschaft als Forschungsobjekt und Planungsgegenstand wurde aber erst im vergangenen Jahrzehnt richtig populär. Wie immer bei der Popularisierung von Begriffen wurde auch das semantische Begriffsfeld »Kulturlandschaft« breiter und damit unschärfer. Wenn sowohl Historiker als auch Raumplaner denselben Begriff verwenden, heißt das nicht zwangsläufig, daß alle dasselbe meinen. Die Frage nach der Begriffsdefinition ist eine akademische und hat für den Planungsalltag wenig Relevanz; spannend wird es erst, wenn vor den vielen unterschiedlichen Zugängen zu diesem Thema der Umgang mit der konkret vorhandenen Landschaft diskutiert wird. Diese Diskussion verläuft in dem für die Planungsdisziplin immanenten Spannungsfeld zwischen Erhalten und Verändern und ist bisweilen durch dogmatisch verfestigte Positionen gekennzeichnet, die den Blick in die Zukunft verstellen. Der vorliegende Beitrag ist als Plädoyer für eine auf die Zukunft der Kulturlandschaft im 21. Jahrhundert orientierte Betrachtung zu verstehen.

Ist die Landschaft noch Spiegelbild der aktuellen gesellschaftlichen Verhältnisse? Durch viele Jahrhunderte spiegelte das Erscheinungsbild der Landschaft die wesentlichen gesellschaftlichen Verhältnisse wider. Da der weitaus größte Teil der Bevölkerung Mitteleuropas in der Land- und Fortwirtschaft tätig war, war auch die Gestaltung der Landschaft selbst, die Rodung, Terrassierung, Fruchtfolge, Bewässerung, Pflanzung von Hecken, eng mit den Erfordernissen der Produktion von Nahrungsmitteln verbunden. Wesentliche Modifikationen im Landschaftsbild ergaben sich durch individuelle kulturelle Eigenheiten, durch die Religion, aber auch durch Ansprüche der Landesverteidigung oder aus dem Wunsch nach Repräsentation aktueller Herrschaftsverhältnisse – und später natürlich durch die Industrialisierung. Heute sind einige neue Einflußfaktoren hinzugekommen, die früher kaum bedeutend waren, wie etwa Freizeitnutzung und Tourismus, dominierend bleibt jedoch der Einfluß der Landwirtschaft.

Daneben gibt es aber immer mehr gesamtgesellschaftliche Entwicklungen, welche nicht mehr unmittelbar in der Landschaft ablesbar sind. Dies gilt insbesondere für die postindustrielle Gesell-

Andreas Muhar

Eine Landschaft für eine solidarische, ganzheitlich denkende, zukunftsorientierte Gesellschaft – zu schön, um wahr zu sein?

Is the vision of a landscape for a solidary, holistic, future-oriented society possibly too good to be true?

schaft, in der die wesentlichen Wachstumsbranchen (Medien, Informatik, Drogen) weitaus weniger Energie- und Stoffmengen umsetzen als die Wachstumsbranchen früherer Jahrzehnte (wie zum Beispiel die Schwerindustrie). »Der Profit pro Kilogramm Silizium oder Kokain liegt um Größenordnungen über dem Profit aus der Tonne Kohle oder Weizen«, so Herwig Büchele. Die Entwicklung der Gesellschaft hat sich somit in vielen Bereichen von der Entwicklung der Landschaft abgekoppelt, die frühere enge und unmittelbare Korrelation zwischen Produktion und Landschaft existiert nicht mehr.

Lassen sich Konzepte der Vergangenheit in der Zukunft anwenden? Die Kulturlandschaftsforschung ist heute im wesentlichen historisch ausgerichtet, rückwärtsgewandt; Maßnahmenpläne, die aus einem solchen Zugang erarbeitet werden, sind somit überwiegend konservativ. Ziel der meisten Landschaftspflegeprogramme ist die Erhaltung des heute noch Vorhandenen, gegebenenfalls auch eine Rekonstruktion historischer Zustände. Dabei überwiegt logischerweise der museale Aspekt, es gibt kaum Szenarien für eine Kulturlandschaft der Zukunft.

Wenn einerseits die Feststellung akzeptiert wird, daß die historische Kulturlandschaft ein Spiegelbild der damaligen gesellschaftlichen Verhältnisse war, andererseits aber die aus Kulturlandschaftskartierungen abgeleiteten Maßnahmenpläne in sehr vielen Fällen auf eine Konservierung der vorhandenen Reste der Kulturlandschaft des 19. Jahrhunderts abzielen, so stellt sich auch die Frage: Läßt sich eine solche Landschaft wiederherstellen ohne die damit verbundenen gesellschaftlichen Verhältnisse? In der romantischen Verbrämung einer guten alten Zeit wird allzuoft vergessen, daß die Agrargesellschaft Anfang des 19. Jahrhunderts eine von Patriarchat und Klerus beherrschte Zwangsgemeinschaft war, in der Freiheit höchstens lokal existierte, und wenn, dann auch nur für eine kleine Gruppe von Landbesitzenden, an deren Höfen eine weitaus größere Gruppe land- und rechtloser Mägde und Knechte arbeitete.

Nicht nur unsere Böden und Gewässer sind in den letzten Jahrzehnten eutropher geworden, auch unsere Bäuche. Ist es nicht sogar Zeichen einer Hypertrophie, daß wir es uns leisten können, eine Landschaft zu erhalten, die eigentlich das Spiegelbild einer hungernden Gesellschaft war? Welcher Bauer hat sich denn vor hundert Jahren über eine trockene, ausgehagerte, dafür aber blumenreiche Hutweide gefreut? War die enorme Ausweitung der Almflächen Tirols zur Abdeckung der Kriegsschulden aus den napoleo-

The appearance of the landscape outside urban zones today is also still quantitatively determined by agriculture. However, and this is an essential difference to the past, only a small, disappearing part of the population of central Europe is active in this sector. Some new influential factors have been added, such as recreational use and tourism, which had scarcely been significant in the past. The influence of agriculture nevertheless remains predominant.

Furthermore there are ever more social developments which can no longer be scanned directly from the landscape. This applies especially to postindustrial society, in which substantial areas of growth (media, information technology, drugs, etc.) turn over far smaller amounts of energy and resources than the areas of growth in previous decades (such as heavy industry). "Profits per kilogram of silicon or cocaine vastly exceed profits from a ton of coal or wheat", according to Herwig Büchele. Social development has thus dissociated itself from the development of the landscape in many areas. The former close and direct correlation between production and landscape no longer exists.

Can concepts of the past be applied in the future? Research in cultural landscape is basically historically oriented today, and is facing backwards. Plans for action developed with this approach are necessarily mainly conservative. The aim of most landscape preservation programmes is the maintenance of what remains in existence today, in certain cases it is also the reconstruction of an historic state. The point of view of a museum is logically predominant here. There are hardly any scenarios for a cultural landscape of the future.

On the one hand it is accepted that a historic cultural landscape was a reflection of contemporary social relations. On the other, measures derived from plans of cultural landscapes aim in many cases to conserve the existing remains of the cultural landscape of the nineteenth century. The question thus arises whether such a landscape can be re-created without the connected social situation. Romantic embellishment of the good old days all too often forgets that the agrarian society of the early nineteenth century was a restrictive community dominated by the patriarchy and clergy. Freedom existed locally at most, and if so, only for a small group of landowners. At their manors a by far larger group of maids and servants worked without any land or rights.

Not only our soil and water have become eutrophic in recent decades, but also our bellies. Is it not even a sign of hypertrophy that we can afford to maintain a landscape that was actually a reflection of a starving society? Which farmer a hundred years ago would have enjoyed a pasture that is dessicated, meagre, but for all that covered with flowers? Was the enormous expansion of alm areas in the Tyrol, in order to cover the war debt from the Napoleonic Wars, carried out gladly? Farmers are paid premiums to maintain these areas today, which they had been forced to clear less than two hundred years ago.

nischen Kriegen etwas, das man gerne gemacht hat? Heute zahlt man den Bauern Alpungsprämien, um diese Flächen zu erhalten, zu deren Rodung ihre Vorfahren vor nicht einmal 200 Jahren gezwungen wurden.

Um kein Mißverständnis aufkommen zu lassen: Wir können sehr vieles von historischen Vorbildern lernen: Der Umgang mit der Ressourcenknappheit hat unsere Vorfahren Kulturmethoden entwickeln lassen, die sehr wohl auch für zukünftige Landschaften wichtig sein können. Es fragt sich nur, ob die derzeitige Schwerpunktsetzung auf Konservierung wirklich die richtigen Wege in die Zukunft aufzeigt.

Wer interessiert sich heute für die Kulturlandschaft und warum? Für viele Naturschutzfachleute war Kulturlandschaft bis vor kurzem noch eher negativ besetzt, ihr Interesse galt der unberührten Naturlandschaft. Heute arbeiten sie oftmals an maßgeblicher Stelle in Kulturlandschaftsprogrammen und betrachten dieses Gebiet als ihren Claim. So ist es auch nicht weiter erstaunlich, daß viele Gruppen, die bisher Biotopkartierungen durchgeführt haben, heute nahezu die gleichen Rezepte als Kulturlandschaftskartierung verkaufen. Gibt es da plötzlich keinen Unterschied mehr?

Es ist klar, daß neue Märkte auch neue Marktteilnehmer anziehen; so bleibt es ein frommer Wunsch, daß standespolitische Argumente von originär fachlichen getrennt bleiben sollen.

Szenarien einer Kulturlandschaft der Zukunft. Nach der Kritik an der rückwärtsgerichteten Diskussion der Kulturlandschaft stellt sich die Frage nach alternativen Betrachtungswegen: Wie kann eine Kulturlandschaft der Zukunft aussehen, die unseren heutigen gesellschaftlichen Verhältnissen entspricht? Die im folgenden beschriebenen zwei Szenarien werden in ihrer extremen Ausbildung vermutlich nicht zustandekommen; die charakteristischen Elemente sind jedoch einander deutlich entgegengesetzt.

Szenario I: Die »GATT«-Landschaft. Dieses Szenario geht von der Annahme aus, daß entsprechend den Ideen des Allgemeinen Zoll- und Tarifabkommens GATT alle Importrestriktionen für landwirtschaftliche Pro-

Weinkeller und Marterl – hier in Niederösterreich – sind Zeugen alter Lebensweisen und Werthaltungen. Heute wirken sie auf uns museal und einfach »hübsch«, weil wir sie kaum noch in Bezug zum eigenen Alltag setzen.

This Lower Austrian farmhouse and wayside shrine seem like "lovely" museum pieces to us, representing as they do an old way of life and certain values that no longer play any role in our lives.

dukte sowie sämtliche nationale und europäische Agrarsubventionen abgebaut werden. Überlebensfähig wären unter den Rahmenbedingungen dieses Szenarios in Mitteleuropa nur sehr große landwirtschaftliche Betriebe in Gunstlagen oder Betriebe mit regional oder national bedeutsamen Spezialkulturen wie etwa Qualitätsweinbau. Betriebe mittlerer Größe werden vermutlich sehr rasch verschwinden, während Kleinbetriebe, die im Nebenerwerb geführt werden, aufgrund der geringeren Kapitalbelastung und vor allem auch aufgrund der geringeren Flexibilität kleinbäuerlicher Strukturen noch für eine gewisse Zeit bestehen bleiben, wenngleich, abgesehen von der Nische des ökologischen Landbaus, ohne ökonomische Bedeutung. Die Fortführung dieser Kleinbetriebe aus Tradition wird mehr als bisher der älteren Generation obliegen, für die nachfolgenden Generationen wird die Landwirtschaft kaum noch Arbeitsplätze bieten.

Die gesellschaftliche Repräsentanz der Landwirtschaft wird sich ausschließlich aus den Interessen der verbliebenen Großbetriebe ergeben, an deren Ansprüchen sich auch die Agrargesetzgebung orientieren müssen wird, etwa bei der Definition von Obergrenzen für Viehbestände oder bei der Zulassung gentechnisch modifizierter Lebewesen für die Nahrungsmittelproduktion.

Die Landschaft Mitteleuropas würde sich bei diesem Szenario in relativ kurzer Zeit wesentlich verändern: Bisherige Trends zur Entmischung der Nutzungsstruktur werden sich verstärken. In den Gunstlagen wird die Intensivierung fortgeführt werden, wesentliches Ziel wird die Erhöhung der Produktivität im Verhältnis zur eingesetzten Arbeitskraft sein; der Anteil mechanisierter Arbeitsgänge wird sich erhöhen müssen, um der dann unbeschränkten Konkurrenz durch Agrarimporte aus Ländern mit niedrigerem Einkommensniveau entgegentreten zu können. In den übrigen Gebieten wird es zum Brachfallen weiter Landstriche kommen, wobei diese Flächen je nach der Entwicklung des internationalen Holzmarktes entweder mit forstlich produktiven Arten aufgeforstet oder mangels Finanzierbarkeit weiterer öffentlich geförderter Maßnahmen der Sukzession anheimfallen werden.

Let us avoid a misunderstanding; we can indeed learn a lot from historic examples. Dealing with the scarcity of resources led our ancestors to develop methods of cultivation which could well be of importance for future landscapes. But we must ask whether the current emphasis on conservation really indicates the correct path into the future of our landscape.

Who is interested in cultural landscape today and why? For many nature conservationists cultural landscape had negative connotations until recently. They were concerned with the untouched natural landscape. Today they often work in influential positions in cultural landscape programmes and consider this field their claim. It is thus not surprising that many groups which have executed habitat mapping to date, today sell practically the same recipes for cultural landscape plans. Is there suddenly no longer a difference?

It is clear that new markets also attract new participants. It remains a pious wish that issues of political status remain separate from originally specialist ones.

Scenarios for a cultural landscape of the future. After a critique of the backwards-oriented discussion on cultural landscape, the question of alternative approaches arises. What can a cultural landscape which corresponds to our contemporary society look like?

The two scenarios described in the following will presumably not come about in their extreme development. They are clearly opposed to each other in their characteristic features.

Scenario I: The GATT landscape. This scenario proceeds from the assumption, according to the ideas of the General Agreement on Trade and Tariffs (GATT), that all import restrictions for agricultural products and all national and European agrarian subventions will be abolished.

Within the framework of the conditions of this scenario the only agricultural operations fit for survival in central Europe would be very large ones in favoured areas and operations with regionally or nationally important specialized cultivation, such as quality viticulture. Medium-sized operations will presumably disappear very quickly, while small operations, run for extra income, will survive for a certain time. This is due to their smaller capital debt and above all to the reduced flexibility of small farming structures. Yet they will be, apart from the niche of organic farming, of no economic importance. The upkeep of these small operations will fall more than ever to the older generation. For the generations to come agriculture will scarcely provide jobs any longer.

Some things will fundamentally change with time. The current trends towards unmixing the structure of land usage will become stronger. In the favoured areas intensification will continue. In the remaining areas large tracts of fallow land will ensue. Depending on the international lumber market, these will either be reforested with species productive for logging or else, lacking funding, they will fall prey to further measures of succession.

Exceptions will evolve where, due to economic pressure from other powerful demands for usage, the "old" cultural landscape must be maintained in at least some forms of its occurrence. This could be the case in the heavily touristic areas in the Alps.

Ausnahmen werden sich dort ergeben, wo aus ökonomischen Zwängen anderer potenter Nutzungsansprüche die »alte« Kulturlandschaft zumindest in einigen Erscheinungsformen erhalten werden muß, wie dies etwa in den Intensiv-Fremdenverkehrsgebieten der Alpen der Fall sein dürfte. In Gebieten, deren Fremdenverkehrsstrategie dem heutigen Stichwort »sanfter Tourismus« entspricht, wird diese Form der Finanzierung wohl nicht erreichbar sein, womit sich aus dem Untergang der Landwirtschaft auch Folgewirkungen für den Tourismus ergeben werden.

Szenario II: Die »Naturschutz«-Landschaft. Gerade angesichts der Drohungen außereuropäischer Agrarproduzenten ist es durchaus realistisch, anzunehmen, daß ein großer Teil der heutigen Agrarsubventionen zwar nominell abgeschafft, tatsächlich aber in anderer, »GATT-konformer« Weise zur Beschäftigungssicherung in der Landwirtschaft weitergeführt wird; diese Gelder werden dann unter dem Titel »Landschaftspflegeentgelt« in die Naturschutztöpfe wandern, wodurch der Naturschutz erstmals zu einem agrarpolitisch bedeutenden und ökonomisch potenten Faktor wird.

Daraus wird sich eine Landschaft ergeben, in welcher sowohl äußerst intensiv genutzte, entsprechend den Prinzipien der industriellen Landwirtschaft bewirtschaftete Flächen bestehen, als auch dazwischenliegende »Landschaftspflegeflächen«, mit einigen Feuchtwiesen, vielleicht sogar Kopfweiden, mit auf Vogelbruttermine abgestimmten Wiesenschnitten und ähnlichem. Das dabei anfallende Erntegut wird wahrscheinlich nur zu einem geringen Teil als klassisches landwirtschaftliches Produkt vermarktbar sein.

Auf den »Intensivflächen« wird das Anbaugeschehen so wie bisher weiterhin von der internationalen Agrarindustrie bestimmt werden, auf den »Extensivflächen« von den jeweiligen Modeströmungen in den Naturschutzverbänden, die sich als Marktfaktor in den Vergabegremien etablieren werden.

Die Gesamtbelastung der Landschaft mit Pflanzenschutz- und Düngemitteln wird ingesamt betrachtet vielleicht geringfügig abnehmen, eine wesentliche Verbesserung der Belastungssituation ist aber nicht zu erwarten. Sowohl regional als auch lokal dürfte eine Segregation der Landwirtschaft stattfinden. Es wird Intensivbetriebe geben, deren Unternehmensziel in der Fortführung der industriellen Landwirtschaft liegt, und solche, die sich der »Landschaftspflege« verschreiben, deren Produkt also nicht mehr eine Pflanze oder ein Tier ist, sondern eine Landschaft. Falls es den Bauernverbänden nicht gelingt, entsprechende Zutrittsbeschränkungen zu dem Markt »Landschaftspflege« durchzusetzen, wird sich jedoch auch hier bald entsprechende Konkurrenz durch nichtbäuerliche Spezialbetriebe einstellen, welche die Erfordernisse des Naturschutzes mit Hilfe von Spezialgeräten und billigen Saisonarbeitskräften zu geringeren und daher marktkonformen Kosten erfüllen können.

Konturen eines dritten Szenarios: Landschaft als Identifikationsobjekt einer solidarischen, ganzheitlich denkenden, zukunftsorientierten Gesellschaft. Man muß nicht unbedingt Systemanalytiker und Zukunftsforscher sein, um zu erkennen, daß die heutige Form des Umganges mit der Landschaft, insbesondere auch die industrielle Landwirtschaft des 20. Jahrhunderts auf Dauer nicht aufrechtzuerhalten sein wird. Ein Produktionssystem, das innerhalb kürzester Zeit enorme Energieressourcen verbraucht, das Luft, Wasser und Boden zerstört, kann einfach nicht unbegrenzt fortgesetzt werden.

Für die Diskussion um die Kulturlandschaft bedeutet dies, daß es zwar anerkennenswert ist, wenn es durch Landschaftspflegeprogramme lokal gelingt, seltene Ackerunkräuter vor dem Aussterben zu bewahren oder einen alten Stadel in ein Natur-Informationszentrum umzubauen, damit ist aber in quantitativer Hinsicht nur ein minimaler Beitrag zur Lösung der ökologischen Probleme unserer Zeit geleistet worden. Wenn man bedenkt, wieviel Liter Benzin bisweilen verfahren werden, um in zähen Ortsverhandlungen eine einzige alte Hecke vor der Rodung zu bewahren, so fragt man sich, ob mit den dabei produzierten Abgasen der Umwelt nicht mehr Schaden zugefügt als vermieden wurde. Quantitative Verbesserungen der ökologischen Situation der Landschaft sind mit Landschaftspflegeprogrammen kaum zu erzielen. Schon allein aus diesem Grunde kann auch das Szenario »Naturschutz-Landschaft« keine langfristige Lösung darstellen. Sinnvoll können nur Szenarien sein, die flächige Wirksamkeit aufweisen und somit unser derzeitiges Landnutzungssystem generell verändern. In der Theorie ist dies auch fast allen Verantwortlichen klar, in der Praxis wartet jeder Politiker, bis ein anderer den ersten Schritt in diese Richtung tut. Wenn unser heutiges Wirtschaftssystem schon untergeht, will man bis dahin wenigstens noch gut verdienen.

Die Kulturlandschaft der Zukunft kann nur eine Landschaft sein, in der die Produktion mit minimalem Ressourceneinsatz betrieben wird, in der auch alle bisher externalisierten Umweltkosten wie etwa die tatsächlichen Gesamtkosten des Veredelungsverkehrs der Europäischen Union berück-

The extent of change in the landscape compared to its present state is likely to be less in the favoured areas than in the unfavoured ones. The intensification of the favoured areas in many European regions has already come very close to the maximum of what is technically possible.

Scenario II: The nature conservationist landscape. Especially in the face of threats from non-European agricultural producers it is completely realistic to assume that a large part of today's farm subsidies will, though nominally abolished, actually continue, but in a different, GATT conformist way. Labelled as landscape conservation payments, these funds will then wander into the treasuries of nature conservation. In this way nature conservation will become an agriculturally important and politically powerful factor for the first time.

A landscape will evolve from this in which extremely intensively used cultivated areas will exist in accordance with the principles of industrialized agriculture. Alongside these there will also be landscape reservations, with a few damp meadows, perhaps even pollard willows, fields adjusted to bird breeding schedules, etc. The ensuing harvest can probably only be be marketed to a small extent as classic agricultural produce.

On the intensive use tracts cultivation will be determined by the international agricultural industry as it has been until now. On the extensive tracts the determinant factor will be whatever the current fashion trend may be in the nature conservationist organizations. These will have become established as a power in the decision-making panels responsible for distribution.

Should the farmers' associations not succeed in enforcing entrance restrictions to the landscape preservation market, competition from non-farming specialist operations will soon set in here also. The latter can fulfill the requirements of nature conservation with the help of specialized equipment and cheap seasonal labour at lower costs.

Outline for a third scenario: Landscape as the identity of a solidary, holistic, future-oriented society. One need not necessarily be a systems analyst or futurologist to recognize that in the long run neither the present treatment of the landscape nor especially twentieth-century industrial agriculture can possibly be maintained. A system of production consuming enormous energy resources within the shortest period of time, destroying the air, water, and the land cannot be infinitely perpetuated.

Only scenarios which comprise area effectiveness can make sense and thereby generally change our current land use system. In theory this is also obvious to almost everyone responsible; in practice each politician waits for another one to take the first step in this direction.

The cultural landscape of the future can only be one in which production is carried out with a minimal input of resources. In addition all hitherto externalized environmental expenses should be taken into account, such as the actual total cost of manufacturing of the European Union. Only through an honest calculation of these costs actually incurred by the producer can a local production of foodstuffs also become economically viable.

A cultural landscape shaped by such a framework of considerations can certainly avail itself of the old methods developed by our ancestors to make optimal use of the prevailing local condi-

Die nicht maschinengerechte Erschließung eines Dorfes in Makrinitsa, Griechenland, kann Fragen für seine Zukunft in einer fortwährend rationalisierten Agrarwirtschaft aufwerfen: Soll man den Weg ausbauen oder das Dorf verlassen?
The future of villages like this in Makrinitsa, Greece seems highly uncertain in terms of modern agriculture. The question is: should the road be widened or the village abandoned?

sichtigt werden. Nur über eine ehrliche Anrechnung dieser tatsächlich anfallenden Kosten beim Verursacher kann eine lokale Nahrungsmittelproduktion auch ökonomisch tragfähig werden.

Eine von derartigen Rahmenbedingungen geprägte Kulturlandschaft kann sich durchaus alter Methoden bedienen, die von unseren Vorfahren zur optimalen Ausnutzung der jeweiligen Standortbedingungen entwickelt wurden. Daneben wird es aber auch ressourcenschonende Methoden geben, die auf neuen Technologien aufbauen und in der alten Kulturlandschaft unbekannt waren, ja teilweise sogar in ihr fremd wirken. Soll etwa die Sonnenenergienutzung in Landschaftsschutzgebieten verboten werden, nur weil es keine historischen Vorbilder für Sonnenkollektoren gibt? Oder sollen die Sonnenkollektoren hinter Schindeldächern versteckt werden?

Bis jetzt haben wir Landschaft nur im Hinblick auf ihre Funktion als Stätte der Produktion betrachtet oder – als Bezugsobjekt des Naturschutzes – entsprechend ihrer ökologischen Qualität. Kann das wirklich schon alles gewesen sein?

Die Reduktion der Kulturlandschaftsdebatte auf die nüchterne Betrachtung von Ökonomie und Ökologie bewirkt, daß viele andere Dimensionen einer Landschaft nicht beachtet werden. Wenn wir außerhalb unserer beruflichen Umgebung Menschen zum Thema Kulturlandschaft befragen, so hören wir eigentlich kaum etwas über Produktionssysteme oder Artenrückgang. Mit Landschaft wird viel mehr assoziiert: Geborgenheit, Heimat, Harmonie, Orientierung, Schönheit; oder auch: Geheimnis, Zauberhaftes, Unheimliches. Diese weichen Qualitäten einer Landschaft, die für uns eben in den alten Kulturlandschaften so deutlich wahrnehmbar sind, haben in der aktuellen Diskussion um die Zukunft der Landschaft kein Gewicht. Wieso fällt es uns Professionisten der Landschaft so schwer, mit diesen Werten umzugehen? Weil sie sich der rationalen Beschreibbarkeit entziehen?

Woher kommt unser Bedürfnis nach der Konservierung »heiler Landschaften«? Wollen wir solche Landschaften mit allen damit verbundenen Konsequenzen wirklich oder nur als Chimäre, ähnlich der stilisierten Simulation des Landlebens in barocken Pastoralszenen, weil sie uns an etwas erinnern, was wir brauchen, dessen wir uns aber oft gar nicht bewußt sind? Welche Archetypen leben in uns auf, wenn wir vor einer vielfältig gegliederten Bauernlandschaft stehen?

Eine Landschaft, die nicht Spiegelbild der Ausbeutung von Natur und Menschen durch die Menschen ist, sondern sich an den Prinzipien der Kreislaufwirtschaft orientiert, wird vermutlich eher kleinteilig strukturiert sein, nicht aus Monokulturen aufgebaut, sie wird aber auch offen sein für Neuerungen, Platz bieten für Träume, erlebbar sein. In dieser Landschaft werden Menschen leben, die Ökonomie wirklich als Lehre vom Haushalten verstehen, die ihr Verhalten auch in Bezug setzen zu den Auswirkungen auf lokaler und globaler Ebene. Die Rolle, die den Bauern dabei obliegt, wird nicht mehr die eines Subventionsempfängers sein, sondern die eines Verantwortung Tragenden. Vielleicht ähnelt das Bild dieser Landschaft letztendlich dem der alten Kulturlandschaft; diese Ähnlichkeit wäre dann allerdings keine museale, sondern eine gelebte.

tions. In addition methods to conserve resources will exist, based on new technologies and unknown in the old cultural landscape, even apparently foreign to it. After all, should the use of solar energy be forbidden in landscape preservation areas just because there are no historic precedents for solar collectors? Or should the solar collectors be concealed behind shingle roofs?

The reduction of the debate on cultural landscape to a sober consideration of economics and ecology results in ignoring the many other dimensions of a landscape. Much more is associated with landscape: security, home, harmony, orientation, beauty, as well as secrecy, magic, awesomeness. These abstract qualities of a landscape, so clearly perceptible to us in the old cultural landscapes, carry no weight in the present discussion about the future of landscape. How is it that it is so difficult for us landscape professionals to deal with these values? Is it because they elude rational description?

A landscape which is not a reflection of the exploitation of nature and mankind by mankind, but is oriented instead on the principle of a recycling-based economy will presumably tend to be structured in small units, not built up of monocultures. It will also be open to innovations, leave room for dreams, and be experiencable. People who live in such a landscape will actually understand economy in terms of household economics and relate their behaviour to its effects on local and global levels. The role due to the farmers in it will no longer be that of a recipient of subventions but of a bearer of responsibility. Perhaps the image of this landscape is ultimately similar to that of the old cultural landscape. This similarity, however, would not be museum-like but lived.

Über die Idee, Zeit sichtbar zu machen

The idea of making time visible

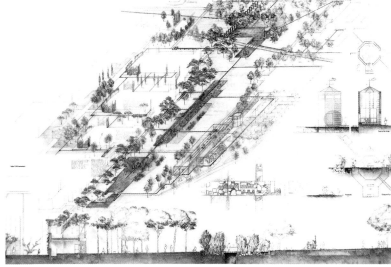

Like space and its design, ecology, having been hurried on by prognostics and catastrophes, begins as the vision of a better world. It is an abstract idea of interrelations that are often unclear and must be made concrete and visible. As far as landscape architecture is concerned, this means neither a scholarly treatise, nor specialised or naive graphics, but the development and invention of appropriate elements and the implementation of their organisation patterns in existing structures. The challenge of ecology suddenly made countless anonymous green areas and corridors appear meaningless which had once seemed necessary and appropriate to compensate for production and living conditions that were not tenable. Once the concept became ever more colourful, the instigators disappeared because of increased environmental awareness and stricter laws. Eventually the users stayed away too, though they counted as the founders and were

Wie der Raum und der entwerferische Umgang damit, ist Ökologie, forciert durch prognostizierte und eingetretene Katastrophen, zunächst die Vision einer besseren Welt; eine abstrakte Idee oft unklarer Zusammenhänge, die konkret und sichtbar gemacht werden muss. Für Landschaftsarchitektur bedeutet dies nicht wissenschaftliche Abhandlung, nicht besondere oder naive Graphik, es heißt entsprechende Elemente zu entwickeln, zu erfinden und deren Ordnungsmuster in vorhandene Strukturen zu implementieren. Die Herausforderung der Ökologie ließ plötzlich unzählige namenlose Grünflächen und –züge sinnleer erscheinen, die einst zur Kompensation unzumutbarer Produktions- und Lebensbedingungen notwendig und geeignet schienen. Nachdem gerade dem immer bunter dekorierten Konzept die Verursacher durch das geschärfte Umweltbewusstsein und Gesetze abhanden kamen, blieben auch die Nutzer immer mehr fern, die als Begründer galten oder gar als Designer professionelle Landschaftsarchitekten ersetzen sollten.

Laienbewegungen spielen eine große Rolle in der Gartenkultur – sie formulieren Ideen von Gesellschaft im Klein- und Hausgarten. Sie sind experimentierfreudig und stellen den gruppenspe-

Peter Latz

Die Landschaftsarchitektur macht Ökologie als Kunst sichtbar, eingebunden in die Interpretation räumlicher Muster.

Landscape architecture shows ecology as art that realises abstract ideas interpreting spatial patterns.

Bauliche Reste historischer Gebäude strukturieren die Wasserbecken im Shell Forschungszentrum in Thornton, Großbritannien. Inmitten von Öltanks und Raffinerien gedeihen Bäume und Wasserpflanzen in recycelten Materialien (Realisierung 1999).

Remains of historic buildings lend structure to the pools at the Shell research centre in Thornton, Great Britain. In the midst of oil tanks and refineries, the trees and aquatic plants thrive in recycled materials (realisation 1999).

zifischen Bezug zu den neuen Themen her (Selbstversorgung, Gesundheit). Ihr »Entwurfs«-Modell ist einfach als Anwendung von Typen und deren Abwandlung zu verstehen, wie sie sehr früh beschrieben und auch gezeichnet wurden. Es ist kein Erfolg Dritter notwendig, sondern Befriedigung über das eigene Werk.

Wenn wir als Landschaftsarchitekten agieren, bleibt trotz vieler Erklärungsmodelle Design, Entwurf ein offensichtlich ungeklärter Vorgang von Versuch und Irrtum – wer klärt den Irrtum auf – , von »Haltung«, »Wesenhaftigkeit« über Morphologie und Performancemodelle. C. Th. Sörensen sprach von Erfindungen. Besichtigt werden können jedoch die Ergebnisse.

Wenn wir avantgardistische Landschaftsarchitektur wie Architektur und andere Künste konsequent als Umsetzung abstrakter Ideen, solcher von Natur, Ökologie oder Gesellschaft verstehen, so ist naheliegend, Entwerfen als »Erfinden« von Informationssystemen oder –schichten zu verstehen, die sich mit vorhandenen überlagern, bevor an Gestalt oder Ausdruck gedacht werden kann. Ein umgekehrter Weg kann als »trivial«, als Bevormundung verstanden werden – als Festlegung von Interpretation, ja von Gefühlen. Jeder sollte die Informationsschichten selbst interpretieren, sie wahrnehmen oder auslassen, wie Kevin Lynch früh zeigte – selbst wenn sie für das reale Objekt konstituierend waren. Nicht

even to replace the professional landscape architects as designers.

Amateur movements play an important role in garden culture. They formulate ideas of society in small and domestic gardens. They like to experiment and they relate to new themes (self-supply, health) in a group-specific way. Their 'design' model is simply the application of types and modifications of types as described and drawn long ago. Not the success of a third party but satisfaction in one's work is the aim.

When we work as landscape architects, despite many explanatory models, design remains an obscure process of trial and error – who will clear up the error? – of 'attitude' and 'intrinsic nature,' of morphology and performance models. C.Th. Sörensen talked about inventions. The results, at least, are on view.

Supposing we understand avant-garde landscape architecture the same way we do architecture and the other arts as the realisation of abstract ideas, in this case of nature, ecology and society. Then designing should consequently be

Spiralförmiges Teichsystem für die Retention von Oberflächenwasser auf dem Kirchberg in Luxemburg (oben). Planung und Ausführung 1994-1999. Zentraler Park und Europaschule, Luxemburg (rechts). Freianlagen mit Rinnensystem und Retentionsteich für Oberflächenwasser. Planung und Ausführung 1995-2000

Spiral-shaped series of pools for surface-water retention on the Kirchberg in Luxembourg. Planning and realisation 1994-1999 (above). Central Park and European School, Luxembourg (right). Open gutter and retention pool system for surface water. Planning and realisation 1995-2000.

understood as the 'invention' of information systems or layers that overlap with existing elements. This must precede any thoughts on appearance or expression. Working the other way round can be seen as trite, as patronage, and as predetermining interpretations and even feelings. People should interpret the layers of information themselves. They should perceive them or leave them out, as Kevin Lynch demonstrated early on, even when they are constituent elements of the actual landscape. No wonder popular stories that intend (and actually cause) the reader to feel grief and tears, and joy and laughter at certain passages are called trite fiction.

Thus the semantic level is reserved for the users and viewers. The image comes about in the viewer's head. How do we know that the experiences are in fact the 'visual' ones we assume, and not acoustic delights or the enjoyment of smells, warmth or cold instead?

The biotope fashion can be seen as a naive artistic interpretation of nature. Biotopes are not natural but the mere symbol of something natural. Nature eludes art, even when in parallel to phi-

umsonst hießen die erfolgreichen Geschichten, die Trauer und Tränen, Freude und Lachen an bestimmten Stellen vorsahen (und tatsächlich erzeugten), »Trivialromane«.

Nutzern und Betrachtern bleibt also die semantische Ebene vorbehalten. Das Bild entsteht im Kopf des Betrachters. Wissen wir denn, ob es tatsächlich »Seh«-Erlebnisse sind, wie wir unterstellen, nicht vielleicht eher Hörgenüsse oder der Genuss von Düften, Wärme und Kälte.

Man könnte die »Biotop«-Mode als naiv-künstlerische Naturinterpretation verstehen. »Biotope« sind nicht natürlich, sondern einfache Symbole für Natürliches. Die Natur entzieht sich einerseits der Kunst, auch dann, wenn sie parallel zur Philosophie einziger Gegenstand der Darstellung sein wollte, da sie im Moment der Betrachtung artifiziell wird und nicht mehr Natur ist. Andererseits beschreiben die Bilder und Symbole eindrücklich die Paradigmenwechsel der Philosophie, die Trauer über die Vertreibung des Menschen aus dem Garten Eden, den Stolz der Menschen im Mittelpunkt des Universums und die Depression neuer Relativierung, die jeweils die nicht verstandene neue Natur aller Beziehungssysteme symbolisieren. Ökologie müsste Symbol für Natur und Kultur zugleich sein, muss also auch Kunst sein.

Auf der Suche nach ästhetischen Konzepten boten sich die malerischen Landschaftsbilder des englischen Gartens an, als Symbol des Naturschönen favorisiert. Die faszinierenden Erfolge in der Darstellung von Natur in der Stadt und ihre Gebrauchsfähigkeit lassen sich nur unter Zerstörung des Vorhandenen, eventuell »zu Schützenden«, nur unter Abschirmung des ihrem ästhetischen Paradigma Unverträglichen realisieren, müssen

Eis und Eisen, Sand und Wasser. Nicht nur gepflegte, glatte Oberflächen, auch Erosion wird zum ästhetischen Ausdruck. Landschaft ist Artefakt und Natur zugleich.

Ice and iron, sand and water. Not only well-groomed, smooth surfaces but also eroded ones serve aesthetic expression. Landscape is both artefact and nature.

»Liebe Michelle,

wenn Du in Deinem Filofax Notizen machst, ergreifst Du die (eine) Möglichkeit, die unfassbare Zeit zu organisieren, Du hast die Fähigkeit, die Idee von Zeit sichtbar zu machen. Vielleicht gibt dies einen Hinweis auf die hartnäckige Frage, wie das zu verstehen sei, Landschaftsarchitektur bedeute, die abstrakte Idee von Raum in Elementen und Anordnungsmustern zu fassen.

Dieses Prinzip, Raum (zu organisieren) zu benutzen, ist nicht neu und auch die (ein) Nutzer, selbst Kinder, entwickeln früh eigene Orientierungsmuster. Alle Räume sind aus Schichten von Ideen aufgebaut; wir müssten also gewöhnt sein, Raum in allen möglichen Systemen fassbar zu machen, überhöht zuweilen durch das Labyrinth, weiß Gott nicht von Nutzen, doch Zeugnis von Spass und geheimem Wissen.

Brüche und Fragmente das »Unpassende« meiden. Verwirklicht werden können sie deshalb nur auf »Parzellen«, die die Umgebung ausklammern.

Unsere neuen Konzeptionen sind darauf angewiesen, zusammen mit dem Akzeptierten und dem Störenden, zusammen mit dem Harmonischen und mit den Brüchen, Landschaft zu entwerfen, also eine Metamorphose der Landschaft ohne Zerstörung des Vorhandenen, ein archetypischer Dialog des Gezähmten mit dem Wilden. Das Bild von Natur kann eine Struktur des »Belassenen« und des »Gebauten« sein. Die Akzeptanz der fragmentarischen Welt verzichtet auf die Ganzheiten des Großbildes und im Gewebe der Anordnungsmuster bleibt Platz für den Zufall Natur.

Fast programmatisch tauchen zu diesem Zeitpunkt die »unwirklichen Landschaften, die der Industrie nachfolgen«, auf. Ihr Wirrwarr aus linearen, sich kreuzenden unverständlichen Organisationsmustern, exotischen Vegetationsformen und Böden, das Puzzle von Fragmenten unterschiedlicher Produktionsruinen oder -resten, Maschinen und Bauten – es sind Fragmente von Regeln und Wissen, erschienen als Chaos – müssen decodiert werden und können die Sichtweisen von Landschaftsarchitekten fundamental verändern. Sie werden Studienobjekt und unvorhergesehener Stadtraum für verrückte Aktivitäten: Kombinationen von kulturellem Mix und Experimenten von Raumerlebnissen, die scheinbar konkurrenzlos zu den inzwischen auch formentleerten »Parks« sind. Mit wenigen neuen Strukturschichten wird das »Unbrauchbare« attraktiv und kreiert neue Nutzungen. Es müssen nicht für bestimmte Nutzungen spezielle Objekte gebaut werden.

losophy it is the sole object of representation. For as soon as it is contemplated it becomes artificial and is no longer natural. On the other hand, the images and symbols vividly describe the paradigm changes of philosophy. Man's grief over the expulsion from the Garden of Eden, pride at being in the centre of the universe, and depression due to new relations, each stand for the incomprehensible new nature of all correlation systems. Ecology should be the symbol of both nature and culture; hence it must also be art.

The search for aesthetic concepts turned up the picturesque landscapes of the English garden, a favourite symbol of natural beauty. The fascinating success and utility of the representation of nature in the city could only come about through the destruction of the existing fabric, even of what should be 'protected.' Anything offending the aesthetic paradigm was screened off. 'Unsuitable' elements were avoided by creating breaks and fragments. Successes can therefore only be realised on 'lots' that shut out the surroundings.

Our new conceptions must design landscape along with both accepted and disturbing elements, both harmonious and interrupting ones. The result is a metamorphosis of landscape without destroying existing features, an archetypal dialogue between the tame and the wild. The image of nature can be made of the 'untouched' and the 'built.' Accepting a fragmented world means doing without the complete overall picture and leaving room for the coincidence of nature in the web of the layout.

"Dear Michelle,

When you make a note in your Filofax you are taking an (the only) opportunity to organise evasive time. You can make the idea of time visible. Perhaps this suggests an answer to the tough question of how to understand that landscape architecture means capturing the abstract idea of space in elements and layout patterns.

Using this principle of (organising) space is not new. User(s), even children, soon develop their very own orientation patterns. All spaces are built up of layers of ideas. We should therefore be used to making space comprehensible with all sorts of systems. Sometimes this is overdone, as in the labyrinth, which is, God knows, not useful but testifies to fun and esoteric knowledge.

Almost programmed, the 'unreal landscapes that follow industry' are turning up at this time. They are a confusion of linear, intersecting and unintelligible organisation patterns, exotic vegetation and soils, a puzzle of fragments of various ruins or remains of industrial plants, machines and buildings. They are fragments of rules and knowledge but seem like chaos. They need to be decoded and they can fundamentally change the range of vision of landscape architects. They become research topics and unplanned urban venues for crazy activities. They provide combinations of cultural mix and experiments with experiences of space that are apparently unrivalled by the 'parks' that have also been made formless by now. With a few new structural layers the 'useless' becomes attractive and creates new uses. Specific architecture for specific uses does not need to be built. The imagination lets the existing ones be re-interpreted and used in new ways. That can mean uncovering old rules and combining them with new elements and new goals. Artefacts can develop that pursue natural processes in derelict surroundings according to ecological rules initiated and maintained by technological processes. These artefacts symbolise ecology, of both natural and technical systems.

Water systems, the impressive symbol of ecological renewal in open space, also reform modern urban agglomerations. Their rules impose new elements on existing structures: the gutter, brook, and retention pool for rainwater management become an elementary component of the city and its parks. Parks become a component of the infrastructure network and biotope network extending far beyond their limits. Ecological rules also determine what we used to call main-

Landschaftspark Duisburg-Nord, Cowper Platz. Der Kirschenhain ist noch gefangen in der eisernen Struktur eines Hochofenwerkes (oben). Aus dem offenen Abwasserkanal der alten Emscher wird der mit reinem Regenwasser gefüllte Klarwasserkanal (unten links). Windrad im Landschaftspark am Sinterplatz (unten rechts), Installation 1999.

Cowper Square in the Duisburg North Landscape Park. The cherry orchard is still trapped within the iron structure of a blast-furnace plant (above). The former open sewage canal of the River Emscher is now a clean canal filled with pure rainwater (lower left). Giant pinwheel on Sinterplatz in the landscape park (lower right); installation 1999.

den, die Phantasie ermöglicht es, die vorhandenen neu zu interpretieren und neu zu nutzen. Das kann also bedeuten, alte Regelwerke aufzudecken und mit neuen Elementen und neuen Zielen zu kombinieren. Artefakte können entstehen, die in devastierten Situationen natürliche Prozesse zum Ziel haben, Vorgänge, die nach ökologischen Regeln ablaufen, die durch technologische Prozesse initiiert und erhalten werden. Die Artefakte symbolisieren Ökologie – natürliche und technische Systeme zugleich.

Wassersysteme, eindrucksvolles Symbol ökologischer Erneuerung im Freiraum, reformieren auch moderne Stadtagglomerationen. Ihr Regelwerk zwängt sich mit neuen Elementen in die vorhandenen Strukturen – Rinne, Bach, Retentionsteich als Regenwassermanagement –, werden zum elementaren Bestandteil der Stadt und ihrer Parks. Parks werden zum Bestandteil eines Infrastrukturnetzes und Biotopnetzes, das weit über sie selbst hinausreicht.

Ökologische Regelwerke bestimmen auch das, was wir früher Pflege nannten – wesentliche Teile von Vegetation entstehen durch Management des Vorhandenen und dessen Manipulation, und treten in einen Dialog mit der vielhundertjährigen Gartenkultur. Pflanzen und Böden werden an anderem Ort und in anderer Form neu entdeckt, nicht der Gartenboden ist alleiniger Untergrund, sondern Schotter und Kiese, Rohböden und Recycling erweitern die Spektren; nicht nur die gepflegte glatte Oberfläche und das Beet, auch Erosion wird zum Standard ästhetischen Ausdrucks. Die Angst vor dem Verfall weicht der Aufnahme des scheinbar Verbrauchten und macht gar recyceltes Baumaterial zum besseren Substrat für Kräuter und Bäume als den »guten Boden«.

Das »Unbrauchbare« erhält neuen Wert als Element selbst und in seiner Verwendung. Die ambivalente Welt der Zerstörung, des Wissens darum, dass auch Neues nur aus dem Verbrauch des Anderen entsteht, wird in neuer Klarheit sichtbar, da die Elemente Teile ihrer alten kulturellen Botschaft erhalten können: aufgegebene Brücken, Straßen, Gebäude, Maschinen. Auch der neueste Beton, das natürlichste Pflaster, der perfekteste Stahl sind nur mit Steinbrüchen, Kiesbaggerung, Kohle und Erzgruben und nur unter Aufgabe von Landschaft und Ressourcen zu bekommen.

Neben Selbstversorgergarten und Dachbegrünung sind der Landschaftsarchitektur spannende Schichten im städtischen Gewebe erschlossen worden. Die Ökologie als Bewegung, Atom- und Energiediskussion, biologische Materialien und Autarkiebewegung, ist gesellschaftlich aufgesogen, mit Solarcities in der Arbeitsteilung aufgegangen. Die Ökologie als Kunst wird, eingebunden in die neue Interpretation räumlicher Muster, in der Landschaftsarchitektur sichtbar gemacht.

tenance. A lot of the vegetation develops through the management and manipulation of existing plants, which thus join a dialogue with a garden culture many hundreds of years old. Plants and soils are being newly discovered in other places and forms. Garden soil is not all there is. Crushed stone and different kinds of gravel, raw soil, and recycled materials enlarge the spectrum. Not only well-groomed smooth surfaces and flowerbeds but also erosion will become the standard for aesthetic expression. The fear of decay is replaced by the acceptance of what has apparently been used up. It even makes recycled building materials the better substrate for herbs and trees than 'good soil.'

What is 'useless' acquires new value as an element and through its use. With the knowledge that even new things only come about by using up something else, the ambivalent world of destruction becomes apparent with new clarity. This is because the elements: abandoned bridges, streets, buildings, machines, can retain parts of their cultural message. Even the newest concrete, the most natural pavement, the most perfect steel can only be made from quarries, gravel pits, coal, and ore mines, and only by giving up landscape and resources.

Besides self-supply gardens and green rooftops, exciting layers in the urban web have been discovered for landscape architecture. Ecology as a movement, the discourse on atomic power and energy, organic materials and the self-sufficiency movement have all been absorbed by society. They have dissolved along with solar cities based on the division of labour. Ecology as art is made visible in landscape architecture by being incorporated into new interpretations of spatial patterns.

Du weißt, mit Deckungsbeitrag plant der Bauer seine Produktion mit Maschinen, Saat und Düngereinsatz auf seinem von Besitzgrenzen definierten Acker. Wir erinnern uns an duftende grüngelbe Felder im Frühlingsdunst.«

As you know, the farmer plans his production with capital required as cover, with machines, seed and fertiliser on a field that the boundary defines as his property. We can remember the odorous greenish-yellow fields in a springtime haze."

Ansätze zu einer allgemeinen Landschaftstheorie

Towards a general theory of landscape

One has to argue for the benefits of landscape architecture over and over again, especially with the architects who often have no clear notion of this profession. In so doing, one often has to take recourse to commmonplaces and obvious facts.

The landscape as such precedes the landscape architect, while, in comparison, a piece of architecture under no circumstances precedes the architect. This fundamental difference partly explains the theoretical ambivalence of the former in contrast to the clear ideological determination of the latter. It is, therefore, on this uncertain terrain that a general theory of landscape remains to be written. This represents a challenge, especially with respect to the Mediterranean world.

Everyone accepts the fact that we store in our minds an image of pure and beautiful nature – an image with which a whole country usually strongly identifies. The example of Mount Montserrat located in the vicinity of Barcelona demonstrates this ancient ritualized attachment of the people to their landscape. For this is a location where the culture of a nation merges and almost fuses with the imagery of the rocks on the mountain. The issue, therefore, is not how to move this mountain, nor even how to reproduce it as a symbolic element of the landscape – even if it is said that Gaudí and Jujol often unabashedly borrowed the shapes of these wonderful rocks in their architecture.

Landscape is, first and foremost, the result of a complex tangle of human activities spread across the land. The gradual phenomenon of urban concretion has pushed nature towards the suburbs, and has transformed the farmland at the periphery into vast commercial and industrial lots. This mundane landscape, instead of repre-

Gerade Architekten gegenüber müssen wir den Nutzen von Landschaftsarchitektur immer wieder begründen, die oft kein klares Bild von dieser Profession haben. Dabei bleibt es nicht aus, daß man immer wieder auf Allgemeinplätze und Selbstverständlichkeiten zurückgreift.

Die Landschaft geht dem Landschaftsarchitekten zeitlich voraus, während die Architektur unter keinen Umständen dem Architekten vorausgeht. Dieser grundlegende Unterschied erklärt zum Teil die theoretische Ambivalenz des ersteren im Gegensatz zu der klaren ideologischen Bestimmung des letzteren. Es ist deshalb genau dieses unsichere Terrain, auf dem eine allgemeine Landschaftstheorie noch zu entwickeln ist, was eine Herausforderung insbesondere für den Mittelmeerraum bietet.

Jeder stimmt der Tatsache zu, daß wir eine Idealvorstellung von der schönen Natur verinnerlicht haben, mit der ein Land sich als Ganzes stark identifiziert. Das Beispiel des Berges Montserrat in der Nähe von Barcelona drückt diese uralte, ritualisierte Zuneigung der Menschen zu ihrer Landschaft sehr gut aus. Denn dies ist ein Ort, an dem sich die Kultur eines Landes mit dem Bild der Felsen dieses Berges vereint und beinahe verschmilzt. Das Thema ist deshalb weder, wie dieser Berg zu versetzen wäre, noch wie er als symbolisches Element der Landschaft zu reproduzieren ist – auch wenn von Gaudí oder Jujol gesagt wird, daß sie oft unverhohlen für ihre Architektur Anleihen bei den Formen dieser wunderbaren Felsen genommen haben.

Landschaft ist in erster Linie das Resultat eines übers Land verstreuten Wirrwarrs menschlicher Aktivitäten. Das Phänomen der allmählichen urbanen Versteinerung hat die Natur auf die Vororte der Stadt verdrängt und das Agrarland an der Peripherie in riesige Gewerbe- und Industrieflächen verwandelt. Sie verkörpert kein heiliges, unabänderliches Bild. Diese alltägliche Landschaft ist in ständiger Veränderung begriffen und resultiert aus den vergänglichen Aktivitäten unzähliger Akteure. Ich meine damit die Landschaft, in der wir leben, die die Engländer »dwelling«, Behausung, nennen und die im weiteren Sinne die Modalitäten der Produktion, der Existenzsicherung und des allgemeinen Lebens eines Ortes zu einer gegebenen Zeit wiedergibt.

Was wir nun betrachten, ist schlicht ein Ausschnitt der gewöhnlichen Welt von heute – eine Welt, die wir tagtäglich durchqueren und oft ignorieren; eine Welt, in der das simple Hin-

Christophe Girot

Landschaftsarchitektur ist im Gegensatz zur Architektur gesellschaftlich kaum verankert und bedarf unablässiger Förderung.

Landscape architecture, unlike architecture, has barely taken root in society. The profession therefore needs all the support it can get.

schauen schon einen Akt des Glaubens darstellt. Es handelt sich um eine Landschaft, die der traditionellen Definition der »urbs« entglitten ist, denn sie besitzt keine klare visuelle, räumliche oder soziale Kodierung mehr. Es geht um eine Welt, auf die wir geistesabwesend einen flüchtigen Blick vom Auto aus werfen und in der nur die Vorstellung, am Straßenrand gestrandet zu sein, an Dantes Inferno erinnert. Warum jedoch wird dieses urbane Konglomerat an der Peripherie als Landschaft bezeichnet? Einfach weil es einen Horizont, einen Rahmen sowie eine lebendige Umwelt aufweist. Es wäre sehr verführerisch, sich dem gesamten Debakel dieser peripheren Welt um die vornehme Landschaft des Berges Montserrat zu widersetzen, so als ob die schwarze Madonna la Moreneta von ihrem Sitz aus die profane Landschaft, die sie verschlingt, auf ewig ignorieren könnte.

Man sieht daher, daß die Theorie der Landschaft vielfältig und manchmal widersprüchlich ist. Man kann das Gebiet auf vielen verschiedenen, menschlichen, politischen und ökonomischen Ebenen betrachten. Da gibt es zum Beispiel die Politik des Konservierens, die sich fast in systematischer Weise der Politik des Konsumierens von Freiraum entgegenstellt. Es existiert außerdem eine allgemeinere Theorie der Nachhaltigkeit, die sich fast immer mit der Chaostheorie in Konflikt befindet. Dieses manichäische Denkspiel, das danach trachtet, zwei extreme Kategorien der Landschaft einander gegenüberzustellen, als ob diese nie miteinander zu vereinbaren wären, geht an der grundlegenden, praktischen Frage nach den einfachen Erwartungen der Menschen vorbei, die bloß ihre Stadt und Kultur mit ihrer unmittelbaren Umwelt in Einklang bringen wollen. Die theoretische Herangehensweise an die Landschaft betrifft in erster Linie den Menschen. Es geht um die komplexe Mischung von Begriffen wie Erinnerungsvermögen, Identität und Kontinuität, die ein Zugehörigkeitsgefühl vermitteln. Landschaft ist deshalb einfach die Geschichte menschlichen Brauchtums in bezug auf ein bestimmtes Stück Land, dessen Klima, Bodenstruktur und Topographie. Die Landschaft stellt aber auch den Ort der menschlichen Geschichte dar mit all den Tragödien, Veränderungen, Meisterwerken und Fehlern, die sich für immer im Boden eingeprägt haben. Und genau innerhalb dieser Kluft zwischen zwei Welten – die

Die Griechen berührten mit ihrem Begriff des »temenos« die Verknüpfung von Architektur und Landschaft, versinnbildlicht im Tempel von Segesta auf Sizilien.

The Greeks used the concept of "temenos" to denote the harmony between architecture and landscape, as illustrated in the temple of Segesta in Sicily.

senting a sacred and immutable image, is constantly changing, and is a result of the ephemeral activities of innumeral agents. I am referring to the common living landscape which the English call a dwelling, and which in a broad sense expresses the modes of production, of subsistence and of life in general of any given place at any given time.

What we are looking at is simply a piece of the ordinary world of today – a world which we traverse every day and often ignore, a world in which the simple act of looking at something becomes an act of faith. It is a landscape which has escaped from the traditional notion of the "urbs" since it has no clear visual, spatial, or social coding. It is a world that we usually glimpse at absentmindedly from our car, and where the throne thought of being stranded on the side of the road brings to mind Dante's inferno. But why is this urban conglomeration at the periphery called a landscape? Simply because it is a horizon, a setting and a living environment. One is tempted to oppose the overall debacle of this peripheral world around the noble landscape of the Montserrat mountain, as if the black Madonna, La Moreneta, could from her mere forever ignore the profane landscape which engulfs her.

One realises, therefore, that the theory of landscape is diverse and sometimes even contradictory. One can deal with it on a variety of human, economic, political and cultural levels. There are, for instance, the politics of conservation which almost systematically oppose the politics of open space consumption.

The theoretical approach to the landscape primarily concerns human beings. It is the complex mixture of human notions like memory,

Das zerklüftete Bergmassiv des Montserrat nordwestlich von Barcelona ist ein lebendiges Symbol der menschlichen Geschichte. In dem Benediktinerkloster Nuestra Señora de Montserrat befindet sich die Schwarze Muttergottes (La Moreneta), die Schutzpatronin Kataloniens.

The rugged mountainous mass of Montserrat northwest of Barcelona is a live symbol of human history. The Benedictine monastery of Our Lady of Montserrat houses the Black Virgin (La Moreneta), the patron saint of Catalonia.

eine modern, chaotisch und städtisch-urban, die andere naturbelassen und konserviert – befindet sich das Aktionsfeld, innerhalb dessen der Landschaftsarchitekt arbeitet.

Die Beschäftigung mit Landschaft kann nicht einfach auf den Akt des Begrünens reduziert werden. Man sollte deshalb nicht den Landschaftsarchitekten mit dem Gärtner verwechseln, genauso wie man den Architekten nicht mit dem Maurer verwechselt. Die Rolle des Landschaftsarchitekten geht weit über die traditionelle Rolle des Gartenbauingenieurs hinaus. Das Spektrum seiner Eingriffsmöglichkeiten ist viel größer, denn es wird von ihm erwartet, die Komplexität eines bestimmten Geländes zu verstehen: er muß die aktuellen Nutzungen erkennen; er muß mit den wöchentlich wechselnden Rhythmen und Ritualen spielerisch umgehen; und vor allem muß er die jeder Kultur eigene Bedeutung von öffentlichem wie von privatem Raum verstehen.

Überall in der Welt erscheint die urbane Landschaft wie ein Konglomerat von Funktionen, verstreuten Objekten und Geschehnissen, das sich auf einem bestimmten Gebiet ausbreitet. Niemand scheint sich um das Gesamtergebnis zu kümmern. Das wirft natürlich die Frage auf: Wie kann man von dem Besonderen zum Allgemeinen und vom Spezifischen zum

identity, and continuity that contribute to a sense of belonging. Landscape is, therefore, simply the history of human customs with respect to a given piece of land, its climate, soil structure and topography. However, the landscape also represents the location of human history with all of its tragedies, its changes, its masterpieces and its mistakes which permanently mark the ground. And it is precisely within this rift between two worlds – one modern, chaotic and urban, the other natural and preserved – where the field of action of the landscape practitioner is located.

All the work concerning the landscape cannot be merely reduced to the simple act of planting greenery. One ought not, therefore, confuse the landscape architect with the gardener just as one does not confuse the architect with the mason. The role of the landscape architect goes far beyond the traditional role of the horticulturist. His scope of possible intervention is broader, since he is expected to understand the overall complexity of a given site, he must recognize the current uses, play with the weekly rhythms and rituals, and, above all, understand the meaning of public space as well as private space which is specific and unique to each culture.

Anywhere in the world the urban landscape appears like a conglomeration of functions, scattered objects and events spread out over a given territory. No one feels immediately concerned about the overall result. How can one go back from the particular to the general, from the specific to the diverse? There seem to be no clear answers to that question, but this may in part explain why landscape architects have all of a sudden become so necessary in our developed societies. Their broad range of possible interventions

Was hat ein Stück Kiefernwald inmitten der Nationalbibliothek in Paris zu suchen? Eingefangen wurde ein idealisiertes Landschaftsbild, nach dem sich die Stadtbewohner anscheinend sehnen.

What is a piece of pine forest doing in the middle of the national library in Paris? Held captive here is the idealised image of landscape that city dwellers apparently long for.

allows them to understand the imbalance that prevails between the world that we occupy and the historic continuity of a given territory.

This brings us back to the classic problem of whether a relationship exists between a work of architecture and its surrounding landscape. This issue, far from being just a mere detail, is central to our civilisation and our relationship to the world. The Greeks and their idea of "temenos" touched upon the issue of the sacred link between architecture and the landscape, and, more generally, between the city and its location. One simply has to visit the site of the Greek temple of Segesta in Sicily to understand the lasting power of "temenos". The extraordinary balance that has prevailed between this work of architecture and its locational site has been quite an enigma for the last two millennia. It expresses a deep commitment to the landscape and a respect for the genius loci, which has completely disappeared in modern thinking.

The word "paysage" (landscape) comes from the word "pays" (land) which through its Latin root "pagus" means a piece of territory. It signifies the place which peasants as well as city dwellers, i.e. all of the inhabitants of a "pays", identify themselves with. It is, therefore, important to emphasize the cultural specificity of that notion within the Mediterranean world, which is clearly distinct from the notions professed by landscape architects in Anglo-Saxon or Germanic countries. The secular "heritage" of the Mediterranean ought to be the true cultural point of reference for the local "paysagiste" (landscape architect).

Of course, it is difficult to see how the noble principle of "temenos" could be applied, for instance, to an urban project in the Prat del Llo-

Vielfältigen zurückkehren? Es scheint keine klare Antwort auf diese Frage zu geben. Aber sie vermag teilweise zu erklären, warum Landschaftsarchitekten in unserer entwickelten Gesellschaft auf einmal so notwendig geworden sind: Das breite Spektrum ihrer Eingriffsmöglichkeiten ermöglicht es ihnen, das herrschende Gleichgewicht zwischen der Welt, in der wir schalten und walten, und der historischen Kontinuität eines bestimmten Gebietes zu verstehen.

Das bringt uns wieder zu der sehr alten Frage zurück, ob es eine Beziehung zwischen dem Architekturobjekt und dessen umgebender Landschaft gibt. Diese Frage ist bestimmt nicht nebensächlich für unsere Zivilisation und für unsere Beziehung zur Welt. Die Griechen berührten mit ihrem Begriff »temenos« das Problem der heiligen Verknüpfung zwischen Architektur und Landschaft und, allgemeiner gesagt, zwischen der Stadt und ihrer Lage. Man muß nur den griechischen Tempel von Segesta in Sizilien aufsuchen, um die dauerhafte Kraft von »temenos« zu verstehen. Das außerordentliche Gleichgewicht, das zwischen diesem Bauwerk und dessen Umgebung herrscht, bildet seit über zwei Jahrtausenden ein Rätsel. Das Werk drückt eine tiefe Verbundenheit mit der Landschaft sowie Respekt für den Genius loci aus, was der modernen Denkweise völlig abhanden gekommen ist.

Das Wort »paysage«, Landschaft, stammt von dem Wort »pays«, Land, das durch den lateinischen Ursprung »pagus« auf ein Stück Landbesitz hinweist. Es verweist auf einen Ort, mit dem sich Bauern wie Stadtbewohner, das heißt alle Bewohner eines »pays«, identifizieren. Deshalb ist es wichtig, die kulturelle Besonderheit dieses Begriffes für den Mittelmeerraum hervorzuheben, da er sich von den Begriffen, zu denen sich die Landschaftsarchitekten aus dem angelsächsischen oder germanischen Raum bekennen, klar unterscheidet. Das Erbe des Mittelmeerbewohners sollte den realen kulturellen Bezugspunkt für den dort tätigen Landschaftsarchitekten bilden.

Selbstverständlich ist es schwierig, sich vorzustellen, wie das hehre Prinzip des »temenos« zum Beispiel auf ein urbanes Projekt im Prat del Llobregat übertragen werden könnte. Es geht dabei nicht so sehr darum, ein altertümliches Prinzip zu plagiieren und es auf die Umgebung von Barcelona anzuwenden, sondern es soll vielmehr die Bedeutung eines bestimmten städtischen Projektes im Hinblick auf dessen Örtlichkeit und besonderen kulturellen Hintergrund reflektiert werden. Warum sollten wir die Landschaft ausklammern, wenn es sich um eine Stadt und deren Architektur handelt? Weil sie auf das Gebiet der Parks und Gärten beschränkt wurde,

bregat. The idea is not so much to plagiarize a principle dating back to antiquity and applying it to the surroundings of Barcelona, but rather to reflect upon the meaning of a given urban project with respect to its locational site and its specific cultural heritage. For why should the issue of the landscape disappear in dealing with the city and its architecture? Either because it has become confined to the subject of parks and gardens, or because it has been relentlessly driven off to peripheral locations. Originally, the spirit of temenos allowed the two domains of architecture and landscape to co-exist. The crux of the matter is not so much the smay about the landscape being ignored in present

Jede Stadt produziert ihre eigene Landschaft, mal chaotisch, mal klar strukturiert. Oben: Barrio Gotico in Barcelona mit dem Tibidabo im Hintergrund. Rechts: der kleine Unterschied zwischen öffentlich und privat an der Uferpromenade in Barcelona.

Each city produces its own landscape, sometimes chaotic, sometimes clearly structured. Above: Barrio Gotico in Barcelona with the Tibidabo in the background. Right: the subtle difference between private and public space on the coastal promenade in Barcelona.

times, but rather the gradual engulfment of architecture by more architecture as a result of urban growth and densification.

Architecture today is more concerned with the image it reflects than with the image it receives from the outside world. The "Trés Grande Bibliothèque de France" is a good example of this kind of self-contained architecture – transparent perhaps, but essentially self-referential and detached from the surrounding world. It is a kind of architecture in which the landscape merely plays the role of an implantation. In this case the landscape bears no relationship to its locational site. The central garden with its tall planted pine

oder, weil sie rücksichtslos bis an die peripheren Orte verdrängt wurde? Ursprünglich erlaubte der Geist des »temenos« beiden Bereichen, Architektur und Landschaft, nebeneinander zu existieren. Das Hauptproblem ist weniger die vernachlässigte Landschaft als die schrittweise Verdrängung der Architektur durch sich selbst als Folge des städtischen Wachstums und der Verdichtung.

Das Architekturobjekt von heute befaßt sich mehr mit dem Image, das es wiedergibt, als mit dem Image, das es von der Außenwelt verliehen bekommt. Die Nationalbibliothek in Paris ist ein gutes Beispiel für diese Art der in sich geschlossenen Architektur, die vielleicht transparent, aber im wesentlichen auf sich selbst bezogen ist. Es handelt sich um eine Architektur, in der die Landschaft lediglich die Rolle einer Implantation spielt. Die Landschaft weist hier keine Beziehung mehr zum Standort auf. Der zentrale Garten mit seinen hohen, gepflanzten Kiefern aus Südwestfrankreich wurden sozusagen in den tiefen Hof eingelassen, von Glas umrahmt und oben von einem Deck aus exotischen Edelhölzern aus Brasilien oder Afrika begrenzt. Der Garten besitzt keinen Horizont und ist von seiner Umgebung und von der Seine, die ihm zu Füßen fließt, getrennt. Was hat ein Stück Kiefernlandschaft inmitten einer großen Bibliothek in Paris zu suchen? Es geht dabei um den Begriff der »nature naturante«, wie es Bachelard sagen würde, also um eine heilige und unberührbare Landschaft, nach der sich alle geplagten Stadtbewohner verzweifelt sehnen. Der große Unterschied zwischen dem Kieferngarten der Bibliothek in Paris und dem natürlichen Standort des Berges Montserrat ist folgender: Der erstere bezieht sich künstlich auf ein Anderswo, während der letztere wirklich zu seinem Standort gehört. Die Nationalbibliothek stellt ein Objekt aus der letzten Phase der introspektiven Architektur dar, bei der ein idealisiertes Landschaftspanoptikum eingefangen wurde. So bildet die Bibliothek die Antithese zur Weltoffenheit und erscheint eher wie ein versiegeltes Buch, eine Grabstätte des Wissens, aus der nichts, nicht einmal die Natur entweichen kann.

Aus diesem Grund wirft der Rang der Landschaft in der Stadt eine ernste Frage auf, die die meisten von uns lieber ignorieren würden. Es ist nämlich weder selbstverständlich, noch ist es in den meisten modernen, städtischen Situationen einfach, eine starke Beziehung zur Außenwelt wiederherzustellen. Ob man will oder nicht, eine Stadt produziert ihre eigene Landschaft. Diese kann nun aus einem klaren und strukturierten Denkansatz resultieren, sie kann aber auch einfach das Resultat einer allgegenwärtigen Unordnung sein. Nichtsdestoweniger ist es diese Landschaft, die uns am meisten beeindruckt. Die periphere Landschaft stellt die Summe Hunderter nebeneinandergestellter Objekte dar, die keinen Bezug mehr zum äußeren Rahmen haben. Es handelt sich um eine anonyme Welt ohne Urheber, in der sich die Theorie des Chaos an einem schon dagewesenen Phänomen weidet. Die Architektur hat sich in der Stadtperipherie verloren, und das theoretisierte Chaos wird dann zum Stil erhoben, was in der Tat nicht mehr als ein intellektueller Vorwand für allgemeine Gleichgültigkeit ist. In jedem Fall stellt die Arbeit des Landschaftsarchitekten die Antithese zum Arbeiten am Stil dar. Hier geht es vielmehr um viel Geduld und Beharrlichkeit.

Was wird von der ortsgebundenen Identität eines jeden Standortes übrigbleiben, wenn wir mit dem globalen Phänomen der peripheren Ent-

trees from Landes has been lowered to the bottom of a deep courtyard, glazed on all sides and framed at the top by a wooden deck made of precious kinds of wood from the forests of Brazil or Africa. It is blind to its horizon, and is detached from its neighbourhood and from the River Seine flowing right in front of it.

What is a piece of the pine tree landscape of Landes doing in the middle of a big library in Paris? It is the notion of "nature naturante", as Bachelard would say, a sacred and untouchable landscape, which all harried city dwellers desperately long for. The big difference between the pine tree landscape of the Bibliothèque and the natural site of the Montserrat mountain is that the former artificially refers to somewhere else, while the latter really belongs to its location. The "Trés Grande Bibliothèque" represents an object of the ultimate phase of introspective architecture where an idealized landscape panopticon remains a captive within. It is the antithesis to verbal openess, and it seems more like a sealed book, a cenotaph of knowledge from which nothing, not even nature, can escape.

Therefore, the place of landscape poses a real issue in the city which most of us would rather like to ignore. It is neither obvious, nor is it easy to reestablish a strong relationship with the surroundings outside in most modern urban settings. Whether one likes it or not, a city generates its own landscape. It may result from clear and organised thinking, or it may merely be the result of an omnipresent mess. Nevertheless, it is this landscape which impresses us the most. The peripheral landscape is the sum of hundreds of juxtaposed objects completely oblivious to their setting. It is an anonymous world without authors

Das Prinzip des »temenos« erlaubte es der Architektur und der Landschaft nebeneinander zu existieren. Im Bild ein alter Olivenhain auf Sizilien.

The "temenos" principle allows architecture and the landscape to exist side by side. The illustration shows an old olive grove in Sicily.

where the theory of chaos feeds upon a phenomenon which is already there. Architecture has lost
itself in the midst of the urban periphery, and
theorized chaos is taught as a style, which is, in
fact, nothing more than an intellectual pretext for
general indifference. In any case, the work of the
landscape architect poses the antithesis to working on style. It is the work of a healer which requires patience and persistence.

When faced with the global phenomenon of
peripheral development, what can be said to be
left of the local identity of each place? The work
of the landscape architect is extensive. It is hum-
ble, not very lucrative, and quite distinct from
the contribution of the architect, both in terms of
time frames and map scales. The landscape architect must understand and master the subtle bond
that exists between the various epochs of time
within a given location. This immediately brings
to mind the concept of continuous temporality
expressed by Marc Augé in his writings on places
and non-places.

The demand for landscape architecture is still
lacking in most countries simply because there is
no clear understanding of the subject. The field
is all too often reduced and confined to the idea
of gardening. In France we are presently coming
to think that it is probably just as important to
train decision-makers as it is to train designers.
The relative lack of landscape projects on the
French market is the direct result of a sectarian
technical vision of the world which tends to re-
strain a broader range of answers. This is precisely where a strong school of landscape architecture could play a decisive role in the promo-
tion of the culture of landscape design in any
given country.

wicklung konfrontiert werden? Die Arbeit des Landschaftsarchitekten ist
extensiv. Sie ist bescheiden, nicht lukrativ und vom Beitrag des Architekten, sowohl was den Zeitrahmen als auch die Maßstäbe betrifft, deutlich
verschieden. Der Landschaftsarchitekt muß in jedem Standort die subtilen,
zwischen den verschiedenen Epochen der Zeit bestehenden Zusammenhänge erkennen und damit meisterhaft umzugehen wissen. Dieses Profil erinnert an den von Marc Augé in seinen Schriften über Orte und Nicht-Orte
geprägten Begriff der »kontinuierlichen Zeitlichkeit«.

Die Nachfrage nach Landschaftsarchitektur ist in den meisten Ländern
immer noch mangelhaft, weil einfach kein klares Verständnis über dieses
Fachgebiet vorhanden ist. Sie wird allzu oft auf die Vorstellung von Gar-
tenarbeit reduziert und beschränkt. In Frankreich glauben wir gegenwärtig,
daß es wahrscheinlich genauso wichtig ist, Entscheidungsträger auszubil-
den, wie Gestalter zu schulen. Der relative Mangel an Landschaftsprojek-
ten auf dem französischen Markt ist ein unmittelbares Ergebnis einer sek-
tiererischen, technischen Vision der Welt, die tendenziell ein breiteres
Spektrum an Lösungen verhindert. Das ist genau der Punkt, an dem eine
starke Schule für Landschaftsarchitektur eine entscheidende Rolle bei der
Förderung der Kultur der Landschaftsgestaltung spielen kann.

Die periphere Landschaft wie
hier bei Nizza ist ein Konglomerat unterschiedlicher Objekte. Wie kann das hehre Prinzip
des »temenos« auf urbane
Projekte übertragen werden?
Eine starke Schule für Landschaftsarchitektur könnte eine
entscheidende Rolle bei der
Kultur der Landschaftsgestaltung spielen.

The landscape of the periphery, such as in Nice, is a conglomeration of different buildings. How can the noble principle of "temenos" be applied
to urban projects? A strong
school of landscape architecture could play a decisive role
in the cultivation of landscape
design.

Landschaft als Kunst erfahren

Experiencing landscape as art

Michael Jakob

Eine der eigentümlichsten Paradoxien ästhetischer Erfahrung der Gegenwart ergibt sich aus der Tatsache, daß in einem Augenblick, in dem der Genuß von Artefakten dem heutigen Publikum zur »zweiten Natur« geworden ist und die schönen Werke nicht mehr beunruhigen, gerade Landschaft als Kunst erfahren wird. Mit dieser Entwicklung – dem wachsenden Interesse für Landschaft als Kunst – wird allerdings nur der vorläufige Endpunkt eines Phänomens mit bedeutender Vorgeschichte sichtbar.

Eine erste Möglichkeit, dieses Phänomen näher zu bestimmen, kann, auf eine (freilich erneut paradoxe) Formel gebracht, folgendermaßen ausgedrückt werden: Landschaft war, bevor sie Natur wurde, immer schon Kunst. Die verschiedenen Etymologien der Landschaft zeigen dies deutlich: Der niederländische Ausdruck *landschap,* das deutsche Wort *Landschaft* oder das französische *paysage,* die sich, gegen Ende des 16. Jahrhunderts, vor allem aufgrund des europäischen Erfolgs der flämischen Tafelmalerei durchsetzten, erinnern einen Akt faktischer, sinnlicher (aisthetischer, an die Sicht gebundener) Landnahme: die Transformation der Natur in ein Territorium, die Geburt der Landschaft als Kulturlandschaft. Die lateinische Verbform *pango,* von der sich, über *pagus* und *pagensis,* das französische *pays* ableitet, bedeutet so viel wie festmachen, fixieren, ein Terrain abstecken. Das auf diese Weise gerahmte Stück Land ist ein künstliches Stück Natur, das als kultiviertes, bebautes, befestigtes Territorium zum Ort der Zeichensetzung wird, zur natürlichen Grundlage, auf der, wie auf einem Kunstbild, Zeichen gesetzt werden. Die unheimlichen Visionen des Florentiner Malers Piero di Cosimo reflektieren diesen Ur-Verlust der Natur im Augenblick ihrer kulturellen Aneignung vielleicht am eindringlichsten, indem sie gleichzeitig das Gewaltsame eines solchen Aktes hervorheben. Immer schon, scheinen seine Bilder zu suggerieren, schreibt sich der mächtige Blick des seinen Landstrich besetzenden Menschen der Natur ein,

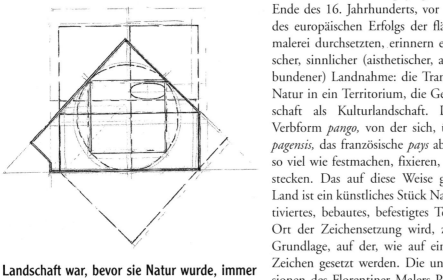

Landschaft war, bevor sie Natur wurde, immer schon Kunst. Im Kunstwerk trat Landschaft erstmals in Erscheinung.

Before landscape became nature, it had always been art. It was in works of art that landscape first made its appearance.

One of the strangest paradoxes of aesthetic experience today springs from the fact that, once it became "second nature" for the public to enjoy works of art and once beautiful art was no longer found disquieting, it was landscape that came to be experienced as art. The surprising rise of an interest in landscape as art, however, represents only a provisional final point of a phenomenon with a remarkable prehistory.

For a more precise definition, this phenomenon can first be reduced to the following, again paradoxical, formula: landscape had, before it became nature, always been art. Various etymologies of the word landscape clearly demonstrate this. The Netherlandish term 'landschap', the German word 'Landschaft', or the French 'paysage', evolving towards the end of the 16th century, especially after the triumph of Flemish painting in Europe, bring to mind the act of an aesthetic appropriation (through sight especially) of land, the transformation of nature into territory, and the birth of landscape as cultural landscape. The Latin verb 'pango' – from which, via 'pagus' and 'pagensis', the French word 'pays' was derived – means to attach, fix, or stake out a terrain. A piece of land put into this framework is an artificial piece of nature. As a cultivated, developed, organized territory, it becomes a place for making signs, and the natural foundation upon which, as on a work of art, signs are made. The eerie visions of Piero di Cosimo, the nonconformist Florentine painter and eccentric, are probably the most impressive images of the original loss of nature at the moment when it was appropriated by culture, because they also emphasize the violence of such an act. His paintings seem to suggest that the powerful gaze of a hu-

Eine Kunst-Landschaft mitten in Paris: Zu Jean Nouvels Architektur-Skulptur leistet sich die Fondation Cartier ein Garten-Kunstwerk von Lothar Baumgarten. Das »Theatrum Botanicum« entstand aus den geometrischen Grundformen des Grundstücks. Die alte Mauer gibt ein Dreieck vor, in das sich ein Kreis fügt – das Theater. Als Zentrum im Abseits: ein elliptischer Ausschnitt.

An art landscape in the middle of Paris. Along with Jean Nouvel's architecture-sculpture, the Fondation Cartier indulges in a work of garden art by Lothar Baumgarten. The 'Theatrum Botanicum' refers to the basic geometrical shapes in the lot. The old wall provides a triangle enclosing a circle – the theatre. A focal point apart: an elliptical cutout on the upper level.

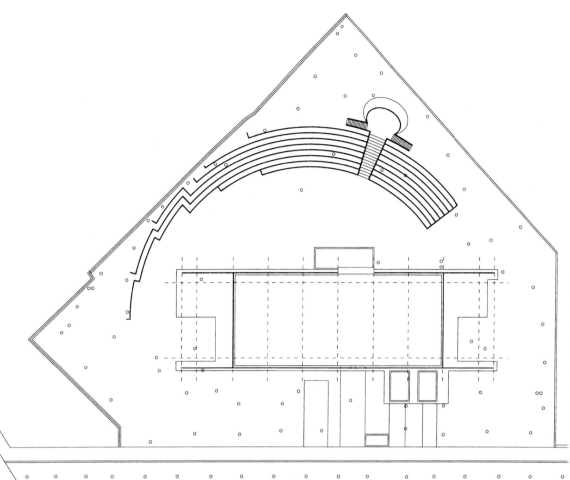

man being taking possession of his tract of land has always made its mark upon nature, and that a succession of such marks has always been inscribed upon landscape. Secondly, landscape as art means that, historically speaking, it is only in art that it appears as landscape in the first place. The framed landscape we encounter as a bucolic 'locus amoenus' or in the miniatures of medieval books of hours, gradually opening up to become a picture of nature, is a product of art. The artificial, restricted nature of archaic land is here experienced and glorified as something different, something on display to us. Art thus arbitrarily invents an alternative world in literature and painting, which nevertheless remains internal and unique to art. To the author of the great French 'Encyclopédie' the 'uncultivated and uninhabited sites' continue to be 'confused and uneven products of uncultivated land', and nature itself, what we call natural landscape today, seems hardly worth mentioning. Accordingly, if landscape exists at all, it is as art or an artistic image.

Only landscape in a work of art reveals landscape as a work of art. When theological interpretations of the Creation conceive of nature as God's most beautiful work of art, or when landscape is understood to be determined by the subject outside it, then whatever is on view is always the product of art and the result of cultural projections. Petrarch, the humanist and poet who in a significant way contributed to the discovery of landscape, experienced this strange reflective situation himself. When he moved from Avignon to the countryside, he found the Vaucluse area ideal for writing, especially since writing had taken the form for him of a celebration of the beauties of nature (harking back to Vergil's bucolic example

immer schon ist Landschaft der Boden sukzessiver Inskriptionen. Landschaft als Kunst bedeutet zweitens, daß sie, historisch gesehen, überhaupt erst im Kunstwerk als Landschaft in Erscheinung tritt. Die gerahmte Landschaft, die wir als bukolischen locus amoenus oder als Fenster kennenlernen, das sich in den Miniaturen der spätmittelalterlichen Stundenbücher allmählich nach außen hin öffnet und zum Naturbild wird, ist ein Kunstprodukt. Die künstliche, begrenzte Natur des archaischen Territoriums wird dadurch als ein Anderes, als ein Sich-vor-uns-Zeigendes erfahren und verklärt. Die Kunst – Literatur und Malerei – erfindet demnach eigenmächtig eine Gegenwelt, die gleichwohl eine der Kunst eigene, interne bleibt. Noch dem Verfasser des Artikels Paysage in der großen französischen Encyclopédie sind die »sites incultes & inhabités«, die »productions confuses & irrégulières d'une terre inculte«, ist die Natur an sich, das, was wir heute als Naturlandschaft bezeichnen, kaum der Erkundung und der Rede wert. Wenn überhaupt, dann begegnet einem Landschaft demnach als Kunst oder als Kunstbild.

Erst die Landschaft im Kunstwerk gibt folglich den Blick frei auf die Landschaft als Kunstwerk. Wenn die Natur schöpfungstheologisch als das schönste Kunstwerk Gottes interpretiert oder Landschaft verstanden wird als etwas, das vom Subjekt, draußen, konstituiert wird, ist das Sich-dem-Blick-Zeigende immer ein Kunstprodukt, das Ergebnis kultureller Projektionen. Francesco Petrarca, der an der Entdeckung der Landschaft maßgeblich

Lothar Baumgarten setzt Gebäude und Garten der Fondation Cartier in dasselbe geometrische System. Doch damit hört die Einheit auf. Kreis und Ellipse konkurrieren mit dem Rechteck. Nouvels Bau steht auf der Bühne von Baumgartens Theater, scheinbar als Hauptdarsteller, aber in der Glasfassade spiegelt und verdoppelt sich der Garten, das Gebäude hingegen verschwindet.

Lothar Baumgarten joins both the Fondation Cartier's building and garden into the same geometrical system. But unity ends there. The circle and the ellipse compete with the rectangle. Nouvel's structure is on stage in Baumgarten's theatre, apparently as the star. But the glass facade reflects and duplicates the garden while the building disappears.

above all). Nature is thus a detour to higher art which, in turn, discovers a higher kind of nature. The vegetable garden the poet plants on his island of 'happy solitude' is documented and described the way the local countryside is; it is constantly being transformed into a text and a work of art. The growing European fame of the poet laureate leads meanwhile to a further paradoxical consequence: already during his lifetime intellectuals visit the area where he lives; they admire Petrarch's landscape, walk in his tracks, transform this piece of nature into the site of a cult, and transform landscape into art. Paradoxically, perversly even, this form of tourism reduces the visitors' curiosity to a repetition (imitation, appropriation) of the gaze that the great Petrarch, himself the vanishing point in this view, had cast upon this landscape. Something comparable takes place later with Rousseau, to a much greater degree even: his admirers identify certain places in Switzerland as the epitome of natural beauty on the basis of the writer's description in 'La Nouvelle Héloïse'.

Time and again, landscape as art appears not only like a paradox but also as contradictory and inauthentic. The place where this contradiction dissolves culturally and actualizes itself in a productive sense is, oddly enough, the garden. Long before it was systematically planted in nature, or structured and celebrated as a work of art, it appeared in art, e.g. in Homer (Antinous's garden) or in the 'Roman de la Rose' (verses 1323 ff.). As an attempt to create artificially a piece of nature, the garden represents a contradiction from the start. It is an interior space and at the same time an exterior one surrounding the viewer. In its horizontal extension it is an enclosed space, yet

geblich beteiligte Laura-Dichter und Humanist, hat dieses eigentümliche Reflexionsverhältnis am eigenen Leibe erfahren können. Von der Stadt Avignon aufs Land gezogen, wird ihm die Umgebung des Vaucluse zum idealen Ort des Schreibens, eines Schreibens wohlgemerkt, in dem er (vor allem auf das bukolische Muster Vergils zurückgreifend) die Naturschönheit feiert. Die Natur ist folglich ein Umweg zur höheren Kunst, die ihrerseits, intern, eine höhere Natur entdeckt. Der Gemüsegarten, den der Dichter in seiner Insel »fröhlicher Einsamkeit« anlegt, wird, ebenso wie die Natur um ihn herum, notiert, beschrieben. Natur verwandelt sich beständig in einen Text, in ein Kunstwerk, wird Landschaft.

Landschaft als Kunst erscheint als paradox, widersprüchlich. Der Ort, an dem dieser Widerspruch kulturhistorisch aufbricht und – in produktiver Weise – wirklich wird, ist überraschenderweise der Garten. Lange bevor er in der Natur systematisch angelegt und als Kunstwerk gebaut und zelebriert wird, erscheint er bereits bei Homer (Garten des Antinoos) oder im Roman de la Rose (vv. 1323 ff.), im Kunstwerk. Dem Versuch gehorchend, künstlich ein Stück Natur zu produzieren, stellt der Garten von Anfang an einen Widerspruch dar. Er ist gleichzeitig ein Innenraum und ein den Betrachter Umgebendes, Äußeres; seiner horizontalen Ausdehnung nach räumlich geschlossen, gibt er trotzdem den Blick frei auf den offenen Himmel und kennt intern ein unendliches, freies Wachstum. Der Garten und die Landschaft stehen in einem dialektischen Verhältnis. Blickt man auf die Geschichte der europäischen Gartenbaukunst, so zeigt sich, wie der an sich begrenzte Garten, immer weitere Kreise erfassend, auf die Landschaft zuhält. Konzentriert der locus amoenus in idyllischer Verklärung die Natur und enthält der hortus conclusus die Welt in symbolisch-metonymischer Repräsentation, so wird der Garten von der Renaissance an zum Landschaftsgarten, visiert er das Unbegrenzte.

Diese Tendenz, die noch in der gegenwärtigen Gartenbaukunst als Problem sichtbar wird und bereits die Aporien der sogenannten Land art antizipiert, ist von der Mitte des 18. Jahrhunderts an der Gegenstand einer wichtigen Diskussion. Als deren Ort sind nicht nur die unzähligen Handbücher des Gartenbaus auszumachen, sondern die Malerei und die Literatur. Daß die englischen Aristokraten, Lorrain »im Kopf« bei sich tragend, Italien entdecken, daß sie, mit »Claude-Gläsern« ausgerüstet, die Natur erfahren und nach England zurückkehren, um Gärten anzulegen, die wiederum Lorrainsche Landschaften inszenieren, ist bekannt. (Ian Hamilton

Finlays Werk ist nur der späte, nostalgisch-museale – im Sinne eines Naturmuseums – Ausläufer dieses Reflexionsverhältnisses.) Die englischen Parklandschaften sind so gesehen nicht nur ihrer Anlage nach Kunstprodukte, sondern ihrer Semantik nach, imitieren sie doch eine Sicht der Natur, die von der Malerei vorgegeben wurde.

Weniger bekannt als die unmittelbar sichtbaren Zusammenhänge zwischen Landschaftsmalerei und Parklandschaft ist die literarische Reflexion, die der Landschaft als Kunst gilt. Die Schriftsteller, die sich ungefähr von der Mitte des 18. bis zur Mitte des 19. Jahrhunderts mit dem Problem Garten und Landschaft beschäftigen, haben dabei Sachverhalte zum Ausdruck gebracht, die für die heutige Kunst von größter Relevanz sind. Gegenwärtige Versuche, Landschaft als Kunst zu gestalten, sind – was hier nur angedeutet werden kann – im Lichte dieser Tradition zu bedenken.

Literarisch-gelehrten Ursprungs ist bereits der Name »Theatrum Botanicum«, den Lothar Baumgarten seinem für den neuen Sitz der Fondation Cartier in Paris gebauten Garten gegeben hat. Als hortus conclusus grenzt sich der im Juni 1995 eingeweihte Garten von der umgebenden Stadt ab und eröffnet einen Gegenraum der Kunst und Natur. Geometrisch-rationalen Grundsätzen folgend (Baumgarten gestaltet den Raum ausgehend von Quadrat, Rechteck, Dreieck, Kreis und Ellipse) und einen kritischen Dialog mit dem von Jean Nouvel konstruierten Gebäude suchend, soll der Garten gleichwohl als lebendige Skulptur wirken. In diesem Garten leitet den Besucher, ungeachtet des geometrischen Plans, keine zentrale Perspektive und keine Ordnung. Der Schritt des durch den Garten Gehenden, des »promeneur«, um Rousseau zu zitieren, ist hier gleichsam räumlich Realität geworden, indem sich überall andere, neue Blicke eröffnen. Fünfunddreißig verschiedene Baumsorten markieren den Willen, die Mannigfaltigkeit der Natur anzudeuten, während mehrere wilde Pflanzensorten an die Naturgeschichte Frankreichs erinnern sollen. Sich in der imposanten Glaswand des stets präsenten Gebäudes von Jean Nouvel reflektierend, verdoppelt sich Baumgartens »Theatrum Botanicum« und weist derart auf die zentrale Kategorie der Repräsentation hin, die auch noch diesem an sich freien und wilden Stück Natur inmitten der Stadt zukommt.

Baumgartens Versuch, Gartenlandschaft als Kultur zu verstehen, ist selbstverständlich in einem umfassenderen Rahmen zu situieren. Zu verweisen wäre in diesem Zusammenhang zunächst auf die Vertreter der Environmental art wie Patricia Johanson, Helen Mayer Harrison, Newton Har-

it presents to the viewer the expanse of an open sky providing in the enclosure infinite and free growth. The garden and the landscape have a dialectic relationship to each other. Looking at the history of European garden art demonstrates how the garden, gradually expanding, approaches the landscape. While the 'locus amoenus' concentrates nature in an idyllic transfiguration, and the 'hortus conclusus' contains the world in a symbolically metonymic representation, the Renaissance garden becomes the site of landscape-gardening setting its sights on infinity.

This tendency, which still poses problems in contemporary landscape gardening and anticipates the apories of the "land art", is the topic of a major discussion from the mid-18th century on. It takes place in countless gardening handbooks as well as in painting and literature. It is well known that English aristocrats discovered Italy "carrying" Lorrain in their heads and that they experienced nature equipped with Claude glasses and returned to England to lay out gardens which in turn staged Lorrain landscapes. (Ian Hamilton Finlay's work is only a late, nostalgic, museum-like – in the sense of a nature museum – instance of this series of mirroring effects.) Thus, the English parks, produced artistically through landscaping turn out to imitate, semantically, a view of nature established by painting.

Not as plainly visible as the connections between landscape painting and park landscapes, a similarly reflective process occurs in literary representations or discussions. The authors who dealt with the problem of gardens and landscape from about the mid-18th to the mid-19th century expressed thoughts highly relevant to art today. Suffice it to mention that contemporary efforts

Was Jean Nouvel aus der Erde hebt, das gräbt Lothar Baumgarten ein. Das Gebäude ragt als Skulptur aus Stahl und Glas in den Himmel, die Ellipse versenkt sich als Negativ-Skulptur aus Stein in die Erde. Die Ratio der industriellen Fertigung bestimmt den Bau, die des Handwerks den Garten. Jeder Sandstein der Ellipse ist Maßarbeit, dem Segment einer griechischen Säule gleich.

What Jean Nouvel raises from the ground, Lothar Baumgarten buries. The building rises like a steel and glass sculpture towards the sky; the ellipse is sunk like a negative stone sculpture into the ground. The logic of industrial production determines the structure, that of craftsmanship the garden. Each sandstone in the ellipse is made to measure, just like a segment of a Greek column.

rison, Alan Sonfist oder Mel Chin. Ihnen allen gemeinsam ist der Versuch, Kunst nicht in der Landschaft auszustellen, und auch nicht Kunst, wie es die Land art weitgehend getan hat, der Landschaft gewaltsam einzuzeichnen (am bekanntesten vielleicht in Smithsons monumentalem »Spiral Jetty«), sondern Natur selbst in ihrer landschaftlichen Erscheinung als Kunst zu begreifen. Daß bei den Aktionen von Harriet Feigenbaum (»Erosion and Sedimentation Plan for Red Ash and Coal Silt Area« – Willow Rings 1985), Patricia Johanson (»Endangered Garden«, 1988) oder Mel Chin (»Revival Field«, 1990) immer wieder die bedrohte, verseuchte Natur den Ausgangspunkt abgibt, ist dabei aufschlußreich. Stets versuchen diese Künstler der Art as Land Reclamation einen verlorenen Ur-Zustand der Natur zu rekonstruieren, die der Natur eigenen Kräfte wieder instandzusetzen. Ihr Vorgehen ist damit kulturarchäologischer und pädagogischer Natur und tendiert letztlich zum umfassenden sozialen Modell. In einer Welt, der der Zugang zur Natur nicht mehr natürlich ist, erscheint die Natur der Environmental artists – und das ist auch bei Lothar Baumgartens Theatrum Botanicum nicht anders – als beschränkter, exterritorialer Ort, als Reservat, in dem Landschaft wieder eigentlich erfahrbar wird.

Antizipiert haben die wesentlichen Aspekte dieser unsere Gegenwart prägenden Gestaltung der Landschaft als Kunst die Autoren des 18. und 19. Jahrhunderts. Jean-Jacques Rousseau entwirft in dem bereits erwähnten Brief-Roman »Julie ou la Nouvelle Héloïse« (1761) das Bild eines Idealgartens. Obgleich das Gut von Julie und M. de Wolmar, ihres Ehemannes, von pittoresken Wäldern und sanften Hängen umgeben ist, bauen die Eheleute ein geheimnisvolles irdisches Elysium, eine künstliche Welt («désert artificiel«). Der wunderbare Garten ist ein Ort des individuellen, privaten Genusses. Seine Faszination rührt vom scheinbar natürlichen Zustand her, der auf perfekte Art und Weise nur vorgespielt wird. Alles, was sich hier, wo schon einst ein anderer Garten stand, zeigt, ist Kunst, die zur Natur wurde, indem sie ihren Kunstcharakter verbirgt. Die vollkommene Synthese von Natur und Kunst, die in diesem Garten realisiert erscheint, wird der zeitgenössischen Mode der englischen und französischen Landschaftsparks entgegengehalten. Wesentlich ist dabei vor allem der Rückzug aus der öffentlichen Sphäre, das Verstecktbleiben des privilegierten Bereiches Natur. Flucht- und Zielpunkt dieses Ortes ist die Initiation, die Einladung zur Selbst-Schau, das Sich-inmitten-der-Natur-selbst-genug-Sein. Der Autor unterwirft in diesem Zusammenhang freilich nicht nur die Rezeptionsweise

to design landscape as art should be considered in the light of this tradition.

Literary scholarship is already the source of the title 'Theatrum Botanicum' Lothar Baumgarten gave the garden he built for the new premises of the Fondation Cartier in Paris. Inaugurated in June 1995, the garden is shut off from the surrounding city as a 'hortus conclusus', disclosing a contrasting space for art and nature. Baumgarten disposed the space on the basis of the square, rectangle, triangle, circle and ellipse. Following geometrically rational principles, and seeking a dialogue with the building by Jean Nouvel, the garden is meant to function as a living sculpture. Apart from the geometrical ground plan, no linear perspective or order guides the visitor in this garden. The step of the person walking through it, the 'promeneur' to quote Rousseau, causing different views to open up all over, has become spatial reality as it were. Thirty-five different kinds of trees are intended to suggest the diversity of nature, while several species of wild plants are meant to recall the natural history of France. Reflected in the impressive glass wall of the ever-present building by Jean Nouvel, Baumgarten's 'Theatrum Botanicum' is duplicated, thus referring to the central category of representation attached to this inherently free and wild piece of nature in the middle of the city.

Of course Baumgarten's attempt to see garden landscape as art needs to be placed in a larger context. In this connection one should first refer to representatives of environmental art such as Patricia Johanson, Helen Mayer Harrison, Newton Harrison, Alan Sonfist or Mel Chin. Unlike their forerunners who would inscribe art upon the landscape, these artists all show a similar re-

Die alte Mauer um das Cartier-Grundstück in Paris erinnert Lothar Baumgarten an das Gemälde eines oberrheinischen Meisters von 1420, das »Paradiesgärtlein« (oben: Ausschnitt). Wenn wir im Cartier-Garten die Pflanzen des Bildes wiederfinden, dann nicht nur der Farbe und Form willen. Hier trägt jede Pflanze Bedeutung, und der Garten wird zum Symbol.

The old wall around the Cartier property in Paris reminds Lothar Baumgarten of the painting by an Upper Rhenish master of 1420, "The Garden of Paradise" (above: detail). If we can find the plants in the picture again in the Cartier garden, this is not only because of their colour and shape. Every plant carries meaning here, and the garden becomes a symbol.

luctance to force nature the way land art usually did (most familiar perhaps is Smithson's 'Spiral Jetty'). They want to apprehend nature itself as art the way it appears in the landscape. It is revealing that endangered, polluted nature keeps providing the starting-point for actions by Harriet Feigenbaum ('Erosion and Sedimentation Plan for Red Ash and Coal Silt Area', Willow Rings, 1985), Patricia Johanson ('Endangered Garden', 1988–) or Mel Chan ('Revival Field', 1990–). These artists creating art as land reclamation are always trying to reconstruct the lost original state of nature, to restore the nature's own powers. Their procedure is archaeological and pedagogical, tending in the final analysis towards a comprehensive social model. In a world in which the approach to nature is no longer natural, the nature of the environmental artists appears as a limited, extraterritorial place, a reservation in which landscape can actually be experienced once again. This is no different in Lothar Baumgarten's 'Theatrum Botanicum'.

Eighteenth and 19th-century authors anticipated essential aspects of present-day design of landscape as art. Jean-Jacques Rousseau designed the image of an ideal garden in the epistolary novel mentioned above, 'Julie ou la Nouvelle Heloïse' (1761). Although the estate of Julie and her husband M. de Wolmar is surrounded by picturesque woods and gentle slopes, the couple builds a mysterious little terrestrial 'Elysium', an artificial wilderness ('désert artificiel'). The wonderful garden shown to privileged visitors is a place for individual, private pleasure. Its fascination stems from its apparent natural state, the fact that it is a perfect representation. Everything in it, where there had once been another garden, is

des zeitgenössischen Landschaftsgartens der Kritik, sondern demaskiert auch die Widersprüchlichkeit seines eigenen Gegenmodells. Landschaft als Kunst zu erfahren gehorcht bei den einen dem Sich-in-der-Welt und In-der-Ferne-Verlieren und führt bei Julie und den Besuchern ihres »Elysiums« zum solipsistischen Versenken ins Innere, wodurch der Garten letztlich in ein Interieur, in eine Natur und Kultur vereinigende Höhle der Intimität verwandelt wird.

Hier wird Goethe in seinem Roman »Die Wahlverwandtschaften« ansetzen, in dem der Entwurf einer Landschaft für die Entwicklung der Bezüge zwischen den Figuren zentrale Bedeutung gewinnt. Die beschränkte Sphäre des Gartens aus der »Nouvelle Héloïse« wird bei Goethe zum Lebensraum erweitert: Vier Figuren leben auf einem Gut, fern vom Hofleben und der Zivilisation; sie beschäftigen sich mit der landwirtschaftlichen Nutzung des Bodens – es gibt unter anderem eine Baumschule, Blumengärten, Gewächshäuser – und entwerfen einen Landschaftspark, dessen Gestalt sie mehr und mehr in den Bann ziehen wird. Auch hier wird ein Naturzustand künstlich suggeriert, wenn der Landschaftsanlage zunächst eine Mooshütte als Mittelpunkt dient. Von ihr her läßt sich, wie in einem Rahmen, die ganze Landschaft überblicken. Je komplizierter und intimer die Beziehungen zwischen den Protagonisten werden, desto mehr greifen diese planend in die Natur ein. Man begnügt sich nicht nur mit dem Erbauen eines Lusthauses, das die Mooshütte ersetzt und den Blick auf eine reine Naturszenerie freigibt, sondern baut neue Wege und versucht, dem angeblichen Urzustand des Geländes folgend, drei Teiche zu einem See zu vereinigen. Das Parkleben der vier Hauptgestalten der »Wahlverwandtschaften« führt zuletzt in die Krise. Trauer und Tod erfassen die Idylle und zerstören sie von innen her. Das soziale Refugium der happy few wird damit von Goethe als Schein, als nostalgische Illusion aufgedeckt; die vorgetäuschte Restitution des Goldenen Zeitalters verstellt die Zukunft und besiegelt den Untergang. Das Leben in der Landschaft zum Kunstwerk erhoben zu haben, wird als wirklichkeitsfremde Lebenslüge demaskiert.

Die das Phänomen Landschaft als Kunst betreffende literarische Reflexion läßt sich auch nach Goethe weiterverfolgen. Edgar Allan Poe macht in seiner Erzählung »The Domain of Arnheim« den Bau des Landschaftsparks zum Thema und stellt den »landscape-gardener as a poet« vor. Nun ist die Landschaft nicht mehr, wie beim Autor der Wahlverwandtschaften, der erhabene Träger und der Spiegel der Erfahrungen, sondern das höchste erdenkliche Kunstwerk überhaupt. Die Beschreibung des einmaligen Geländes gerät indes in Poes Text mehr und mehr zu einer Reise in die Labyrinthe der Einbildungskraft; je mehr die Vision einer totalen Landschaft gelingt, desto mehr erscheint sie als Produkt der Imagination, als Traum. Landschaft als Kunst hat schließlich auch in Flauberts »Bouvard et Pécuchet« zentrale Bedeutung. In diesem Roman wird die Unmöglichkeit beschrieben, einen Stil zu finden, um den angemessenen Garten zu kreieren. Alles ist vorgegeben, alles ist Kopie. Als komisches Resultat seiner Parodie des Landschaftsparks präsentiert der Roman ein eklektisches Monstrum: ein einzelner Felsen, ein überdimensionierter Grabstein, eine Brücke im Stil von Venedig, eine leicht versengte Hütte, eine chinesische Pagode.

Der Weg, der von Rousseau zu Flaubert führt, betrifft verschiedene Aspekte der Landschaft als Kunst. Vom Ideal zur Tragödie, vom Traum zur Parodie weisend, reflektieren die erwähnten Werke zentrale Eigenschaften der Landschaftsgestaltung und -erfahrung: Rousseau stellt an uns heute die Frage nach dem Zugang zur Landschaft, nach dem Preis, der zu bezahlen ist, um Landschaft als Kunst zu erleben. Wem zeigen sich solche Landschaften? Soll die Natur in ihren ursprünglichen Zustand zurückgeführt werden? Doch was heißt überhaupt »ursprünglicher Zustand«? Goethe, der selbst als Landschaftsplaner an der Gestaltung des Ilmparks mitgearbeitet hat, bringt in seinem Roman die Synthese von Natur und Kultur zum Scheitern. Die ökonomischen, sozialen Kosten sind bei der Gestaltung der Landschaft als Kunst zu bedenken, soll ein solches Projekt nicht von Anfang an als Alibi erscheinen, als ästhetische und existentielle Sackgasse. Poes phantastische Vision kündet von der Mächtigkeit der künstlerischen Einbildungskraft; ihre an Hybris grenzende, dinokratische Phantastik wirkt nach wie vor als Herausforderung. Flauberts parodistische Infragestellung der Landschaft als Kunst, die auf die Eklektik des Historismus reagiert, demaskiert schließlich eine Kultur, die bereits mit gutem Recht als postmodern bezeichnet werden kann. Rousseaus, Goethes, Poes und Flauberts Werke (und andere Texte, die in diesen Umkreis gehören) zeugen von der Brisanz, von den Problemen und Aporien der als Kunst aufgefaßten Landschaft. Sie nehmen Bezug zu den theoretischen Debatten ihrer Zeit, greifen auf vielfache Weise den Diskurs ihrer Epoche auf und enthalten in nuce sämtlich eine Theorie der Landschaft als Kunst. Zu ihnen muß die heutige Reflexion, will sie ihrem Anspruch genügen, Landschaft in all ihren Aspekten zu begreifen, notwendigerweise zurückkehren.

art that became nature by concealing its artistic character. Complete synthesis of nature and art apparently achieved in this garden is to be compared to the contemporary fashion of English and French landscape parks. Essential above all is the retreat from the public sphere, the concealment of a privileged part of nature. The vanishing point and purpose of this place is initiation, invitation to self-contemplation, and feeling complete in oneself amid nature. In this the author not only criticizes the reception of contemporary landscape gardens (their expansiveness merely corresponds to the period's tendency towards instability, novelty, surprises) but also he exposes the contradictions present in his own contrasting model. Experiencing landscape as art is for some people to abandon themselves to the world and to far-off sights, but makes Julie and her visitors in 'Elysium' become solipsistically engrossed in their inner selves, so that, in the end, the garden has become an interior, a cave of intimacy blending nature with culture.

In 'Wahlverwandtschaften' Goethe picks up this thread, making landscape design gain central importance for the development of the relationships between the characters. The restricted sphere of the garden in 'Nouvelle Heloïse' is here expanded to form living space: four characters live on an estate far from court life and civilization. They are occupied with the cultivation of the land – tree nurseries, flower gardens, greenhouses – and the design of a landscape park which becomes increasingly absorbing. Here too, a natural state is suggested artificially when a moss hut serves initially as the focal point of the landscaping. The whole landscape can be surveyed from it, as if seen through a frame. The

Das Auge des Cartier-Gartens: eine steinerne Ellipse, ausgeschnitten aus der lebendigen Vegetation. Wer hinabsteigt, kann in den Maßen der Mauer mathematische Logik ablesen, und darin den Wunsch nach Klarheit. Kristallklar ist das Wasser, das aus dem Stein in das Becken strömt und es anfüllt bis auf die Höhe der Bänke. Blätter, Äste und Steine fallen in dieses Heiligtum der Natur. Werbeplakate, Autoabgase und eilige Passanten müssen draußen bleiben.

The eye of the Cartier garden: a stone ellipse cut out of the live vegetation. Anyone descending into it can deduce mathematical logic and the desire for clarity from the proportions of the wall. The water pouring from the stone into the pool is crystal clear, filling it to the level of the benches. Leaves, twigs and stones drop into this nature sanctuary. Billboards, exhaust fumes and hurried passers-by must remain outside.

more complicated and intimate the relationships between the protagonists become, the more they plan interventions in nature. It does not suffice to build a pleasure-house to replace the moss hut and expose a view of purely natural scenery, but new paths are laid out and three ponds combined into a single lake, according to the apparent original state of the terrain. The park life of the four main characters in 'Wahlverwandtschaften' finally leads to disaster. Death and mourning overcome the idyll. The social refuge of the happy few is thus exposed by Goethe as a sham, a nostalgic illusion; the simulated restitution of the Golden Age obstructs the future and seals the fall. The elevation of a life in the landscape to a work of art is exposed as an unrealistic, living lie.

Literary reflexion on the phenomenon of landscape as art can continue to be traced after Goethe as well. Edgar Allan Poe makes the construction of a landscape park the theme of his story 'The Domain of Arnheim' and introduces the landscape gardener as poet. Here the landscape is not merely the elevated carrier and mirror of experience it was for the author of 'Wahlverwandtschaften', but the highest imaginable work of art there is. In Poe's text the description of these unique grounds increasingly becomes a voyage into the labyrinths of the imagination; the more successful the vision of a total landscape the more it seems a product of the imagination, a dream. Landscape as art is also of central importance in Flaubert's 'Bouvard et Pécuchet'. This novel describes the impossibility of finding a style in which to create an appropriate garden. Everything is determined, everything has already been invented, everything is imitation. The comic result of this parody of a landscape park is an eclectic monstrosity, including a single rock, an oversized tombstone, a bridge in the Venetian style, a slightly charred hut, and a Chinese pagoda.

The trajectory leading from Rousseau to Flaubert deals with various aspects of landscape as art. Pointing out the progression from ideal to tragedy and from dream to parody, the works mentioned above reflect central aspects of landscape design and experience. Rousseau raises the question of the approach to landscape and of the price to be paid for experiencing landscape as art. To whom do these landscapes show themselves? Is nature to be made to revert to its original state? Yet what is its 'original state' in the first place? Goethe, who himself contributed as a landscape planner to the design of the Ilm park, makes the synthesis of nature and culture fail in his novel. When landscape is designed as art the economic and social costs should be kept in mind if the project is not to become an alibi, an aesthetic and existential dead end, from the start. Poe's fantastic vision bears witness to the power of the artistic imagination; its 'dinocratic' fantasy bordering on hubris continues to serve as a challenge. In the end, Flaubert's parody questioning landscape as art, in reaction to the eclecticism of historicism, exposes a culture which can already be justifiably labelled postmodern. Rousseau's, Goethe's Poe's and Flaubert's texts (as well as others in this category) testify to the explosive nature of the problems and paradoxes of art conceived as landscape. They refer to the theoretical debates of the day, take up contemporary discussion in various ways, and essentially they all encompass a theory of landscape as art. Today's reflexion must necessarily turn back to them if it wishes to satisfy its claim to encompass all aspects of landscape.

Eigenständige Gartenkunst

Individual garden art

Sven-Ingvar Andersson

In unserem Jahrhundert pendelte die Gartengestaltung ständig zwischen Kunst und Ökologie hin und her. Gleichzeitig wurden futuristische Visionen immer wieder von Historismus und archaischen Zielvorstellungen abgelöst. In einigen glücklichen Momenten aber waren Kunst und Ökologie im Gleichgewicht und die Gegenwart fand ihren Ausdruck, ohne Vorbehalt oder Ironie.

Was läßt die nähere Zukunft erwarten? Ehe wir uns auf dieses weite Feld begeben, möchte ich versuchen, den Begriff Gartengestaltung zu definieren. Ob man Landschaftsarchitektur als neuen Beruf ansieht oder bei Adam und Eva beginnen läßt, ist Ansichtssache. Ihre Verbreitung und die große Anzahl derer, die diesen Beruf ausüben, ist jedoch sicherlich ein Phänomen unseres Jahrhunderts.

Landschaftsarchitekten haben viele verschiedene Aufgaben, von der Erhaltung der Natur bis zur Gestaltung kleiner Privatgärten. Ich halte daher eine Aufgliederung in drei Berufsfelder für angebracht: Landschaftsplanung, Landschaftsarchitektur und Gartengestaltung.

Dabei ist für mich Landschaftsplanung gleichbedeutend mit Stadt- und Regionalplanung. Landschaftsarchitektur beschäftigt sich mit der Organisation von Räumen im Freien, meist im urbanen Kontext, und Gartengestaltung – in diesem Zusammenhang gleichbedeutend mit Gartenkunst – ist das, was Poesie und Belletristik für die Literatur sind.

Gartengestaltung heißt deshalb aber nicht notwendigerweise Arbeit im kleineren Maßstab. Der Kern der Definition ist, daß Gartengestaltung Kunst ist und geistige Erfahrung vermittelt, im Gegen-

Ein rein ökologischer Ansatz ist für die Gartengestaltung eher ein Hindernis, denn Gärten müssen mit allen Sinnen empfunden werden.

The purely ecological approach rather inhibits contemporary garden design, for gardens should be experienced with all the senses.

Throughout this century garden design has been oscillating between art and ecology. Periods of futuristic visions have alternated with periods of historicism and archaic aims. At the best of times there was a balance between art and ecology together with an expression echoing the present without reservation or irony.

What can be expected in the near future? Before entering this broad field, at least a tentative definition of garden design ist necessary. Whether landscape architecture is considered a new profession or as beginning with Adam is a question of attitude. However, the growth of the profession and the large number of professionals belong to this century. Landscape architects deal with a wide range of different matters, from the preservation of nature to the design of small private gardens. I find it useful to separate three different professional fields: landscape planning, landscape architecture, and garden design.

According to my vocabulary, landscape planning is equivalent to urban and regional planning. Landscape architecture deals with the organization of outdoor space, mostly in the urban context. Garden design, synonymous with garden art in this connection, is to planning what poetry and fiction are to literature. Garden design is not necessarily small scale. At the core of its definition is its aim to provide expression and spiritual experience, as opposed to landscape planning and landscape architecture, whose aim is primarily to solve practical problems.

Obviously the borders between these three fields are fluid. Many aspects could fit more than one field very well. This is especially the case with landscape architecture and garden design. The way garden design is defined is significant in this

Gartengestaltung bezieht sich auf Malerei und Architektur. So ließ sich der französische Gartenkünstler Gabriel Guevrekian für seinen »Jardin d'eau et de lumière« (1925) von abstrakten Gemälden seiner Zeit inspirieren (gegenüber). Der Däne C. Th. Sørensen verstand es, den Raum im Freien als Architektur zu organisieren. Oben: der Musikalische Garten für Horsens, Aquarell, 1954.

Garden design continually refers to painting and architecture. Thus the French garden artist Gabriel Guevrekian took his inspiration from contemporary abstract paintings for his "Jardin d'eau et de lumière" (1925). The Dane C. T. Sørensen organized free space as architecture. Above: the Musical Garden for Horsens, watercolour, 1954.

satz zu Landschaftsplanung und Landschaftsarchitektur, deren Aufgabe in erster Linie in der Lösung praktischer Probleme zu sehen ist. Die Grenzen zwischen diesen drei Feldern sind natürlich fließend. Für unser Thema halte ich es für ausreichend, sich der zwei anderen Berufsfelder lediglich bewußt zu sein.

Gartengestaltung und die schönen Künste. Oft wird einfach darauf verwiesen, daß Gartengestaltung mit Architektur und Kunst verwandt sei (erwarten Sie jetzt aber bitte keine Definition des Begriffs Kunst von mir). Zu Beginn unseres Jahrhunderts wurde das Verhältnis zwischen Gartengestaltung und Architektur mit viel Engagement diskutiert. Nicht so leidenschaftlich zwar wie im 18. Jahrhundert, aber Begriffspaare wie geometrisch oder frei, architektonisch oder natürlich zeigen, daß die Diskussion nie aufgehört hat. Robinson trat für eine Nachahmung der Natur ein, Edwin Lutyens und Gertrude Jekyll bewiesen, daß eine Verbindung von Architektur und Natur möglich ist, Le Corbusier träumte von Wohnmaschinen, die ein Leben in arkadischer (und archaischer) Landschaft ermöglichen sollten, und Carlo Scarpa gestaltete herausragende Gärten, indem er traditionelle Bauelemente zu poetischen Räumen im Freien verband.

respect. With a very narrow definition few examples of garden design remain. For the purposes of this article an awareness of the two major professional fields related to garden design will suffice.

Garden design and fine arts. One way to define garden design is to relate it to architecture and the other arts (and please do not ask me to define art). At the beginning of the 20th century the relationship between garden design and architecture was discussed enthusiastically. The discussion was nevertheless not as passionate as in the 18th century. Opposing terms such as formal or informal, geometric or free, and architectural or natural indicate that this discussion never stopped. Robinson valued the imitation of nature, Edwin Lutyens and Gertrude Jekyll showed that a combination of architecture and free growth is possible, Le Corbusier dreamt of tech-

Die fließenden Übergänge zwischen Architektur, Bildhauerei und Bühnenbild kennzeichnen viele Arbeiten nach den fünfziger Jahren. Den Anstoß gab die Installation, für die der Künstler – genau wie der Bühnenbildner – Elemente und Methoden aus der Bildhauerei und aus der Architektur verwendete. Deutlich wird der Zusammenhang zwischen diesen Gebieten in Jürgen Roses Bühnenbild (oben) für Shakespeares »Mittsommernachtstraum« (Münchner Kammerspiele, 1978), in Isamo Noguchis Freiraumgestaltung »California Scenario« (1983) und in Giacomettis Skulptur »Das Modell für einen Platz« aus dem Jahre 1931–32 (ganz rechts).

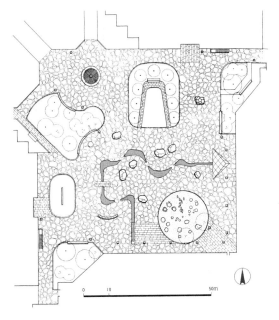

nological machines for living in an arcadian and archaic landscape, and Carlo Scarpa made a few outstanding gardens using traditional building elements for poetic outdoor spaces.

Unfortunately few landscape architects of that time understood the difference between geometric design and an architectural organization of space. The Swedes Gunnar Asplund in collaboration with Sigurd Lewerentz and the Dane C. Th. Sørensen are among the few who knew how to organize outdoor space architecturally and to design it by using earth and vegetation in both geometric and free form.

Painting and sculpture are often related to garden design. It is assumed that garden designers should create with pictorial or sculptural expression. References to these arts are intended to stress dependance on them.

Es ist allerdings traurig festzustellen, daß nur wenige Landschaftsarchitekten den Unterschied zwischen geometrischer Gestaltung und architektonischer Raumorganisation verstanden. Der Schwede Gunnar Asplund gehört, mit seinen Mitarbeitern Sigurd Lewerentz und dem Dänen C. Th. Sørensen, zu den wenigen, die wußten, wie Raum im Freien als Architektur zu organisieren ist, und wie man sowohl geometrische, als auch freie Formen zur Gestaltung von Raum mittels Erde und Vegetation einsetzt.

Auch Malerei und Bildhauerei werden oft im Zusammenhang mit Gartengestaltung genannt. Dabei wird davon ausgegangen, daß es die Pflicht des Gartengestalters sei, mit malerischen oder bildhauerischen Ausdrucksformen zu arbeiten, in erster Linie aber soll mit diesem Hinweis die Abhängigkeit von diesen beiden Kunstformen betont werden.

Es ist nicht weiter schwierig, Beziehungen zwischen Gartengestaltung und Malerei auch in unserer Zeit herzustellen. Der Maler Claude Monet schuf in Giverny einen impressionistischen Garten, Gertrude Jekyll und viele Landschaftsarchitekten nach ihr lernten den Umgang mit Farben von den Malern jener Epoche. Es ist offensichtlich, wenn auch nicht bewiesen, daß in den 20er Jahren französische Gartenkünstler wie Gabriel Guevre-

The fluid boundaries between architecture, sculpture, and stage design characterize many projects after the fifties. The impetus came from installations, for which artists, like stage designers, applied elements and methods from sculpture and architecture. The connections between these arts are apparent in Jürgen Rose's stage set (above) for Shakespeare's "A Midsummer Night's Dream" (Munich, Kammerspiele Theatre, 1978), Isamo Noguchi's open space design "California Scenario" (1983), and Giacometti's sculpture "The Model for a Square" of 1931–32 (far right).

kian von abstrakten Gemälden ihrer Zeit inspiriert wurden, und die Holländer Hans Warnau und Adriaan Geuze wurden, wie sie selbst sagen, stark von Mondrian beeinflußt. Es wird oft festgestellt und beklagt, daß Landschaftsgestaltung den Signalen der sogenannten reinen Kunst nicht schnell genug folge. Es ist jedoch eine offene Frage, ob dies überhaupt Ziel der Gartengestaltung sein soll.

Mit den Installationen ist das Bühnenbild auch in der Bildhauerei und Gartenkunst auf den Plan getreten. Für eine Installation verwendet der Künstler Elemente und Methoden sowohl der Bildhauerei als auch der Architektur, genau wie der Bühnenbildner. Der Landschaftsarchitekt Peter Walker hat Gärten geschaffen, die uns an Bühnenbilder, aber eben auch an Installationen erinnern, und der Künstler Richard Serra verbindet bildhauerische Elemente so mit einem Ort, daß das Gesamtergebnis ein Bühnenbild ist, in dem Menschen ihre ungeschriebenen Rollen spielen sollen. So sind für viele Arbeiten nach den 50er Jahren die fließenden Übergänge zwischen Architektur, Bildhauerei und Bühnenbild kennzeichnend. Wahrscheinlich sind ihre gemeinsamen Wurzeln in den japanischen Gärten zu finden, wo Bildhauerei, Architektur und Bühnenbild verbunden werden, ohne sich mit abgrenzenden Definitionen aufzuhalten.

It is not difficult to see the relationship between garden design and painting in the 20th century. The painter Claude Monet created an Impressionist garden at Giverny. Gertrude Jekyll and many other landscape architects following her learned to use colours from the painters of the period. Furthermore, despite the impossibility of proving it, French garden artists in the twenties, such as Gabriel Guevrekian, were obviously stimulated by contemporary abstract paintings, and the Dutch Hans Warnau and Adriaan Geuze admit their great debt to Mondrian.

Landscape design is said to follow the lead of so-called pure art regrettably slowly. However, it is an open question whether the aim of garden design should be to follow in the first place.

With the rise of installations, stage-design has entered the fields of sculpture and garden art. In making an installation an artist uses elements and methods from sculpture as well as from architecture in the way stage-design does. The landscape architect Peter Walker has made gardens reminiscent of stage-sets as well as installations. The art-

Der Einfluß der japanischen Gartenkunst auf westliche Gestaltungen ist offensichtlich. Oben der japanische Tofuku-ji Hojo-Garten von Mirei Shigemori, 1940, und gegenüber der Dickenson-Garten in Santa Fe von Martha Schwartz, 1993.

The influence of Japanese garden art on western designs is obvious. Above: the Japanese Tofuku-ji Hojo Garden by Mirei Shigemori, 1940; opposite: the Dickenson Garden in Santa Fe by Martha Schwartz, 1993.

ist Richard Serra adds sculptural elements to a site making the result a stage-set where people play their unwritten roles. Characteristic for many works after the fifties is the transition between architecture, sculpture, and set design. Their common root can probably be found in Japanese gardens. Here sculpture architecture and stage-design are combined without limiting definitions. Giacometti made a sculpture called "The Model for a Square" which recalls its Japanese inspiration. Isamo Noguchi, as great a garden artist as he is a sculptor and a stage-set designer for Martha Graham's ballets, created his works, in full awareness of the combination of concepts. The Swiss Ernst Cramer demonstrated very early on the possibilities of combining sculpture with garden design in his "Poetic Garden" in Zürich.

The limitations of the installation approach became evident as early as the late twenties, when French garden designers entered the scene with their artistic outbursts. As Dorothée Imbert notes, this artistry was far too sophisticated to be fertile. This did not prevent Martha Schwartz

Giacometti hat zum Beispiel eine Skulptur mit dem Titel »Das Modell für einen Platz« geschaffen, bei der die japanische Inspiration sehr deutlich ist. Isamo Noguchi, der große Gartenkünstler, Bildhauer und Bühnenbildner für Martha Grahams Choreographien, war sich bei seinen Werken des Zusammenhangs dieser Gebiete immer voll bewußt. Der Schweizer Ernst Cramer hat mit seinem »Poetischen Garten« in Zürich schon sehr früh die Möglichkeiten einer Verbindung von Bildhauerei und Gartengestaltung bewiesen.

Die Beschränkungen des Installationsansatzes wurden aber auch schon Ende der 20er Jahre offensichtlich, als französische Gartengestalter mit künstlerischen Ausbrüchen die Szene betraten. Wie Dorothée Imbert vermerkt, waren ihre Kreationen viel zu verkünstelt, um fruchtbar zu sein. Dies hielt jedoch Martha Schwartz und ihre unkritischen Anhänger nicht davon ab, sich auf ironische Kommentare statt auf ernsthaftes Arbeiten an tatsächlichen Problemen zu konzentrieren.

Die Inspiration durch die Japaner ist offensichtlich, aber die Lage im heutigen Japan ist weniger klar. Nach den meisterhaften Gärten, die Mirei Shigemori um 1940 geschaffen hat, scheint sich das Interesse der japanischen Landschaftsarchitekten in zwei gegensätzliche Richtungen aufgespalten zu haben – die mechanische Nachahmung historischer Gärten und die Übernahme westlicher Gestaltungstraditionen.

Neben Architektur, Malerei, Bildhauerei und Bühnenbild nennt Lawrence Halprin noch die Choreographie als Quelle der Inspiration für die Gartengestaltung. Die Kunst, Raum für Bewegung zu formen, und ein Verständnis der Präsenz des Körpers ist sicherlich wichtig, doch gibt es in diesem Zusammenhang bislang noch keine überzeugenden Beispiele.

Das Schlüsselwort für viele neuere Gartenprojekte ist Ökologie. Oft aber werden Gartengestaltung und Ökologie verwechselt. Dies schränkt die gestalterischen Möglichkeiten ein und behindert eher das freie Entwerfen. Ein seltenes Beispiel für eine künstlerisch-ökologische Gestaltung ist der 1988 entstandende Park in Lancy (Schweiz) des Schweizer Architekten Georges Descombes.

The key word for many recent garden projects is ecology. However, garden design and ecology are often confused. This limits creative potential and rather inhibits free design. A rare example of an artistic ecological scheme is the park created in 1988 in Lancy (Switzerland) by the Swiss architect Georges Descombes.

Gartengestaltung und Ökologie. Die praktische Umsetzung einer Gartenidee, wie künstlerisch sie auch sein mag, verlangt viel Material, und man kann davon ausgehen, daß es sich dabei um Pflanzen, Erde und andere in der Natur vorhandene Dinge handelt. Im Gegensatz zu anderen Formen der Kunst ist also kennzeichnend für Gartengestaltung, daß das Material selbst über eine eigene Qualität, einen eigenen Wert und eine eigene Anziehungskraft verfügt. Es besteht daher die Gefahr, daß ihm zu viel Aufmerksamkeit geschenkt wird. In diesem Jahrhundert leiden viele Gärten aber eher am nachlässigen Umgang mit dem Material und der Nichtbeachtung der räumlichen Struktur, des Ausdrucks und des symbolischen Ziels.

Das Schlüsselwort in diesem Zusammenhang ist Ökologie. Ein ökologisches Verständnis von Pflanzen und den Bedingungen ihres Wachstums ist natürlich für die meisten Gartenprojekte erforderlich, aber gegenwärtig werden Ökologie und Gartengestaltung oft verwechselt. Aber die Ökologie, so könnte man sagen, ist zu wichtig, um sie einfach mit Gartengestaltung gleichzusetzen. Es gibt dennoch zwei Gründe, warum sie hier erwähnt sei. Erstens wird Landschaftsplanung oft als hauptsächliche, wenn nicht einzige Aufgabe der Landschaftsarchitektur betrachtet. Deutsche Landschaftsarchitekten wie Wiepking-Jürgensmann haben ihre Arbeit schon in den 20er und 30er Jahren auf wissenschaftliche Ökologie gestützt und mit Ian McHarg wurde der ganze Berufsstand dazu inspiriert, mit der Natur zu gestalten. Aber schon Garret Eckbo stellte fest, daß die Fixierung auf diese Art der Gestaltung die Phantasie einschränke und zur »analytischen Paralyse« führe.

and her uncritical fans from concentrating on ironic comments instead of dealing more seriously with actual problems.

Although the Japanese inspiration prevails, the Japanese profession today is undecided. After Mirei Shigemori's masterly gardens around 1940, Japanese landscape architects seem to have divided their interests in two directions: a mechanical imitation of historic gardens and an adaptation of Western design tradition.

In addition to architecture, painting, sculpture, and stage-design, Lawrence Halprin has indicated choreography as an art to add to the landscape architect's arsenal of inspiration. The art of shaping space for movement and understanding the presence of the body are certainly of importance, but so far have not led to convincing results in landscape architecture.

Garden design and ecology. The realization of a garden idea, however artistic it might be, needs material, usually vegetation, soil and other things available in nature. As in few other arts, it is characteristic of garden design that the material has very much its own quality, value, and attraction. Paying the material too much attention is a risk. Many 20th-century gardens suffer from concentration on material and neglect of spatial structure, expression, and symbolic goal.

Today's keyword is ecology. An ecological understanding of vegetation and growth conditions is necessary for most garden projects, but at the moment the field of ecology is confusing the concept of garden design. One could say that ecology is a too important issue to be made synonymous with garden design. However, ecology is mentioned here for two reasons. The first is that landscape planning is often considered the

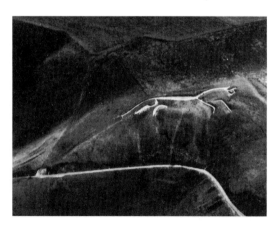

In der zweiten Hälfte unseres Jahrhunderts erwies sich die Land art als echte Erneuerung für die Gartenkunst. Die Frühgeschichte liefert den Künstlern hier Gestaltungsmaterial. Das keltische Weiße Pferd von Uffington, England, entstand um 100 nach Christus, die Wikinger-Ringwallanlage in Trelleborg, Schweden, etwa um 980 nach Christus.

In the second half of this century prehistorically inspired land art proved a genuine renewal for garden art. History continues to deliver design material to the artists, which is then technically refined. The Celtic White Horse in Uffington, England, dates from 100 A.D., the Viking circular mound in Trelleborg, Sweden, about 980 A.D.

major, if not the only, issue for landscape architects. Skilled German landscape architects such as Wiepking-Jürgensmann based their work on scientific ecology as early as the twenties and thirties, and with Ian McHarg the whole profession became inspired to design with nature. Garret Eckbo, however, found that the fixation on designing with nature limited the imagination of the landscape architect and led to "analysis paralysis". This brings us to the second reason for mentioning ecology.

Although essential for landscape planning and very important for landscape architecture, the ecological approach has been an obstacle to garden design. This is true in two respects: first of all many schools in Europe as in America claimed that garden design was a minor area and could be neglected. Secondly, this attitude generated an opposition leading to extremely elitist artistry. As a matter of fact, an artistic ecological design is surprisingly rare. The Swiss Georges Descombes is doing excellent work and Insel Hombroich has received much attention, but when Miriam Rothschild experiments in England with combinations of plants and butterflies, which should be seen as true ecological art, this is regarded as English eccentricity, if it is at all noticed. Unrealistic and badly adapted to the urban context, concepts such as those by the Dutch Louis Le Roy may have betrayed their obvious potential.

One must revert to Leberecht Migge's German tradition and to that in Scandinavia in the 1940's to find a balance between artistic ambitions and ecological awareness. The situation around 1980 seems to have been significantly deplorable, characterized by an obvious polarization between designers and ecologists.

Der ökologische Ansatz, für die Landschaftsplanung ein Muß und für die Landschaftsarchitektur ebenfalls sehr wichtig, ist für die Gartengestaltung eher ein Hindernis, und zwar in zweierlei Hinsicht. Erstens weil viele Schulen in Europa und Amerika zu dem Schluß kamen, Gartengestaltung sei ein unbedeutendes Gebiet und könne daher vernachlässigt werden. Und zweitens weil diese Haltung eine Opposition hervorbrachte, die zu einem extrem elitären Kunstverständnis führte. Eine künstlerische ökologische Gestaltung ist im übrigen extrem selten. Der Schweizer Georges Descombes leistet hier hervorragende Arbeit, und auch die Insel Hombroich hat viel Aufmerksamkeit erregt, doch wenn Miriam Rothschild in England mit verschiedenen Kombinationen von Pflanzen und Schmetterlingen experimentiert, was als wirklich ökologische Kunst zu sehen wäre, so wird dies als typisch englische Exzentrizität abgetan, wenn nicht überhaupt ignoriert. Unrealistische und schlecht auf den urbanen Kontext abgestimmte Ideen wie die des Holländers Louis Le Roy haben vielleicht die offensichtlich vorhandenen Möglichkeiten verraten.

So muß man zu Leberecht Migges deutscher Tradition und zur skandinavischen Tradition der 40er Jahre zurückgehen, um ein Gleichgewicht zwischen künstlerischen Ambitionen und ökologischem Bewußtsein zu fin-

Der amerikanische Land art-Künstler Robert Morris schuf 1977 in Flevoland, Niederlande, das »Observatory«. Die Ähnlichkeit mit der Wikinger-Burg ist frappierend.

The American land artist Robert Morris created the "Observatory" in Flevoland, The Netherlands, in 1977. Its similarity to the Viking fortress is striking.

den. Besonders negativ scheint die Lage um 1980 gewesen zu sein, als es zu einer deutlichen Polarisierung zwischen »Gestaltern« und »Ökologen« kam.

Moderne und Historizismus. Es erscheint heute klar, daß unser Jahrhundert, zumindest bei den bildenden Künsten, durch den Begriff Moderne geprägt sein wird. Gemeinsam waren Kunst und Architektur hier der offen ausgesprochene Glaube an die Zukunft. Gemeinsam war ihnen auch der Wunsch, sich von der Geschichte zu befreien. Insbesondere Malerei und Bildhauerei zeigten das Bestreben, nichts aus der Natur Bekanntes mehr darzustellen. Ein Bild sollte Linien, Ebenen und Farben darstellen, nicht einen Apfel, eine Person oder eine Landschaft. Ein Haus sollte in Form, Materialien und Konstruktionselementen dem Verwendungszweck entsprechen und in seinem Aussehen nicht an bereits Bekanntes erinnern.

Zum Programm der Moderne gehörte außerdem der Glaube an eine Gesellschaft ohne soziale Unterschiede und Barrieren. Die deutsche und skandinavische Tradition der Landschaftsgestaltung versuchte, sowohl der Vorstellung moderner Abstraktion, wie den sozialen Zielen gerecht zu werden, doch gab es auch in diesen Ländern Probleme. Fußballtribünen und Kindergärten konnten im Hinblick auf ihre Funktion, ohne Imitation der Natur entworfen werden, aber wenn es um Gärten ging, in denen man sich erholen und vergnügen wollte, dann verlangten »die Leute« eben nach »Natur«. Wie der traditionell konservative alte Adel waren sie mit französischer Künstlichkeit nicht zufrieden. Das Ergebnis war, daß viele Jahre lang ein nationaler romantischer Realismus und Historizismus fast überall in Europa dominierte.

Modernism and historicism. By now it seems that modernism will give its name to the 20th century as far as the visual arts are concerned. An outspoken belief in the future has been common to both art and architecture. Common as well has been the desire for freedom from history. Particular to painting and sculpture was the desire not to represent nature but to be effective by means of its inherent qualities. A painting was to represent lines, planes, and colours, but not an apple, a person, or a landscape. A house should be true to materials, construction, and its intended use, and it should not look like something familiar. This concept was of course very much opposed to all kinds of landscape naturalism – unless there was a question of nature preservation.

To the modernist programme belonged a belief in a society without social differences or barriers. German and Scandinavian landscape design tried to be true to both modernist abstraction and social aims, but difficulties arose in these countries as well. Football stands and kindergartens could be designed to be functional without

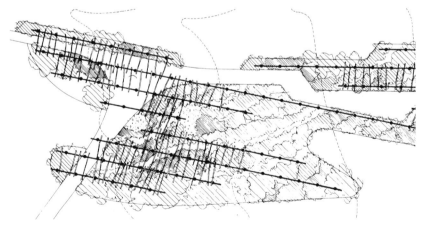

Um der Gartenkunst wieder zu Eigenständigkeit zu verhelfen, sollten wir uns daran erinnern, daß Gärten für Menschen da sind und mit allen Sinnen erfaßt werden. Ein Garten ist etwas Bleibendes, er kann anregen, unterhalten, trösten – wie der Duftgarten von Sven-Ingvar Andersson im schwedischen Kurort Rønneby, gebaut 1984.

In order to encourage the uniqueness of garden art, we should keep in mind that gardens exist for people, and are perceived with all the senses. A garden is something lasting, it can stimulate, entertain, and comfort, as does the Scent Garden by Sven-Ingvar Andersson in the Swedish spa Rønneby, built in 1984.

naturalistic imitation, but when it came to gardens for mere pleasure and relaxation, people demanded nature. Similar to the traditionally conservative old aristocracy, they were not satisfied with French sophistication. As a result, national Romantic realism and historicism were dominant in most of Europe for many years.

Futuristic tendencies have been balanced surprisingly effectively by historic flashbacks. Restorations of historic gardens are an example. When historicism as an architectural aesthetic was abandoned, the reconstruction of gardens became a significant concern. Thanks to this trend the gardens of Villandry, Vaux-le-Vicomte, and Herrenhausen can be enjoyed today. At the same time, English gardens were designed to enliven ruins, even where buildings to be ruined had never existed. Hidcote and Sissinghurst are lovely and beloved examples.

In the second half of the century another kind of historicism evolved, which proved to be a veritable renewer of garden design: prehistorically inspired land art. In Europe as well as in America it uses the forms and materials of massive manmade structures originally designed for protection against beasts or enemies, or for prestigious and religious celebrations. History continues to supply design sources to modern landscape architects. Only exceptionally are they equipped with modern technology, as Peter Walker was with his fountain at Harvard.

Then and now? It seems that the present is always experienced as diffuse. Garden art today is still drifting in the opposite directions of ecology and artistic sophistication. In addition, it is trying to imitate either nature or painting. Paralleling architecture, after a short period of postmod-

Es ist dabei erstaunlich, wie wirksam die futuristischen Tendenzen durch historische Rückblenden ausgeglichen wurden. Ein Beispiel ist die Restaurierung historischer Gärten. Als man vom Historizismus als Architekturästhetik abrückte, wurde die Wiederherstellung von Gärten plötzlich zum Anliegen, so daß wir uns heute an den Gärten von Villandry, Vaux-le-Vicomte und Herrenhausen erfreuen können.

In der zweiten Hälfte des Jahrhunderts kam eine andere Art von Historizismus auf und erwies sich als echte Erneuerung für die Gartengestaltung: die prähistorisch inspirierte »Land art«. Sie bezieht, in Europa wie in Amerika, ihre Inspiration aus den Formen und Materialien von Bauten, die einst von Menschen entweder zum Schutz gegen wilde Tiere und andere Feinde oder zu religiösen oder zeremoniellen Zwecken geschaffen wurden. So dient die Geschichte den Landschaftsarchitekten immer noch als Lieferant von

Seit 1955 gestaltet Sven-Ingvar Andersson am Haus Marna in Südschweden seinen eigenen Garten – ein Beispiel für eine eigenständige Gartenkunst, die es nicht nötig hat, andere Kunstformen nachzuahmen oder Trends zu folgen.

Since 1955 Sven-Ingvar Andersson has been developing his own garden in southern Sweden at Marna house, an example of individual garden art, free of the need for copying other art forms or following trends.

Gestaltungsmaterial, das aber technisch verfeinert wird, zum Beispiel bei Peter Walkers Brunnen in Harvard.

Hier und jetzt? Ich glaube, daß man die eigene Epoche immer als eher diffus erlebt. Die Gartenkunst bewegt sich heute immer noch zwischen den gegensätzlichen Extremen der Ökologie und der künstlerischen Höhenflüge. Außerdem versucht sie immer noch, entweder die Natur oder die Malerei zu imitieren. Und nach einer kurzen postmodernen Periode gibt es heute – genau wie in der Architektur – eine Welle der Neomoderne.

Sucht man dagegen Gartengestaltung mit eigenständigen Qualitäten, könnte man verzweifeln, und professionelle Vitalität ist einfach nicht genug. Es gibt aber auch Anlaß für einen gewissen Optimismus und zwar in Verbindung mit der sogenannten Informationsgesellschaft. Nicht weil die Informationen selbst irgendwelche positiven Auswirkungen hätten, sondern wegen des Verlustes sinnlicher Erfahrung durch diese Datenwelt. Man kann bereits feststellen, daß sich die Performance-Künstler auf physiologische Empfindungen konzentrieren. Meistens sind ihre Werke extrem unangenehm und beleidigen Augen, Ohren und Hände, wenn man zu nahe kommt. Aber sie erinnern uns an unser Bedürfnis nach sinnlichen Erfahrungen. Gärten können diese in angenehmer Form vermitteln, und die Landschaftsarchitekten werden sie liefern können.

Thomas Church, einer der ersten Vertreter der Moderne, bemerkte einmal: »Gärten sind für Menschen da.« Dieser Satz ist eine ständige Erinnerung daran, daß Gärten mit menschlichen Sinnen erfaßt werden, und nicht nur für einige wenige da sind. Daher haben Landschaftsarchitekten eine soziale Verantwortung, die sie von den Malern unterscheidet. Die Maler unserer Zeit sehen es größtenteil als ihre Pflicht an, die Leiden der Gesellschaft zu entlarven. Landschaftsarchitekten sollten es dagegen als ihre Pflicht ansehen, Freude zu bereiten – anzuregen, zu unterhalten und zu trösten. Uns an uns selbst und an die Zukunft glauben zu lassen.

Gartengestaltung ist eine eigenständige Kunst, die es nicht nötig hat, die Natur oder andere Kunstformen nachzuahmen. Sie sollte auch nicht irgendwelchen Trends folgen. Ein Garten ist etwas Bleibendes. Er liegt hier vor uns, und zwar jetzt, in diesem Augenblick.

Gertrude Stein, Picassos Freundin und Botschafterin der Moderne, hat uns die endgültige Definition der Rose geliefert. Wenn es um Gärten gegangen wäre, hätte sie genau das gleiche gesagt: Ein Garten ist ein Garten ist ein Garten …

ernism there is now a wave of neomodernism. The search for a garden design with individual qualities leads to despair. Mere professional vitality is inadequate. There is, however, a certain cause for optimism. It is a product of the "information society". It is not due to any positive effects of information itself, but to the loss of sensual experience in this world of information. Performance artists can already be seen to concentrate on physiological sensitivity. Most of their works are extremely unpleasant, offensive to sight, smell, and touch, if close proximity is dared. They recall the basic human need for sensual experiences. Gardens are able to produce these in a pleasant form. They will be in increasing demand, and landscape architects will be capable of meeting it.

Thomas Church, one of the early modernists, stated that "Gardens are for people". This is a constant reminder that gardens are to be experienced with the human senses. Landscape architects have a social responsibility different from that of painters. Painters of our time usually feel it is their duty to reveal social ills and to warn. Landscape architects should feel it their duty to give pleasure – to stimulate, entertain, and comfort, letting us believe in ourselves and the future.

Garden design is an art with its own identity and dignity. It should imitate neither nature nor other kinds of art. It should not follow any trends. A garden is designed to stay. It exists in the here and now.

Gertrude Stein, Picasso's friend and the ambassador of modernism, coined the definitive definition of a rose. Had her subject-matter been gardens, she would have put it in the same terms: "A garden is a garden is a garden."

Gerade die Informationsgesell- schaft mit der Entfremdung von natürlichen Prozessen för- dert durch den Verlust sinnli- cher Erfahrung das Bedürfnis nach angenehmen sinnlichen Erlebnissen. Landschaftsarchi- tekten haben daher die Verant- wortung, für die Menschen Lebensräume zu schaffen, die Freude bereiten.

Der Museumsplein in Amster- dam, neugestaltet von Sven- Ingvar Andersson, vermittelt eine angenehme Atmosphäre, Passanten und Museumsbesu- cher mögen ihn.

The information society, with its alienation from natural processes and a concomitant lack of sensory contacts, has an increased need for pleasant sensual experiences. Land- scape architects therefore have the responsibility to create places for people to live in that provide enjoyment.

The Museumsplein in Amster- dam, re-designed by Sven- Ingvar Andersson, conveys a pleasant atmosphere; passers- by and museum visitors like it.

Die Landschaft als Kulturgut

Landscape as cultural assets

Fabio Isman

Die Landschaft, »sogenannte Schönheit der Natur, ist in Wahrheit ein in Jahrhunderten entstandenes Produkt der Intelligenz, des menschlichen Gedankens und der menschlichen Arbeit; ein grenzenloses Buch, ein Palimpsest, in dem die Geschichte von Jahrtausenden geschrieben steht«. So sprach am 2. August 1985 im italienischen Senat einer der größten Gelehrten der Kunstgeschichte, Giulio Carlo Argan (1909-1992). Er meinte damit eine Betrachtungsweise der Regionen und Landschaften – nicht im üblichen, oft vereinfachten, poetischen Sinne und auch nicht als reiner ästhetischer Faktor, vielmehr als Kulturgut: als das Ergebnis eines menschlichen Eingriffes. Landschaft sei ein unverzichtbarer Bestandteil des Kunst- und Kulturgutes, das Fundament einer jeden Nation, das der Kirchenstaat schon im 19. Jahrhundert auf Betreiben Papst Pius VII. Chiaramonti – vielleicht als erster überhaupt – mit Maßnahmen und Einschränkungen der Privatbesitzer schätzte.

Halb Italien ist vor Bebauung geschützt, doch noch immer droht berühmten Landschaften die Gefahr, unter Beton begraben zu werden.
Half of Italy is protected from development, yet the danger of famous landscapes being covered up with concrete still remains.

The landscape, "the so-called beauty of nature, is in reality a product of human intelligence, human thought and human labour that has taken centuries to develop. It is an endless book, a palimpsest, which records the history of millennia." These are the words of one of the great scholars of art history, Giulio Carlo Argan (1909-1992), spoken on 2 August 1985 in the Italian Senate. He was referring to an approach to regions and landscapes, not in the usual, often simplified, poetic sense nor as a purely aesthetic factor but rather as cultural assets, as the result of

ANO·DNI·MCCCXXVIII

human intervention. He meant that landscape is an undeniable piece of artistic and cultural property and the foundation of any nation, as understood in the 19th century when the Papal States, at the behest of Pope Pius VII Chiaramonti, decreed measures and restrictions for private owners – perhaps for the first time of all.

Argan also postulated the "cultural aspect of nature" in order to counter the prejudice against a superficial kind of aesthetics and to underscore that "the problem of nature is not merely aesthetic but rather ecological, economic, social and ur-

Argan postulierte auch das »kulturelle Wesen der Natur«, um das Vorurteil einer oberflächlichen Ästhetik abzubauen und um zu unterstreichen, dass »das Problem der Natur nicht nur ein ästhetisches ist, sondern vielmehr ein ökologisches, wirtschaftliches, gesellschaftliches und städtebauliches. Wenn man die richtigen Maßnahmen ergreift, so können diese Probleme der Natur und der Landschaft auch in ästhetischer Hinsicht positive Wirkungen haben; falsche Eingriffe jedoch bedingen in ästhetischer Hinsicht negative Wirkungen, die auch gesellschaftlich und moralisch verwerflich sind«.

Abschließend behauptete er, dass »der ästhetische Aspekt der Umwelt das Ergebnis und nicht die Voraussetzung oder die Ursache einer guten Politik, einer guten Wirtschaft, einer guten Verwaltung der Umwelt ist. Und

»Guidoriccio da Fogliano«, Wandbild aus dem Palazzo Pubblico, Siena.
Die Landschaft bei Roccastrada in der Provinz Grosseto, 1328 von Simone Martini gemalt, erscheint heute nahezu unverändert. Das italienische Kulturministerium schützt mittlerweile 46 Prozent der Landesfläche.

"Guidoriccio da Fogliano," a fresco in the Palazzo Pubblico, Siena.
The landscape near Roccastrada in the province of Grosseto, painted by Simone Martini in 1328, seems almost unchanged. The Italian Ministry of Cultural Affairs has by now listed 46 percent of the country's land for protection.

115

ban architectural. If the correct measures are undertaken, these problems of nature and landscape can be solved with concomitant positive aesthetic effects; incorrect interventions, however, bring about negative aesthetic results, which are socially and morally reprehensible as well." He added that "the aesthetic aspect of the environment is the result and not the precondition or cause of a good policy, a good economy, and a good administration of the environment. If the environment seems bad, hostile, destroyed and destructive today, it is the result of the bad politics and economics that make it what it is."

In Italy "the cultural heritage cannot be separated from the natural landscape" claimed Giovanni Urbani, who was also the director of the Central Institute for Restoration founded in 1939 by Cesare Brandi and, in fact, Argan. This institute has written Italy's history of the defence and restoration of art, and its most recent masterly achievement is the restoration of the basilica of St Francis in Assisi which had been laid waste by the earthquake. The landscape is hence an integrated whole; human hands have – often positively and for centuries – transformed the environment, changed it and enhanced it with villages, historic city centres, towers, castles, parishes, monasteries and more. It is a lived-in landscape, regardless of whether it was marked by nature, farming or history. According to an estimate of the WWF, only 20 percent of the Italian peninsula are untouched by human hands. In four out of five cases, therefore, past generations have made interventions – some very wisely, many unfortunately less so – and thus left us with a testimony of their history and their life. Large parts of Italy are still those described, for in-

wenn heute die Umwelt schlecht, abweisend, zerstört ist und zerstörerisch wirkt, so ist sie das Resultat einer sie bestimmenden schlechten Politik und Wirtschaft«.

In Italien »kann das Erbe des kulturellen Gutes nicht von der natürlichen Landschaft getrennt werden«, behauptete Giovanni Urbani, der auch Direktor des 1939 von Cesare Brandi und eben Argan gegründeten Zentralinstituts für Restaurierung war. Ein Institut, das Italiens Geschichte der Verteidigung und der Wiederherstellung der Kunst geschrieben hat und dessen letztes Meisterwerk die Wiederherstellung der Franziskus-Basilika in Assisi nach dem verheerenden Erdbeben ist. Die Landschaft ist demnach ein Ganzes: Die Hand des Menschen hat – oft positiv und über Jahrhunderte – die Umwelt verwandelt, verändert, und mit Dörfern, historischen Stadtkernen, Türmen, Burgen, Pfarreien, Klöstern und vielem mehr ange-

Weite Teile Italiens zeigen sich heute genauso, wie sie Goethe in seiner »Italienischen Reise« beschrieben hat. Beispielhaft das Panorama im Hintergrund des Gemäldes »Diptychon der Herzöge«, dem Doppelporträt von Federico da Montefeltro und Battista Sforza, porträtiert von Piero della Francesca. Das Bild befindet sich in den Uffizien in Florenz.

Large parts of Italy still look the way Goethe described them in his Travels in Italy. A typical example is the panorama in the background of the diptych portraying the duke and duchess of Urbino, Federico da Montefeltro and Battista Sforza, painted by Piero della Francesca. The painting is in the Uffizi Gallery in Florence.

stance, by Johann Wolfgang von Goethe (1749-1832) in his *Travels in Italy*. Others still correspond to their portrayal by countless other devotees of the Grand Tour, which was for three centuries the imperative educational and cultural requirement for almost all of Europe. They made the peninsula a fundamental component of their education. They range from Jacob Philipp Hackert (1737-1807) to Joseph Mallord William Turner (1775-1851), from Claude-Joseph Vernet (1714-1789) to Jean-Honoré Fragonard (1732-1806), from Jean-Baptiste Camille Corot (1796-1875) to Claude Monet (1840-1926), to name only a few. Still preserved before the gates of Urbino, four centuries later, is the panorama that provides the background for one of the major works by Federico Barocci (1535-1612): the "Crucifixion" now in the Prado in Madrid. This panorama, as noted by the art historian Antonio Paolucci, the Italian minister of culture several years ago, is "the same one that can be seen on a masterpiece in the Uffizi: the ducal diptych by Piero della Francesca showing the twin portraits of Federico da Montefeltro and Battista Sforza."

Still untouched in Roccastrada, in the province of Grosseto, is the almost metaphysical landscape captured by Simone Martini in 1328 in a painting fundamental for the art of any period and any latitude that we all learned to admire in school in a reproduction: "Guidoriccio da Fogliano," ten by three and a half metres, covering an entire wall facing the "Maestà" in the Palazzo Pubblico in Siena.

Someone tried to change this panorama a few years ago with a modest – but nonetheless disruptive – development plan. Because of a motorway the background of Barocci's "Crucifixion"

reichert. Eine gelebte Landschaft, gleichwohl natürlicher, agrarischer oder historischer Prägung. Laut einer Schätzung des WWF sind nur 20 Prozent der italienischen Halbinsel nicht von menschlicher Hand berührt worden. In vier von fünf Fällen haben also die vergangenen Generationen Eingriffe vorgenommen – teils mit großer Weisheit, zum Großteil leider mit geringerer – und überließen uns somit ein Zeugnis ihrer Geschichte und ihres Lebens.

Weite Teile Italiens sind noch die beispielsweise von Johann Wolfgang von Goethe (1749-1832) in seiner »Italienischen Reise« beschriebenen. Oder entsprechen den Portraits unzähliger anderer Jünger der Grand Tour – drei Jahrhunderte lang unverzichtbarer Bildungs- und Kulturimperativ für fast ganz Europa, für das der Besuch der Halbinsel ein fundamentaler Bestandteil ihrer Bildung war: Von Jakob-Philipp Hackert (1737-1807) zu

Die Fotografien von Gabriele Basilico laden dazu ein, die Veränderung der italienischen Landschaft zu betrachten. Ausgehend von einem urbanen Zentrum erstreckt sich der Blick ins Hinterland hinein. Die Landschaften sind von Schnellstraßen durchbrochen und haben einschneidende bauliche Veränderungen erfahren. Trotzdem lässt sich das Italien Goethes noch immer erkennen.

Photographs by Gabriele Basilico invite us to look at changes in the Italian landscape. From the viewpoint of an urban centre, the view extends far into the distance. The landscapes are broken up by motorways and have undergone decisive architectural change. Nevertheless, the Italy of Goethe's day is still identifiable.

Joseph Mallord William Turner (1775-1851), von Claude-Joseph Vernet (1714-1789) zu Jean-Honoré Fragonard (1732-1806), von Jean-Baptiste-Camille Corot (1796-1875) zu Claude Monet (1840-1926), um nur einige zu nennen. Vor den Toren von Urbino besteht noch heute, nach vier Jahrhunderten, jenes Panorama, das den Hintergrund einer der wichtigsten Werke von Federico Barocci (1535-1612) lieferte: das der Kreuzigung, jetzt im Prado in Madrid ausgestellt. Ein Panorama, das, wie der Kunsthistoriker Antonio Paolucci unterstrichen hat, der vor Jahren italienischer Kulturminister war, »das Gleiche ist, das auf einem Meisterwerk der Uffizien zu sehen ist: das Diptychon der Herzöge von Piero della Francesca – das Doppelportrait von Federico da Montefeltro und Battista Sforza«. Und in Roccastrada, in der Provinz von Grosseto, ist die fast metaphysische Landschaft noch unangetastet, die 1328 von Simone Martini in einem Gemälde festgehalten wurde, das grundlegend für die Kunst jeder Zeit und jedes Breitengrades ist und das wir alle erstmals auf den Schulbänken als Reproduktion bewundern konnten: Guidoriccio da Fogliano, zehn auf dreieinhalb Meter, das, gegenüber der Majestät, eine ganze Wand des Palazzo Pubblico in Siena bedeckt.

Dieses Panorama wollte vor einigen Jahren jemand durch einen bescheidenen – aber eben deswegen doch aufdringlichen – Bebauungsplan verändern; wegen einer Autobahn war auch der Hintergrund der Kreuzigung von Barocci in Gefahr. Aber das Kulturministerium hat sie verteidigt. In Italien verhindert dieses Ministerium jährlich fast dreitausend Angriffe und Verunstaltungen der Umwelt und der Landschaft, indem es Genehmigungen für nichtig erklärt, die schon von Gemeinden oder Regionen unterzeichnet und in jenen Teilen des Landes ausgestellt wurden, in die nicht ohne Erlaubnis eingegriffen werden kann – eine Fläche, die 46,14 Prozent des gesamten Landes ausmacht.

Dies sind Motive Italiens, die nicht »noch zu retten« sind, sondern die »schon gerettet« wurden. Mittlerweile ist jedoch der »Garten Europas«, von dem die Reisenden des 18. und 19. Jahrhunderts sprachen, unvermeidlich zum »Zementgarten« geworden: Charles de Brosses (1709-1777) hätte heute einige Schwierigkeiten, in seinen »Lettres familières« zu schreiben, dass »das Gebiet zwischen Vicenza und Padova allein schon die gesamte Reise nach Italien wert ist« – die berühmten Euganeischen Hügel sind nämlich mittlerweile zum Schauplatz einer nur ab und zu durch Gruben unterbrochene Aneinanderreihung kleiner Villen und Fabriken geworden.

was also in danger. But the Ministry of Culture came to their defence. In Italy this ministry hinders almost three thousand assaults on and disfigurements of the environment and the landscape annually by declaring permits invalid. These have already been signed by municipalities or regions and issued in parts of the country where interventions are not possible without approval of the authorities, an area comprising 46.14 percent of the entire country. These two Italian motifs are now no longer "yet to be saved" but "already saved."

In the meantime, however, the "garden of Europe" of which the travellers of the 18th and 19th centuries spoke, has unavoidably become a "concrete garden." Charles de Brosses (1709-1777) would find it difficult today to write as he did in his *Lettres familières* that the "area between Vicenza and Padua alone is already worth the whole trip to Italy." The famous Euganean Hills have become the site of a continuous series of small villas and factories only interrupted occasionally by mines.

It is worth quoting one of the most clear-sighted and vehement indictments formulated a few years ago by Antonio Cederna, one of the most powerful defenders of the country formerly known as the "bel paese": "Reckless building has produced over 100 million rooms for a population of 56 million." (While Italy used to be the most beautiful landscape of the world, it now holds the world record for 'second homes.') "We are the biggest producer of concrete of the world, two to three times as big as the USA, Japan, and the Soviet Union [sic], at 800 kilograms per Italian citizen. In forty years we have covered one fifth of the peninsula with concrete: six million

Basilicos Fotografien zeigen das heutige Gesicht eines urbanisierten Italiens. Dieses Italienbild wirkt homogen und leer. Obwohl bereits viele Landschaften zerstört worden sind, kann der weitaus größere Teil noch gerettet werden.

Basilico's photographs show the appearance of today's urbanised Italy. This image of Italy seems homogeneous and empty. Although many landscapes have already been destroyed, the vast majority can still be rescued.

Es lohnt sich, hier eine der klarsichtigsten und heftigsten Anklagen zu zitieren, die vor Jahren von Antonio Cederna formuliert wurde, einem der stärksten Verteidiger des vormals als »bel paese« bekannten Landes: »das verschwenderische Bauen hat für 56 Millionen Bewohner über 100 Millionen Räume produziert« (und wenn früher Italien die schönste Landschaft der Welt war, hält es heute den Rekord der »Zweithäuser«), »wir sind die größten Zementproduzenten der Welt geworden, zwei bis dreimal so groß wie die Vereinigten Staaten, Japan, die Sowjetunion [sic!], 800 Kilogramm pro Italiener. In vierzig Jahren haben wir ein Fünftel der Halbinsel mit Zement überflutet: sechs Millionen Hektar, vierhundert pro Tag«. Für allzu lange Zeit hat man gedacht, dass nur dies den wirtschaftlichen und zivilen Fortschritt ausmache.

Nun weht der Wind zum Glück vielleicht aus einer anderen Richtung. Obwohl erst jüngst die Carabinieri in nur drei Monaten achtzehntausend nicht mehr sanierbare Schwarzbauten feststellen mussten. Den Richtern wurden unter anderem auch jene Fälle gemeldet, in welchen auf der noch wunderbaren Halbinsel von Sorrent sogar Straferlässe für Bausünden beantragt wurden, die noch gar nicht begangen worden waren. (Das Erlassen von Strafen für Bausünden ist eine im Italien der vergangenen fünfzig Jahre wiederholt und zu oft vom Parlament ratifizierte Angewohnheit geworden.)

Obwohl leider vieles zerstört worden ist, gibt es einen weitaus größeren Teil, der noch gerettet werden kann. Die Landschaft als Kulturgut: Alle größeren Museen der Welt sind voller italienischer Werke, über Jahrhunderte angereichert – Gemälde, archäologische Exponate, Skulpturen. Aber die 3 500 italienischen Museen beherbergen immer noch einen weitaus größeren und grundlegenderen Anteil.

Ähnliches ist der Landschaft des ehemaligen »Gartens Europa« widerfahren: Viele Teile wurden entwendet – der weitaus größere Teil davon in den vergangenen vierzig Jahren. Diese Landschaften wanderten nicht nach Frankreich, Spanien oder in die USA, sondern in das Land des Zements und des Erbauten, der Bequemlichkeiten und der oft missverstandenen wirtschaftlichen Entwicklung.

Aber was dort noch bewahrt wurde und wird, ist zum Glück der wichtigere Teil. Mit der Landschaft geschieht somit, was den anderen Kulturgütern, den Bildern oder den Skulpturen, widerfahren ist. Und auch dies ist ein absolut symptomatischer Parallelismus.

hectares, four hundred a day." For much too long it was thought that only this could mean economic and civic progress.

Nowadays, fortunately, the tide has perhaps turned. Only recently, however, the carabinieri found eighteen thousand no longer re-developable illegal buildings in only three months. The judges were informed of cases, among others, on the still wonderful peninsula of Sorrento, where penalties were rescinded for construction trespasses that had not even been committed yet. (Rescinding penalties for illegal construction has become a common practice too often ratified by parliament in the past fifty years in Italy.)

Although a large part of the landscape has unfortunately been destroyed, there is a much larger part that can still be saved. The landscape is like other cultural assets.

All the major museums of the world are full of works of Italian art accumulated over the centuries, such as paintings, archaeological exhibits, and sculptures. Nevertheless, the 3,500 Italian museums still house a much larger and more fundamental proportion.

Similarly, many parts of the landscape of the former "garden of Europe" have disappeared, most of them in the past forty years. These landscapes did not wander over to France, Spain or the USA but into the domain of concrete and built-up land, of convenience and of often misunderstood economic development. Fortunately, what has been and is going to be preserved is still the more important part. What is happening to the landscape is thus what happened to the other cultural assets, the paintings and sculptures. This is an absolutely symptomatic parallel development.

Viele italienische Kunstwerke befinden sich über ganz Europa verstreut, noch viel mehr wurde aber dem vermeintlichen Fortschritt geopfert und unter Zement begraben.

Many works of Italian art were scattered all over Europe, but many more were sacrificed to supposed progress and covered with concrete.

Ungewöhnliche Räume

Un-common spaces

Hans Ophuis

Gegen Ende des Films »The Truman Show« realisiert die Hauptfigur Truman Burbank (gespielt von Jim Carrey), dass er an die fragilen Grenzen einer konstruierten Welt gestoßen ist, die seit seiner Geburt um ihn herum errichtet worden ist. Während er auf der Flucht aus der imaginären Inselstadt Seahaven – in Wirklichkeit Seaside, Florida, die Geburtsstätte des New Urbanism – in seinem kleinen Boot den Elementen trotzt, wird ihm schmerzhaft bewusst, welche perfekt aufeinander abgestimmte Maschinerie ihn bislang davon abgehalten hat, diese Entdeckung zu machen. Trumans Welt entpuppt sich als ein riesiges Fernsehstudio, eine gigantische Kuppel – die nur den eigenen Zielen dienende Apparatur eines skrupellosen Fernsehproduzenten –, in dem Himmel und Wetter durch High Tech simuliert werden und alle Einwohner in Wirklichkeit in die Handlung verwickelte Schauspieler sind.

In diesem Studio entwickelt sich eine real-life-Story vor Hunderten von versteckten Kameras und einem Millionenpublikum von voyeuristischen Zuschauern. Wäre er nicht durch ein defektes Autoradio, das nicht auf die falsche Realität synchronisiert war, darauf gestoßen worden, dass die Dinge um ihn herum nicht normal waren, hätte Truman für alle Zeiten glücklich in der tröstlichen Kleinstadt gelebt, die eigens für ihn errichtet worden war. Keiner der Schauspieler (einschließlich seines scheinbar besten Freundes) hätte ihn jemals eingeweiht.

Ironischerweise hätte es keinen geeigneteren Schauplatz für den Film geben können, als das Städtchen Seaside, das sich selbst anpreist als »der kleine Strandort, der anders ist, weil man hier weiß, wie schön die Welt sein kann«. In architektonischer Hinsicht ein Stilgemisch des traditionellen Kleinstadt-Amerika, gewürzt mit einer Prise europäischer Stadtplanungskunst (mit freundlicher Genehmigung von Léon Krier) verkörpert es die Antithese der explodierenden Metropole. Wäre dies nicht eher das Ziel einer Flucht als ihr Ausgangspunkt?

Towards the end of the movie "The Truman Show", the main character, Truman Burbank (played by Jim Carrey), realises that he has reached the fragile boundaries of the contrived world created around him since birth. Fighting the elements in a small boat during his escape from the imaginary island town of Seahaven (in reality Seaside, Florida, the birthplace of New Urbanism), he becomes painfully aware that he  has been the victim of a perfectly orchestrated machine. Truman's world turns out to be nothing more than a huge TV studio, a giant dome – the single-minded contraption of an unscrupulous TV producer – where the sky and weather are high-tech simulations and the inhabitants merely actors involved in the plot. Within this studio, a real-life story has been unfolding before hundreds of hidden cameras and millions of voyeuristic TV viewers.

Had it not been for a car radio functioning out of sync with the false reality around him, Truman might never have become aware that things around him were not normale and would have gone on living happily ever after in the comforting small-town space set up for him. None of the actors (including his supposed best friend) would ever have told him.

Ironically enough, no location could have been more apt for the movie than Seaside, which advertises itself as "the little beach town that

Zwei Attribute charakterisieren eine neue Typologie des öffentlichen Raums am besten: eigenständig und ungewöhnlich.

A new typology of public space serves needs that are both individualistic and in search of the un-common.

made a big difference by remembering how nice the world can be". Architecturally a stylistic echo of traditional small-town America, and infused with a touch of European town planning wit (courtesy: Leon Krier), it embodies the antithesis of the exploding metropolis. Would this not be the place to escape to rather than from?

"The Truman Show" undoubtedly challenges the powerful and manipulative impact of media and technology on public opinion and means of communication. The gradual process by which the main character develops a healthy paranoia, having realised that his life is an insulated experience within a space occupied with programmed meanings, has an even wider appeal.

More universal themes are addressed in Truman's urge to find what lies beyond his happy but limited life. In this respect, "The Truman Show" explores an intriguing range of dichotomies related to our interaction with public space: illusion versus authenticity, containment versus escape, manipulation versus autonomy, fear versus courage, conformity versus resistance, avoidance versus confrontation, reluctance versus action, suspicion versus actuality, attachment versus detachment, idleness versus responsibility.

Today's metropolitan areas are increasing in size, and mobility is growing with them. Work, living and leisure are no longer available in single, central locations but are rapidly becoming part of an intricate, personal, polycentric network city created by each individual for himself.

These enclaves of networks extend across a landscape in which the traditional boundaries between city and countryside and urban and agrarian lifestyles are steadily evaporating. A large urban field is coming into being, catering to living,

Los Angeles, auf Seite 6 betrachtet vom Griffith Park Observatorium, steht für den Inbegriff der städtischen Agglomeration mit verschwommenen Grenzen zwischen Stadt und Land, zwischen städtischen und ländlichen Lebensstilen. Eine klare Perspektive für die öffentlichen Freiräume und deren Erscheinungsbild fehlt. Öffentlicher Raum in solchen Stadtgebieten heißt sehr oft Shopping Mall – ein kontrollierter, künstlicher Ort, wo nicht jeder erwünscht ist. Umgebung und Standort der Mall sind beliebig, wenn die Kunden sie leicht erreichen können – hier die Eaton Shopping Mall in Toronto.

Los Angeles, as seen on page 6 from Griffith Park Observatory, is the epitome of urban conglomerations in which the boundaries between urban and agrarian lifestyles are steadily evaporating, challenging the identity of landscape without offering a clear perspective onto new definitions. In such sprawling cities, public space often takes on the form of shopping malls – guarded, artificial places where the undesirable are excluded. As long as the mall is easy to reach – as here at Eaton Shopping Mall in Toronto – its surroundings and location do not count.

Zweifellos kritisiert die »Truman Show« den weitreichenden und manipulativen Einfluss der Medien und der Technologie auf die öffentliche Meinung und die Kommunikationsmittel. Der allmähliche Prozess des Erkennens, in dem die Hauptfigur eine gewissermaßen heilende Paranoia entwickelt und zu verstehen beginnt, dass ihr Leben ein von der Umwelt isoliertes Experiment an einem Ort voller vorprogrammierter Meinungen ist, geht jedoch weit darüber hinaus.

In Truman Burbanks Drang herauszufinden, was hinter seinem glücklichen, sprich beschränkten Leben steckt, und in seinen Zweifeln an der Anerkennung seiner Umgebung werden universellere Themen angesprochen. Der Film »The Truman Show« erkundet eine faszinierende Serie von Dichotomien, die sich auf unsere Interaktion mit dem öffentlichen Raum beziehen: Illusion kontra Authentizität, Eindämmung kontra Flucht, Manipulation kontra Autonomie, Angst kontra Mut, Konformismus kontra Widerstand, Vermeiden kontra Konfrontation, Zögern kontra Aktion, Argwohn kontra Tatsachen, Anschluss kontra Loslösung, Untätigkeit kontra Verantwortlichkeit.

Parallel zum Wachstum unserer Metropolen wächst auch unsere Mobilität. Arbeit, Wohnen und Freizeit sind nicht mehr an einzelnen zentralen Orten gebündelt, sondern werden schnell zu Teilen der komplizierten persönlichen polyzentrischen Netzwerk-Stadt, die jedes Individuum für sich selbst entwickelt.

Enklaven der verschiedenen Netzwerke erstrecken sich über eine Landschaft, in der sich die traditionellen Grenzen zwischen Stadt und Land, zwischen städtischen und ländlichen Lebensstilen immer weiter verflüchtigen. Eine große städtische Agglomeration entsteht, die die verschiedenen individuellen Bedürfnisse nach Wohnen, Arbeiten, Freizeit und isolierten Erlebnissen bedient. Die schiere Größe, Geschwindigkeit und Intensität dieses Transformations- und Umwandlungsprozesses hinterlässt einen dauerhaften Abdruck auf der Landschaft. Ihre Identität, Authentizität und Bedeutung wird angezweifelt, ohne eine klare Perspektive für neue Definitionen zu bieten.

Beim Entwurf von öffentlichen Plätzen in der heutigen Netzwerk-Stadt ist es angebracht, das traditionelle Raumplanungs-Vokabular in Frage zu stellen. Obwohl wir die klassischen Symbole unserer vertrauten Boulevards, Stadtplätze, Dorfanger und Parks schätzen, führt das alleinige Einsetzen ihrer formalen Charakteristiken in das aktuelle Projekt der beständig

working, leisure and insulated experiences according a broad range of different and individualistic needs. The sheer size, speed and intensity of this transformation process is leaving a lasting imprint on the underlying landscape. The identity, authenticity and meaning of landscape are all being challenged without offering a clear perspective onto new definitions.

It is therefore justified to question the role of the traditional vocabulary of public space design and wonder if it suits new public spaces. Despite our appreciation of the classic icons of our well-known boulevards, town squares, village greens and parks, the mere insertion of their formal characteristics into the current scheme of the evolving city rarely results in meaningful public spaces. The relationship between meaning and form is no longer predetermined, nor is it a fact in today's network city.

Travelling to exotic places and having new experiences have become the modern expression of the pursuit of happiness. Transportation nodes, crossings and hybrid in-between spaces are replacing traditional town and market squares as the focal points of urban development. In our unrelenting search for new experiences and new means of expressing lifestyle, we have become selective and opportunistic in our use of space.

The role increasingly played by virtual and visual reality in our lives has produced a new type of citizen: rootless information consumers, anxiously on the move, hungry for new stimuli. Public spaces have not escaped our appetite for browsing, grazing and zapping. A new typology of public space seems to be coming into being, meeting the needs of users that can perhaps be

Zwei Wochen lang belagerten im Sommer 1995 Menschenmassen die Wiese vor dem Berliner Reichstag. Auslöser war der »Verhüllte Reichstag« von Christo und Jeanne-Claude. Die Mischung aus geplantem Mega-Event und unvorhersehbaren Ereignissen zeigt wie eine aufsehenerregende Aktion die gewohnte Nutzung eines Ortes ändern kann.

For two weeks in the summer of 1995, crowds of people thronged the grassy area in front of the Reichstag building in Berlin, eager to experience the "Wrapped Reichstag" by Christo und Jeanne-Claude. The mixture of planned event and unpredictability demonstrates how a sensational activity can transform the way that a public space is used.

wachsenden Stadt selten zu sinnvollen öffentlichen Räumen. Die Beziehung zwischen Bedeutung und Form ist in der heutigen Netzwerk-Stadt nicht mehr a priori festgelegt.

Die Reise zu exotischen Orten und das Sammeln neuer Erfahrungen ist der zeitgenössische Ausdruck der Suche nach dem Glück. Verkehrsknotenpunkte, Kreuzungen und hybride Zwischenräume ersetzen die traditionellen rechteckigen Stadt- und Marktplätze als zentrale Orte der Stadtentwicklung. In unserer unersättlichen Suche nach neuen Erfahrungen und Ausdrücken des Lifestyles wandeln wir uns zu selektiven und opportunistischen Raumnutzern. Die zunehmende Bedeutung der virtuellen und visuellen Realität im täglichen Leben produziert einen neuen Typ des Städters: den Informationskonsumenten – unruhig, immer auf dem Sprung, hungrig nach neuen Anregungen und wurzellos. Auch die öffentlichen Räume entkommen unserem Appetit nach Browsen und Zappen nicht. Eine neue Typologie der öffentlichen Räume scheint sich herauszukristallisieren, die sich vielleicht am besten durch ihre beiden Hauptmerkmale charakterisieren lässt: eigenständig und ungewöhnlich. Dieser neue öffentliche Raum bedient sich globaler Referenzen und vertritt eine Gesellschaft von hoch individualisierten Personen. Sein Standort unterliegt nicht mehr den örtlichen Beschränkungen von Klima, natürlichen Systemen oder Topographie. Statt dessen entwickelt sich der Genius loci weitgehend aus den Ebenen von Raumprogramm, künstlicher Beschaffenheit und deren interaktiven Nebenprodukten.

Dies gilt insbesondere für die sogenannten Un-Orte, die Zwischenräume, die die Transitzonen zwischen den Zielen unserer individuellen Netzwerke belegen. Das Design dieser Korridore und fließenden Räume ist oft nur auf ganz eng umrissene Ziele wie Massentransport oder Massenkonsum von Gütern oder Freizeit abgestimmt. Überdies wird der öffentliche Charakter dieser Räume zunehmend eingeschränkt, da ihr eng umfasster Zweck häufig mit der Präsenz von Randgruppen-Vertretern unserer Netzwerk-Gesellschaft in Konflikt gerät, was schließlich zu deren Ausschluss führt.

Erfolgreiche öffentliche Räume halten das Versprechen von unvorhersehbaren Momenten, Überraschungen, variablen und multiplen Bedeutungen, Vielfalt und Ambivalenz. Solche Orte werden die Teilnehmer dazu bewegen, sie zu belegen, zu kolonisieren und vielleicht sogar ein kollektives Gedächtnis zu schaffen.

best characterized as footloose and in search of the un-common. This new public space appeals to global references and caters to a society of highly individualized people. Its location is no longer determined by the constraints of climate, natural systems and topography. Instead, the genius of the place now largely depends on programmatic layers, artificial conditions and interactive spin-off.

This is especially true for the so-called non-places, the in-between places that occupy the transit zones between the destinations in our individual networks. The design of these corridors and flow areas is often geared to meet very limited objectives, such as mass transport and the mass consumption of goods and leisure. Moreover, the public character of these spaces is becomes increasingly variable, since single uses often conflict with the presence of marginal representatives of our network society, leading to their exclusion.

Successful public spaces hold the promise of unpredictable moments, shifting and multiple meanings, diversity and ambivalence. Such places tempt their users into occupation, colonization, and perhaps even the creation of collective memory.

Paradoxically, the existence of successful public spaces indicates that the development of individual networks in today's evolving urban field has not led to fragmentation. On the contrary, such spaces turn everyone into actor and spectator alternatively, and present conditions that enable different groups to attach their own meanings to a place, thereby providing new perspectives onto other groups and enabling reflection on one's own position.

Since the distinction between city and countryside is becoming less relevant, the design of public spaces in the network city will possibly become subject to fewer typological and stylistic constraints than before. Authenticity will not play a key role in the success of public spaces; rather, the existence of authentic conditions for fostering exchange between various groups will be a crucial factor of design success. The highly individualized and unpredictable users of the future will justify an intense design effort to safeguard the overlapping and interchange of different social realms.

In addition, design will have to allow for controlled confrontation (as in the exploration of the boundary between friction and freedom), namely by recognizing the need of all individuals to distinguish themselves as well as be surprised and amused by others and, not least, by the design of the place itself.

"Illusion versus authenticity, containment versus escape, manipulation versus autonomy, fear versus courage, conformity versus resistance, avoidance versus confrontation, reluctance versus action, suspicion versus actuality, attachment versus detachment, idleness versus responsibility" – each of these themes are worthy of exploration as a source of inspiration for the design process of the public spaces of the future and as something to be evoked in the minds of the unknown users of these places.

…the day Truman escapes the soothing and friction-free cocoon of Seahaven, he enters a world that is no longer controlled by invisible and malicious forces. It is a world that enables him to find his true self and see things realistically and imaginatively for what they are…

Paradoxerweise zeigt sich an den funktionierenden öffentlichen Räumen, dass die Entwicklung individueller Netzwerke in der derzeit entstehenden Stadtlandschaft nicht zur Fragmentierung geführt hat. Im Gegenteil, erfolgreiche öffentliche Räume machen aus jedem Nutzer entweder einen Handelnden oder einen Zuschauer. Erfolgreiche öffentliche Räume bieten Bedingungen, die es den verschiedenen sozialen Gruppen unserer Netzwerk-Gesellschaft ermöglichen, dem Ort eine eigene Bedeutung zu verleihen. Hierbei können neue Perspektiven gegenüber anderen Nutzergruppen eröffnet und eigene Positionen und vorgefasste Meinungen überdacht und hinterfragt werden.

Seit die Unterscheidung von Stadt und Land immer bedeutungsloser wird, hat der Entwurf öffentlicher Räume in der Netzwerk-Stadt womöglich weniger typologische und stilistische Einschränkungen als je zuvor. Die Authentizität wird daher keine notwendige Bedingung für einen funktionierenden öffentlichen Raum sein, authentische Bedingungen für den Austausch zwischen den verschiedenen Gruppen dagegen wohl. Die hoch individualisierten und nicht einschätzbaren zukünftigen Nutzer rechtfertigen intensive Entwurfsanstrengungen, um die Überlappung und den Austausch zwischen den verschiedenen sozialen Schichten zu gewährleisten. Darüber hinaus sollte der Entwurf eine kontrollierte Konfrontation ermöglichen und dazu dienen, die Grenzen zwischen Konflikt und Freiheit auszuloten, indem die Bedürfnisse jedes Individuums anerkannt werden, sich von den anderen Nutzern abzuheben, sich aber auch von anderen – und nicht zuletzt vom Entwurf und vom Ort selbst – überraschen und unterhalten zu lassen.

»Illusion kontra Authentizität, Eindämmung kontra Flucht, Manipulation kontra Autonomie, Angst kontra Mut, Konformismus kontra Widerstand, Vermeiden kontra Konfrontation, Zögern kontra Aktion, Argwohn kontra Tatsachen, Anschluss kontra Loslösung, Untätigkeit kontra Verantwortlichkeit.« Jedes einzelne Thema könnte als Inspirationsquelle für die unbekannten Nutzer der öffentlichen Räume und somit für den Entwurf dieser Orte der Zukunft dienen.

…am Tag, als Truman dem besänftigenden und einlullenden Kokon von Seahaven entkommt, betritt er eine Welt, die nicht mehr von unsichtbaren, bösartigen Kräften kontrolliert wird. Es ist eine Welt, in der er sein wahres Ich finden kann und die Dinge in der Realität und in seiner Vorstellung so sehen kann, wie sie sind…

Raster, Hülse, Lichtung und Montage

Grid, casco, clearing and montage

Die Auflösung des alten Stadt-Land-Gegensatzes hat die Unterschiede zwischen Landschaftsarchitektur, Städtebau und Architektur verwischt. Stadt und Landschaft verschwimmen allmählich zu verstädterten Landstrichen unterschiedlicher Prägung. Zudem lösen sich die Grenzen zwischen traditionellen Disziplinen auf und machen Platz für gemeinsame Bezugssysteme.

Strategien für die Planung solcher »urbanisierter Gebiete« beruhen gewöhnlich auf den Freiräumen und folgen ganz klar der Tradition der Landschaftsarchitektur. Der Grund dafür liegt in der Art und Weise, wie die heutige Stadt entsteht, in der grundlegenden Ungewissheit über die Zukunft, unserer Unfähigkeit ihr eine bestimmte Gestalt zu geben, die zu den künftigen Entwicklungen passen könnte.

Investitionen folgen ihrer eigenen Logik in der freien Wirtschaft, die in einem allgegenwärtigen Kommunikationsnetzwerk und dem Rückzug öffentlicher Einflussnahme wurzelt. Der Städtebau wird somit immer mehr von der Fluktuation auf dem Immobilienmarkt abhängig. Man bewertet Gebäude nur nach ihrer Rendite und legt keinen Wert auf ihren sichtbaren Bezug zu ihrer Umgebung.

Marcel Smets

Durch diesen selbst gewählten Rückzug von programmatischen und gestalterischen Anforderungen der einzelnen Siedlung wird der »Zwischenraum« zwischen den Knotenpunkten der städtischen Siedlung immer wichtiger als Träger einer möglichen Strategie, durch Bauen Zusammenhalt zu schaffen. Die harten programmatischen Erfordernisse werden umgangen, man widmet sich den dazwischen liegenden Freiräumen, die notwen-

The end of the old antagonism between country and city has blurred the distinction between landscape, urbanism and architecture. Its replacement by the gradual merging of town and countryside into urbanised territories of different kinds has also weakened the boundaries between traditional disciplines, causing them to share a common frame of reference.

The strategies developed to plan these "urbanised territories" are generally based on empty space. They are clearly embedded in the landscape tradition. The reasons for their evolution are to be found in the production of the contemporary city, in the underlying uncertainty of what is to come and our incapacity to shape it in a definite form, capable of coping with future development.

With the footloose economy based on an omnipresent network of communications and the withdrawal of public authority, investments follow their own logic and the construction of the city becomes all the more dependent on the fluctuations of the real-estate market. Buildings are considered merely with respect to efficient re-

Vier räumliche Gestaltungskategorien sollen helfen, mit der Ungewissheit in der Stadtgestaltung umzugehen.

Landscape taxonomies in urbanism: four spatial design categories are to help deal with uncertainty in urban design.

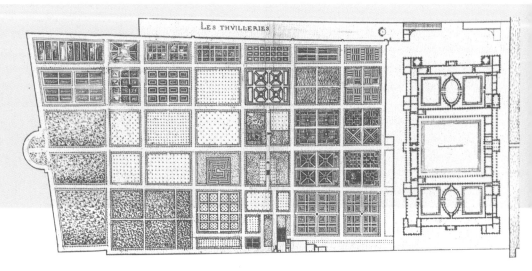

Raster. Der Gartenentwurf aus dem 16. Jahrhundert von Philibert de l'Orme für die Gärten am Tuilerienpalast kann als Archetyp des Raumkonzepts Raster betrachtet werden.

Grid. The 16th-century garden design by Philibert de l'Orme for the Tuileries Palace gardens can be regarded as the archetype of the spatial concept of the grid.

turns on capital investment and are not made to have a visible relationship to their physical environment. Because of the isolation within the programmatic and typological requirements of the individual building, the space "in between" the pockets of development becomes all the more relevant as the site for a potential strategy to build coherence. It provides a way to escape the hard programmatic requirements by addressing the intermediate terrain, which is necessarily more public or collective and replete with unclear or softer programmatic objectives.

In this paper, my aim is to show that the way contemporary urban design addresses issues of "uncertainty" can be traced back to archetypal design approaches of garden and landscape formation. I hope to define a "taxonomy" capable of clarifying how urban designers integrate the inevitable condition of "uncertainty" in the construction of today's environment. In other words, I am trying not so much to analyse how today's urbanised landscape is being formed but how designers react to it and how it affects their way of thinking.

digerweise eher öffentlich oder kollektiv und mit unklaren oder weniger harten Nutzungsansprüchen befrachtet sind. Ich will hier zeigen, wie »Ungewissheit« in der heutigen Stadtgestaltung auf ganz ursprüngliche Gestaltungsauffassungen in Garten- und Landschaftsarchitektur zurückgeführt werden kann.

Ich will eine Systematik entwickeln, um darzulegen, wie Stadtplaner dieses unvermeidbare Moment der »Ungewissheit« in die Gestaltung der heutigen Umwelt integrieren. In anderen Worten: Ich will nicht so sehr analysieren, wie die heutige Landschaft entsteht, vielmehr zeigen, wie die Gestalter reagieren und wie die neuen Bedingungen ihr Denken beeinflussen.

Zunächst sollten wir festhalten: Stadtgestaltung erfordert ein deutliches Konzept räumlicher Zusammenhänge. Fehlt dieses, können wir nicht wirklich von Städtebau sprechen.

Man sollte Ungewissheit nicht mit Unklarheit verwechseln. Sie sollte nicht zum Alibi werden, keine Planungen zu machen und Verantwortung abzulehnen, obwohl man die Kompetenz dazu besitzt. Das ist aber überall in Europa der Fall. In sogenannten Strukturplänen verbindet sich Ungewissheit mit den Schwierigkeiten vieler Akteure im Entscheidungsprozess. Die Ziele bleiben so generell und vage, dass sie niemand ablehnen kann. In Wirklichkeit haben solche Planungsmethoden wenig Wirkung auf die folgende Bauphase. Sie stehen hinter den Planungsmythen: der Grüngürtel-Theorie, dem Konzept vom Grünen Herzen, und anderen Ideen vom Stadt-Land-Gegensatz, die sich jahrzehntelang in den Planungsberufen gehalten haben, aber tatsächlich wenig Einfluss auf die räumliche Planung hatten.

So sollte man also zunächst, wenn man sich mit Ungewissheit beschäftigt, nicht versuchen, einen Konsens über die Oberziele zu erreichen, mit wenig Bezug auf die wirklichen Gegebenheiten des Stadtgebiets. Es liegt auf der Hand, dass ein Kozept eine gute Möglichkeit ist, Dinge für spätere Ereignisse offenzulassen. Vor diesem Hintergrund will ich vier auf räumlichen Konzepten beruhende Gestaltungskategorien ansprechen, die die Ungewissheit zum Thema haben.

Das Raster. Man könnte es als überflüssig erachten, vom Raster zu sprechen – auf einem Kontinent, der diese Methode vorzugsweise verwendet hat, um die räumliche Organisation seiner Städte zu strukturieren. Natürlich ist das Raster viel älter, es geht zurück bis zu Milet und zur römischen Stadt. In diesen Fällen wurde es jedoch als Form für sich verwendet, für die

Raster. Im Entwurf von Christian de Portzamparc für Atlanpole, ein High Tech Gebiet bei Nantes, kommt der Kontrast zwischen der von Menschen geschaffenen Regelmäßigkeit und dem Organischen der Natur klar zum Ausdruck.

Grid. Christian de Portzamparc's design for Atlanpole, a high-tech zone near Nantes, clearly expresses the contrast between the regularity created by human beings and the organic forms of nature.

Stadtgestalt im Zusammenspiel mit vorgegebenen Regeln – ein Instrument, um Gewissheit zu schaffen.

Im Hinblick auf gegenwärtige Bedingungen des Stadtwachstums ist ganz klar eher der Gartenentwurf der Renaissance der Archetypus, wie etwa der Entwurf von Philibert de l'Orme für die Gärten am Tuilerienpalast im 16. Jahrhundert. In diesem ursprünglichen Entwurf eines Rasters ohne Hierarchie ist der Garten ein eigenständiger Bereich, ein Mikrokosmos für sich. Seine räumliche Organisation bewegt einen dazu, die Beete nach persönlichen Vorlieben zu bepflanzen, Texturen und Farben je nach Saison zu ändern, ebenso die Wege und Promenaden. Dieser Archetyp eines Rasters entspricht keiner vorgefertigten Form, sondern ist eher eine allem zugrunde liegende Struktur, die sich auflöst, wenn sie aufgefüllt wird.

Das Modell des alles bestimmenden Rasters ist oft wiederholt worden: von Pombals Wiederaufbau von Lissabon zu Cerdás Erweiterungsplan für Barcelona und Koolhaas' Interpretation von Manhattan. Es ist interessant zu sehen, dass die »City of the Captive Globe« tatsächlich wie de l'Ormes Garten aufgefasst wird: Ihr Straßennetz sollte lediglich als Folie dienen, die erst durch die Gebäude, die in ihrem Labyrinth errichtet werden, bestimmte Bedeutung bekommt. Andererseits weisen Lissabon und Barcelona deutlich ihre eigene städtische Form auf. Hier ist in den Grenzen einer vorgegebenen Form Flexibilität möglich.

Meiner Meinung nach folgen die meisten Planungen im heutigen Europa der letztgenannten Interpretation. Sie betonen eine von Menschen geschaffene Regelmäßigkeit, die durch ihren Gegensatz zum »organischen«

To begin with, we should state that urbanism requires a clear concept of spatial configuration. Without it, we cannot really speak of urban design.

Uncertainty should not be confused with lack of clarity. It should not become an excuse for not making a proposal. Nevertheless, this is happening throughout Europe. In the so-called structure plans, uncertainty is coupled with the difficulty created by the many players in the decision-making process. Objectives remain so general and so superficial that no one can be against them. In fact, such planning methods have very little effect on the actual physical development that follows. They are behind the origin of planning myths such as the green belt theory, the concept of the green heart, and other ideas about the division between urban areas and the open countryside that have been held for decades by the planning profession but have had very little impact.

Hence the first way to deal with "uncertainty" is not to linger in trying to reach consensus on general objectives. Not putting forth a concept is actually an obvious way of leaving things open for future change. With this in mind, I would like to outline four design approaches to uncertainty that are based on spatial concepts.

The grid. It seems somewhat superfluous to mention the grid on a continent that has adopted it as the preferred means to structure the spatial organisation of its cities. It goes back much farther than American cities, of course, to ancient Miletus and the Roman towns. In the latter, however, it was used as a form suitable for reproduction to set up towns according to pre-established regulations. In this way it was an instrument for establishing certainty. When it comes to contemporary urbanisation, the grid follows the concept

Raster. Beim Projekt von Christian de Portzamparc für das linke Seine-Ufer in Paris (links) wurde das System der offenen Blockbebauung flexibel in ein Raster eingefügt. Das Raster als Instrument der Flexibilisierung wurde auch bei der Umgestaltung des Poble Nou in Barcelona (oben) zugrundegelegt.

Grid. In the project by Christian de Portzamparc for the Left Bank of the Seine in Paris (left) the system of open city blocks was fit into a grid flexibly. The grid was also applied as an instrument to attain flexibility in the redevelopment of Poble Nou in Barcelona (top).

of the Renaissance garden, beautifully expressed by Philibert de l'Orme in his scheme for the gardens of the Tuileries Palace in the 16th century. This grid has no hierarchy, and the garden is conceived as a separate entity, a microcosm of its own. Its spatial organisation inspires planting the beds to suit personal preference, changing the textures and colours of its basic form depending on the different seasons, and alternating the sequences of the paths and promenades at will. This archetype of a grid does not establish a pre-cast form. Rather, it is an underlying structure that dissolves when it is filled in.

The model of the omni-directional grid has been often reproduced: from Pombal's reconstruction of Lisbon to Cerdá's extension of Barcelona and Koolhaas' interpretation of Manhattan. It is interesting that the "City of the Captive Globe" is actually intended to be filled in like de l'Orme's garden: its street network is merely a canvas, only to become distinctive through the buildings erected on it. Lisbon and Barcelona, on the other hand, show a distinct urban form. They allow for flexibility within the limits of a pre-set configuration.

I would argue that most European urban design proposals today reflect only the second interpretation. They stress a man-made regularity that features an idea of order in opposition to the "organic" character of nature, or to the randomness of the "chaotic" environment around it. This opposition is clearly apparent in Christian de Portzamparc's project for Atlanpole, a site for high-tech industries near Nantes. The crystalline structure of the building grid is accentuated by the contrast to "accidental" variations in the surrounding topography and the

Charakter der Natur oder zur Zufälligkeit der »chaotischen« Bereiche um sie herum Ordnungsgedanken sichtbar werden lässt. Der Kontrast kommt klar zum Vorschein im Projekt von Christian de Portzamparc für Atlanpole, ein High-Tech-Gebiet bei Nantes. Hier wird die kristalline Struktur des Rasters für die Bauten durch die zufälligen Variationen der umgebenden Landschaft und den kurvigen Verlauf der Rhône-Ufer akzentuiert. Es zeigt sich auch in Gregottis Projekt für Bicocca in Mailand, wo das Raster durch die Art und die Größenordnung des Programms vorgegeben ist. Diese Beispiele belegen, dass das Raster entweder eine vorgegebene Form sein kann, wo erst die Inhalte für Abwechslung sorgen, oder aber eine neutrale Grundlage, deren tatsächliche Form durch die Architektur bestimmt wird.

Heute wird das Raster in anspruchsvollen Planungen als Instrument der Flexibilisierung genutzt – wie bei der Planung fürs linke Seine-Ufer in Paris oder der Umgestaltung von Poble Nou in Barcelona. Diese Projekte gehen an die Grenzen dessen, wie die vorgegebene Form offener gestaltet werden kann. Sie loten aus, bis wohin die sie konstituierenden Baublöcke aufgebrochen werden können, so dass der zugrunde liegende Straßenplan seinen Charakter als grundlegendes Ordnungsmoment behält. Sie wollen eine zusammenhängende und charakteristische Stadtstruktur schaffen, die künftige Möglichkeiten nicht behindert.

Die Hülse. Im Gegensatz zum Raster, das der Landschaft größtenteils aufgepfropft wurde, ist die »Hülse« aus ihr heraus entwickelt worden. Sie reflektiert die Gestalt der Landschaft und beruht auf den geologischen und hydrologischen Bedingungen, die sie geschaffen haben. So kann sie als idea-

Hülse. Beim Projekt für den HST-Bahnhof in Avignon von Desvigne & Dalnoky wird die Landschaft durch Hecken aufgeteilt. Die einzelnen Kammern verändern sich, die Gestalt der Landschaft bleibt aber bestehen.

Casco. In the project for the HST station in Avignon by Desvigne & Dalnoky, the landscape is divided up by hedges. The plots between them change but the structure of the landscape remains the same.

les natürliches, den Standortbedingungen angepasstes Rahmenwerk angesehen werden. Diese Strukturen sind so stark, dass man sie mit variablen Nutzungen anfüllen kann, ohne den grundlegenden Charakter und die Identität zu verlieren.

Ändern sich die Anforderungen an die Inhalte, kann das also durch die Rahmenbedingungen aufgefangen werden. Wenn diese grundlegenden Bedingungen – der Landnutzung, Aufteilung der Parzellen, die durch den Boden gegebene natürliche Vegetation – erhalten bleiben, werden sie auch überdauern, egal, was in den Zwischenräumen der »Hülse« gebaut werden mag. Grundsätzlich versucht dieser Ansatz eine großmaßstäbliche, übergeordnete Natur zu etablieren, die der Gestalt der Landschaft zugrunde liegt, und zugleich die Flexibilität einer kleinräumigeren Natur in ihr.

Diese Vision eines stufenweisen Wachstums beruht eigentlich auf der allmählichen Veränderung der Agrarlandschaft, wie wir sie kennen: Die Felder verändern sich mit den angebauten Feldfrüchten, aber die Gestalt der Landschaft bleibt bestehen. In ihrem Projekt für das HST-Viadukt am Zusammenfluss der Rhône und der Durance betonen Desvigne & Dalnoky die Hecken, die die Landschaft traditionell gegliedert haben. Auf diese Weise entsteht eine Folge von Feldern für den kommenden Städtebau. In ihrem Projekt für den HST-Bahnhof in Avignon zeigen sie, dass dasselbe Konzept eine große Zahl von Parkplätzen schaffen kann, ohne den Charakter des Ortes grundlegend zu verändern.

Diese fundamentale Methode der sich entwickelnden Landschaft wird auch im Bereich des Städtebaus angewandt. In Bernardo Secchis Plan für

curved course of the Loire's embankment. A similar contrast also shows in Gregotti's project for Bicocca in Milan, where the grid is determined by the nature and the size of the program. These examples illustrate that the grid can be either a pre-established form, where the filling provides differentiation, or a neutral base that is shaped by the architecture. In today's more sophisticated applications, such as the Seine Rive-Gauche development in Paris or the transformation of Poble Nou in Barcelona, the grid is used primarily as a device to attain flexibility. These projects go to the limit of opening up the pre-determined form. They investigate to what extent its constituent blocks can be disrupted while maintaining the basic character of the overall street plan as an ordering device. They want to establish a coherent and recognisable urban layout that, nevertheless, does not impede future opportunities.

The casco. Unlike the grid, which is mostly superimposed on the landscape, the "casco", or hull, is derived from it. It reflects the constitutive form of the landscape and is based on local geological

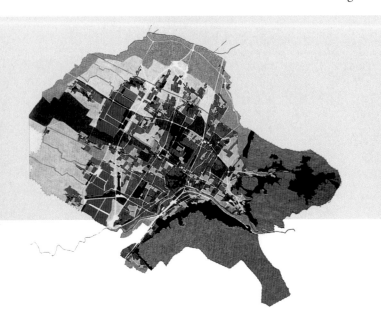

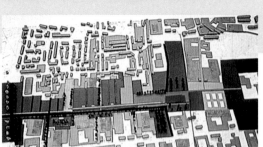

Hülse. Große Freiraum-Korridore am Fluß markieren bei Secchi & Viganos Entwicklungsplan für Prato bei Florenz die städtische Struktur. Sie werden die künftige Entwicklung der Stadtgestalt Pratos sichern.

Casco. Large open-space corridors along the river distinguish the urban structure in Secchi & Vigano's development plan for Prato near Florence. They will safeguard Prato's urban form in future development.

and hydrological conditions. As such, it can be considered the ideal natural frame that adapts to site conditions. The power if its distinctive pattern allows it to be filled in various ways without losing its fundamental character or identity.

Shifting programmatic objectives can therefore be absorbed within the rules laid down by the frame. If the basic patterns – of land distribution, plot division, natural vegetation suited to the soil conditions – are maintained, they will also prevail in whatever might be constructed in the "casco's" gaps. In essence, the device aims to establish order on a larger scale for "higher" nature as fundamental to landscape formation so as to allow flexibility for "lower" nature on a smaller scale.

This vision of incremental growth is actually based on the gradual transformation of the conventional agricultural landscape: the field will change with the alternating crops but the underlying structure of the land remains the same. In their project for the HST viaduct on the convergence of the rivers Rhône and Durance, Desvigne & Dalnoky emphasise the hedges that traditionally divide up the land. In doing so, they establish a basic plot configuration as a guideline for subsequent urban modifications. In their project for the HST station in Avignon, they prove that the same concept allows large parking lots to be accommodated without substantially altering the character of the place.

The fundamental methodology of the evolving landscape is also applied to urbanism. In Bernardo Secchi's plan for La Spezia the grid intended to structure the diffuse urban area in the broad plain follows the patterns of the torrents descending on the hillsides and the alignment of

La Spezia soll ein Raster die sich in die Ebene ausdehnende Siedlung strukturieren. Es folgt dem Muster der Sturzbäche, die von den Hügeln kommen und der Ausrichtung des Flusses im Tal. Diese Form, die in die Landschaft eingebettet ist, bestimmt die Gestalt der »Hülse«, die die weitere Entwicklung lenken soll. Sie folgt der minimalistischen Logik, die sich aus der schrittweisen Entwicklung des Straßennetzes ergibt und bildet einen »umgekehrten« Rahmen, in dem die zentralen Freiräume der überdimensionierten Baublocks die herausragenden Bestandteile sind. Die Auswüchse singulärer Eingriffe werden vermieden, da die aus individueller Initiative stammenden Zielsetzungen in ein Rahmenwerk gemeinsamer Interessen integriert werden.

Secchi & Viganos Plan für Prato markiert die städtische Struktur durch große Freiraum-Korridore am Flussufer. Sie zu erhalten ist unabdingbarer Bestandteil, will man die Stadtgestalt von Prato im Laufe seiner künftigen Entwicklung sichern. In Entwurfsworkshops mit anderen Architekten zeigte sich, dass dies sogar mit einer Optimierung der stufenweisen Bebauung der Gegend zusammengehen kann.

Was die »Hülse« vor allem charakterisiert, ist das Bestreben, ein Konzept aufgrund der bestehenden Qualitäten zu erstellen. In Zeiten, in denen alle großen Ideen und Überzeugungen – betreffend Fortschritt, Gerechtigkeit und Unparteilichkeit – verschwunden sind, in denen alle gemeinsamen Mythen und Sagen ihre Bedeutung verloren haben, will die »Hülse« die Planung auf einer Grundlage betreiben, die auf der physikalischen und geographischen Logik des Geländes beruht. Ich halte diesen Versuch für die

Hülse. Die charakteristischen Eigenschaften der Landschaft wurden im Masterplan für Vathorst von West 8 erfasst und in den Entwicklungsvorschlägen sogar noch verstärkt.

Casco. Existing landscape characteristics are picked up by the master plan for Vathorst by West 8 and even reinforced in their development proposals.

Landschaft für legitim und passend. Er erlaubt es, weiterzumachen und zusammenhängende Planungen zu erarbeiten, sogar in Zeiten der Ungewissheit. Er bezieht seine Bedeutung eher aus dem Gedanken der »Hülse«, der Form der Rahmenplanung, die er hervorbringt oder dem Freiheitsgrad, mit dem die Zwischenräume mit Nutzungen gefüllt werden können.

Um wirklich Bedeutsames zu erzielen, braucht es hier ein talentiertes Auge, das den notwendigen Überblick hat und die Charakteristika der Landschaft erfasst, und die poetische Fähigkeit, diese in einer neuen Planungssynthese auszudrücken. Das ist der Fall beim Projekt für Vathorst von West 8, wo die Wohnbebauung entlang der Laak uns die Landnutzung und das Wechselspiel zwischen Straße und Fluss deutlicher vor Augen führt als dies in der vorhandenen »natürlichen« Situation der Fall gewesen wäre.

Ebenso ordnet Manuel de Solà-Morales in seinem Projekt für die Islette in Antwerpen die Überbleibsel eines heruntergekommenen Wohngebiets in einer neuen zusammenhängenden Siedlung, die durch die überwältigende Leere der riesigen Wasserflächen dominiert wird. Schlanke Turmbauten betonen die existentielle Natur der Leerräume durch die Spannung, die durch ihre Platzierung in interessanten Abständen entsteht. Ein Fußweg, der durch minimale Eingriffe entstand, bettet das Gebiet in den größeren städtischen Zusammenhang ein und betont eine Reihe neuer Einrichtungen an seinem Verlauf.

Dieser Aspekt des minimalen Hinzufügens, des Unterstreichens des Vorhandenen, beschränkt die Wirksamkeit der »Hülse« jedoch als mögliche Strategie gegen die Ungewissheit. In dieser Herangehensweise bestimmen

the river in the direction of the valley. This frame embedded in the landscape defines the constitutive form of the "casco" proposed to shape further development. It makes use of the minimal logic that generated the incremental development of the road network, and sets up an inverted frame in which the central open spaces of the oversized building blocks act as privileged components. The excrescences of individual interventions are avoided as their objectives are integrated into a framework expressing the collective interest.

In Secchi & Vigano's plan for Prato, large outdoor corridors along the embankment of the river distinguish the urban structure. Their preservation is considered essential to safeguard Prato's urban form in the course of future development. Simulations performed in design sessions with other architects show that this option can even correlate with the process of optimising the incremental development of the area.

What characterises the "casco" most is the hope to found a concept on the inherent qualities of the site. At a time when grand ideas and beliefs (progress, justice, equity) have disappeared, when shared myths and narratives have lost their meaning, the "casco" wants to ground a project on the evident foundations of a physical and geographic logic expressed by the site. I consider the "casco" philosophy's search for a legitimising truth in the landscape, which allows going ahead and working out consistent proposals even in a time of uncertainty, more significant than the form of the frame it advances or the degree of freedom it leaves to be filled in. To be really meaningful, the approach requires both a talented eye to perform the necessary scanning of existing landscape characteristics and a poetic ability to express them in a

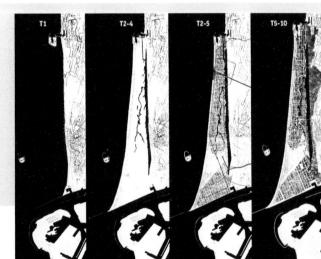

Hülse. Die Landschaftsarchitekten von West 8 planten durch eine im Meer aufgeschüttete Düne im Projekt Duindoornstad (Sanddornstadt) bei Den Haag, dem Meer Land abzugewinnen. Mit der Pflanzung von Sanddorn soll das neu gewonnene Land zunächst befestigt werden, bevor sich darauf neue Wohnquartiere entwickeln.

Casco. The landscape architects of West 8 planned to reclaim land from the water by piling up a dune out in the sea for their Duindoornstad (Sea Buckthorn Town) project near The Hague. Planting sea buckthorn is to stabilize the new soil first before new residential districts are developed on it.

synthesising new proposal. It succeeded in the Vathorst project by West 8, for instance, where the housing along the Laak makes us more aware of the land division and the changing relationships between the road and the river than might have been the case in the original, "natural" condition of the land. Likewise, Manuel de Solà-Morales's project for the Islette in Antwerp picks up the debris of a derelict housing site in a coherent new setting, dominated by the paramount emptiness of vast expanses of water. With the tension they create by being placed at interesting distances, slim towers highlight the existential nature of the void. A pathway formed by minimal interventions incorporates the site into the larger urban setting and punctuates a sequence of new urban functions on the way.

However, this aspect of minimal additions made to render more evident what is already there also limits the feasibility of the "casco" as a potential response to the issue of uncertainty. In this approach, the form and the character of the landscape determine the program. Without exactly spelling out what should be built, they lay down the conditions to which whatever is being built should respond. The landscape thus legitimises the frame that determines the freedom to fill it in. The response to uncertainty consists in restricting the number of choices the site is able to bear. Uncertainty is reduced by introducing the only remaining elements of certainty that contemporary civilisation is willing to accept.

In this context, the "casco" often identifies the position of the urban planner when confronted with large-scale commissions involving a long time-span to implement. The most evident op-

Form und Charakter der Landschaft die Inhalte. Ohne dass ausformuliert wird, was genau gebaut werden soll, schaffen sie die Bedingungen, mit denen alles, was auch immer gebaut wird, übereinstimmen sollte. Die Landschaft legitimiert also den Rahmen, der wiederum festlegt, mit welcher Beliebigkeit er angefüllt werden kann. Die Antwort auf die Ungewissheit besteht darin, die Zahl der Wahlmöglichkeiten zu beschränken, die das Gelände aushalten kann. Die Ungewissheit wird durch die einzigen bleibenden sicheren Elemente reduziert, welche die heutige Zivilisation zu akzeptieren bereit ist.

So gesehen wird die »Hülse« zur Herangehensweise, in die sich ein Stadtplaner gedrängt fühlt, wenn er mit großräumigen Aufträgen konfrontiert wird, die zur Umsetzung lange Zeit benötigen. In diesem Falle liegt es auf der Hand, dass ein Rahmenwerk von Möglichkeiten aufgestellt wird: Nur die Richtungen festlegen, die man ruhig vorschlagen kann, ohne die Lösungen zu beschränken, die aus dem weiteren Verhandlungsprozess erwachsen, mit dem man nichts mehr zu tun hat. Der Masterplan von Max1 für die neue Stadt Leidsche Rijn bei Utrecht zeigt, wie dürftig solche Maßnahmen werden können, wenn sie auf der Ebene abstrakter Empfehlungen bleiben. Ohne die konkrete Gestalt der Landschaft werden diese Richtlinien oft von den Beteiligten unterschiedlich aufgefasst und können kaum als Trittsteine für qualitative Entwicklung dienen.

Die Lichtung. OMAs Beitrag zum Wettbewerb für Melun-Senart – auch eine neue Stadt – zeigt, worum es in der dritten Herangehensweise geht. In dieser Methode ist die Landschaft der einigende Hintergrund. In einem

Lichtung. Beim Wettbewerbsbeitrag von OMA/Rem Koolhaas für Melun-Senart ist die Landschaft der einigende Hintergrund, aus dem Öffnungen herausgeschnitten wurden. Diese Lichtungen werden mit einigen Variationen bebaut, ohne den Charakter des Waldes zu verändern .

Clearing. In the competition entry by OMA/Rem Koolhaas for Melun-Senart, landscape is the unifying background out of which to cut openings. These clearings are then built up with a few variations, yet without altering the character of the forest.

Wald beispielsweise erlaubt es die Szenerie, Öffnungen zu schaffen, wo man mit einigen Variationen bauen kann, ohne den Charakter des Waldes zu verändern. Eine solche Vision geht von der Annahme aus, dass Kontrolle über die Entwicklung des gebauten Raumes unmöglich geworden ist – was sicher der Fall ist, wenn sie sich über eine längere Zeitspanne hin erstreckt und eine Vielzahl von Akteuren einschließt. Im Gegensatz dazu ist es ziemlich einfach, Konsens über die Erhaltung der Landschaftsqualität zu erzielen und Bebauungsverbote für bestimmte Bereiche zu schaffen.

So geht in diesem dritten Ansatz die Planung vom leeren Raum aus und überlässt die Bebauung sich selbst – mit welchem Resultat auch immer im Laufe ihrer Verwirklichung. In diesem Konzept wird das chinesische Schriftzeichen, das den Grundriss für die Freiräume von Melun-Senart bildet, die Besonderheit als Stadt darstellen. Koolhaas spricht von einem »Archipel der Rückstände« – in dem Sinne, dass das Meer und die Küste stärker die Qualität und Struktur einer Reihe kleiner Inseln bestimmt als das, was auf ihnen gebaut wurde.

Aber mit dieser Vorstellung einer Architektur, die einer überwältigenden Natur aufgeht, sind wir ja schon lange vertraut. Das war schon der Traum von Friedrich Gilly (1797): »Ich kenne keine schönere Anmutung als auf allen Seiten abgeschirmt zu sein, isoliert gegen den Trubel der Welt, und über mir den freien Abendhimmel zu sehen.«

Das ist die Vorstellung hinter Mies van der Rohes Farnsworth House, der Villa in Palms Grove, der Kolonisation der »wahren« Natur in locker bebauter suburbaner Struktur, wie in Olmsteds Riverside, Tauts Falkenberg

Lichtung. Im Projekt »Light urbanism« von MVRDV triumphiert die umgebende Landschaft über die städtische Entwicklung, der Kiefernwald bestimmt das Gesamtbild.

Clearing. In the "light urbanism" proposal by MVRDV the surrounding landscape prevails over the urbanisation; the pine forest determines the overall image.

tion, in that case, is to postulate a frame of possibilities: to stipulate only directives you can argue properly, without limiting the solutions that might emerge from the continuing negotiation process you are no longer involved in. The master plan by Max 1 for the new town of Leidsche Rijn near Utrecht illustrates how meagre such means may become if they remain in the sphere of abstract directives. Without the tangible evidence of landscape formation, these guidelines are often differently perceived by the parties involved, and hardly work as stepping-stones for high-quality development.

The clearing. OMA's entry for the Melun-Senart competition, also a new town, illustrates the third type of approach and clarifies its essence. This design method defines the landscape as a unifying backdrop. In the forest, for example, the encompassing scenery makes it possible to create openings where you can build with few contingencies and without really altering the character of the forest. Such a vision starts out from the assumption that control over the development of built space has become impossible, especially if it is to be exerted over a long period and involves a multitude of interested parties. In fact, the opposite is the case, for it is relatively easy to get a consensus on preserving the quality of the landscape and hence to prohibit building in certain areas.

Projects in this third category start from the void and leave the structures over to whatever outcome the realisation will lead to. The "Chinese drawing" underlying Melun-Senart's open spaces will ultimately determine the specific character of the town. Koolhaas speaks of an "archipelago of residue," meaning that the sea and the shore determine the quality and the structure of the series of small islands more strongly than what is built on them does.

In fact, this idea of architecture disappearing in an overwhelming natural landscape has been familiar for a long time. It was already the dream of Friedrich Gilly (1797): "I know no more beautiful effect than to be secluded on all sides, insulated against the turmoil of the world, and to see above, free, the sky in the evening." It is the image projected by Mies van der Rohe's Farnsworth House, by the villa in the Palms Grove, and by the low-density suburban colonisation of "authentic" nature portrayed in Olmsted's Riverside, Taut's Falkenberg and Natalini's Superstudio.

No matter what is built in a pine forest, it is the pine forest that determines the overall image. This idea of nature as a backdrop to assure the freedom of the intervention is now used as a systematic planning device. In some cases, as in MVRDV's proposal for "light urbanism", the original low-density settlement is maintained. The magnificence of the surrounding landscape prevails over the ongoing urbanisation. Nature exists to be increasingly exploited by cutting trees

oder Natalinis Superstudio. Egal, was in einen Kiefernwald hineingebaut wird – der Kiefernwald bestimmt das Gesamtbild. Dieser Gedanke von der Natur als Hintergrund für die dann folgende Freiheit im Bauen wird heute als systematisches Mittel zur Planung genutzt. In einigen Fällen, wie in MVRDVs Planung für »Städtebau light«, wird die ursprüngliche Siedlung geringer Dichte beibehalten. Die Großartigkeit der umgebenden Landschaft triumphiert über die städtische Entwicklung. Natur ist dazu da, um durch Baumfällungen und das Bebauen von Lichtungen schrittweise ausgebeutet zu werden. In Fällen von Bebauung mit hoher Dichte ohne diesen Hintergrund wird er konsequenterweise geschaffen, um Freiheit beim Bauen zu erzielen. Die einheitgebende Landschaft bringt also eine Freiheit für Gestaltung und Inhalte, die erlaubt, dass sich das Baugeschehen an die unvorhersehbaren Entwicklungen auf dem Immobilienmarkt anpassen lässt. Im Gegensatz zur »Hülse«, wo die Landschaft Voraussetzungen für die Inhalte bringt, ist es hier das inhaltliche Programm, das die Landschaft schafft.

Im Bereich Chassé, der zu der einstigen Kaserne von Breda gehört, wird der künstliche Untergrund, der durch die Faltung des Bodens entsteht von West 8 klug auseinandergezogen, um spezifische Bereiche für eine marktorientierte Entwicklung zu schaffen, in denen vorgegebene Ausblicke, Bewegungsmöglichkeiten und Blickbeziehungen gesichert werden. In Kees Christiaanses Planung für den Müllerpier in Rotterdam werden unter-

Lichtung. Auch beim Entwurf von Tiry, Descharrières, Guth, Duchardt, Devizzi für Europan 5 dient der Wald als Hintergrund für die darin zu entstehende Architektur.

Clearing. In the design by Tiry, Descharrières, Guth, Duchardt, Devizzi for Europan 5 the forest again serves as a backdrop for the architecture to be built in it.

Lichtung. Die durchgehende Beschaffenheit des Untergrundes fasst die Wohnblocks des Entwurfs von KCAP (Kees Christiaanse Architects & Planners) zum Müller Pier in Rotterdam zusammen.

Clearing. The uniform texture of the ground integrates the blocks of flats in the design by KCAP (Kees Christiaanse Architects & Planners) for the Müller Pier in Rotterdam.

Lichtung. OMA/Rem Koolhaas, Xaveer De Geyter Architects, und West 8 entwickelten im Masterplan von 1996 für das Gelände Chassé in Breda eine Campusvision.

Clearing. OMA/Rem Koolhaas, Xaveer De Geyter Architects, and West 8 developed a campus-like vision in the master plan of 1996 for the Chassé area in Breda.

schiedliche skulpturale Wohnblocks, die an Hafenanlagen erinnern, wie Elemente eines Teeservices auf einem Silbertablett angeordnet. Diese Zusammenstellung auf einer gemeinsamen Plattform schafft Beziehungen, die sich in der einheitlichen Beschaffenheit des Bodens ausdrückt, in abgestimmten Materialien, aber auch im Charakter einer autofreien gemeinsamen Erholungszone, die an den Quais leicht abfällt gegenüber der Plattform.

Die Frage ist: Was bleibt von der einstigen Idee des Einbettens in die übergeordnete Natur? Wenn das Meer auf schmale Kanäle reduziert ist, kippt das Bild vom Archipel um. Das Land dominiert und das Leitbild kann nicht mehr die Freiheit bieten, wie sie einmal geplant war. Das zeigt Kees Christiaanses Projekt für Langerak bei Utrecht: es beruht auf der weitverbreiteten Idee der »sich überschneidenden Bereiche«, die die Landschaft überzieht mit Wohnbebauung geringer Dichte, ohne Bezug auf deren architektonische Konzepte.

Die Montage. Um diese letzte Kategorie zu benennen, benutze ich den französischen Ausdruck, weil er eine doppelte Bedeutung hat. Er bezieht sich genauso auf den Schnitt bei einem Film wie auf das Zusammenbauen eines Bauwerks aus vorgefertigten Teilen. Beide Bedeutungen finden sich in dieser Entwurfsstrategie wieder.

Im Gegensatz zu den anderen Kategorien beruht die Montage nicht auf der Vorstellung einer grundlegenden Landschaft. Sie wurzelt eher in der Architektur und in den Gemälden der Moderne als in der Landschaftsgestaltung. Man kann dennoch anführen, dass der oft veröffentlichte Beitrag von

and filling up clearings. In high-density developments lacking an existing backdrop, it can be created to foster the freedom of action. The unifying landscape scheme thus entails a liberty for both form and program that allows scheduling the intervention depending on the unforeseeable developments of the real-estate market. Unlike the "casco" approach, where the landscape sets the conditions for the program, the "clearing" has the program create the landscape.

In the Chassé, the former military barracks in Breda, the artificial terrain created by the folding of the soil is cleverly extended by West 8 to create sites for market-oriented development in which pre-determined views, movements and orientations are assured. In the Müller Pier development in Rotterdam by Kees Christiaanse the diversity of sculpted housing blocks, reminders of the harbour installations, are conceived as elements of a tea set on a silver platter. Their assortment on a common base creates a relationship, expressed in identical soil textures, corresponding materials, and its overall image of a car-free public leisure area, sloping slightly downwards from the ground level along the quays.

One wonders what remains of the original idea of embedding architecture in an overruling nature setting. When the sea is reduced to narrow channels, the image of the archipelago model is reversed. The land becomes predominant and the model is no longer fit to furbish the liberty it was supposed to provide for. The Langerak development (near Utrecht) by Kees Christiaanse illustrates this: it falls back on the widespread idea of "intersecting fields", which are supposed to configure the landscape of low-density housing developments regardless of their architectural concept.

Lichtung. Beim Projekt von KCAP (Kees Christiaanse Architects & Planners) für Langerak bei Utrecht werden die Wohnbebauungen geringer Dichte von einem grünen Teppich umgeben.

Clearing. In the project by KCAP (Kees Christiaanse Architects & Planners) for Langerak near Utrecht a green carpet surrounds the low-density housing.

The montage. I use the French term to define this last approach because it has a double meaning. It relates both to the cutting and editing of a movie and to the assembling of a structure from pre-arranged components. Both meanings apply to this design approach.

Contrary to the other approaches, the montage does not originate from a landscape model. It is based more in the architecture and painting of modernism than in landscape design. Nevertheless, one could say that the widely published OMA entry for the Parc de la Villette competition has attained the status of a landscape paradigm that could illustrate the meaning of montage.

This no-nonsense conceptual project proposed a radical superimposition of four layers: a series of parallel bands with programmatic specification, a confetti of small-scale elements evenly distributed across the site, a scheme of access and circulation, and the implantation of major existing buildings and additional large-scale structures. The superimposed effect enhances an extremely ingenious and graphically very attractive clustering of activities. Or at least it creates a symbolic image embodying the vividness and sprightliness that was hoped for.

This icon of hyperactivity that was never realised is but a simulation. It shows, perhaps even more clearly in the model that was built for the second phase of the competition, how a basic framework of simple rationalities can be assembled into a poetic interpenetration of elementary forms and figures. This picture of montage looks as if it is in constant motion. Its many overlays elicit a different understanding every time you look at it. Every new look at the picture shows another composition. As in a film, it is the suc-

OMA für den Parc de La Villette-Wettbewerb den Status einer Beispielslandschaft gewonnen hat, an dem man die Bedeutung der Montage illustrieren kann.

Diese lapidare konzeptuelle Planung beruht auf dem radikalen Übereinanderschichten von vier Ebenen: eine Reihe von parallelen Bandstrukturen mit bestimmten Inhalten, kleinräumige Elemente wie Konfetti gleichmäßig übers Gelände verteilt, ein Wegesystem sowohl für Zugänge vom Stadtviertel sowie Rundgänge und Verbindungswege und die Einbindung der bestehenden größeren Gebäude sowie neu hinzukommende großformatige Bauten. Dieses Überlagern betont eine extrem phantasievolle und graphisch sehr attraktive Ballung von Nutzungen. Zumindest schafft es ein symbolisches Bild für die erhoffte Lebhaftigkeit und Agilität.

Dieses Bild der Hyperaktivität wurde nie verwirklicht, es blieb Simulation. Dies zeigt jedoch, vor allem in dem Modell, das für die zweite Stufe des Wettbewerbs gebaut wurde, wie ein grundlegender Rahmen aus einfachen Überlegungen so zusammengesetzt werden kann, dass sich elementare Formen und Gestalten poetisch durchdringen. Das Bild von der Montage scheint sich in ständiger Bewegung zu befinden. Wann immer man diese Montage betrachtet, bietet sie ganz unterschiedliche, stets neue Zusammenhänge.

Jeder neue Blick erzeugt eine andere Komposition. Wie in einem Film ist es die Abfolge von Bildern, die erst den Gesamteindruck ausmacht. Der Charakter der Szene ändert sich mit dem Schneiden und Zusammenfügen des Materials.

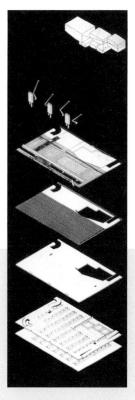

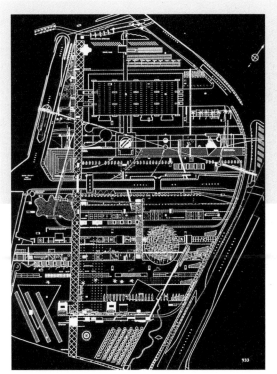

Montage. Durch das Prinzip des Übereinanderschichten verschiedener Ebenen kommt dem Wettbewerbsbeitrag von OMA/Rem Koolhaas für den Parc de la Villette der Status einer Beispiellandschaft für das Konzept der Montage zu.

Montage. The principle of layering different levels gives the competition entry by OMA/Rem Koolhaas for Parc de la Villette exemplary status as a landscape illustrating the concept of montage.

Montage. Ein komplexes Gesamtbild, das individuell auf unterschiedliche Bedürfnisse eingeht, wird beim Schouwburgplein von West 8 in Rotterdam durch das Schichten mehrerer Ebenen erzeugt.

Montage. A complex overall image responding individually to different needs is created by layering several levels in the Schouwburgplein in Rotterdam by West 8.

This article by Marcel Smets is based on a lecture held at the conference on "Territories: Contemporary European Landscape Design" at Harvard in spring 2001.

Das Projekt von La Villette vergrößert die Bedeutung jeder Nutzung durch ihr Überblenden mit anderen. Der Ungewissheit des Programms wird Rechnung getragen, indem eine Atmosphäre der »Austauschbarkeit« geschaffen wird, in der die Überfülle und die Mischung der Nutzungen wichtiger sind als bestimmte Einzelteile. Auch in vielen Entwürfen von Adriaan Geuze dient das Überlagern als Leitbild, nur dazu, eine komplexe Situation zu beschreiben, indem alle verborgenen Dimensionen sich in ein großzügiges und vielfältiges Gesamtbild fügen, das von den Nutzern individuell verstanden und genutzt werden kann. Obwohl in der Montage die Bestandteile bereits zusammengefügt sind, bleibt es doch dem Benutzer offen sie zusammenzufügen, so wie beim Filmschnitt, der ja nach Länge, Abfolge und Absicht ganz unterschiedlich ausfallen kann.

Dasselbe Konzept der Montage wird auch in der Stadtplanung angewandt, wie sich bei den folgenden zeitgenössischen Projekten zeigt. Das erste ist Xaveer De Geyters erster Preis für das Carrefour de l'Europe an Brüssels Hauptbahnhof. Der zweite ist OMAs Vorschlag für den Umbau des Verkehrsknotens San Benigno in Genua. Beide Planungen versuchen den störenden Effekt der bestehenden Durchgangsstraße aufzulösen, indem im wiedergewonnenen Raum städtische Komponenten verstärkt werden. Ein solcher Eingriff verändert die ursprüngliche Wahrnehmung des Gebiets von Grund auf. Das Gegenüberstellen von geteilten Baublöcken, die oft aus individuellen Gebäuden bestehen, schafft wieder eine Form durchs Zusammenfügen diverser, ja dissonanter Bestandteile, was letztlich wie eine charakteristische neue Stadtlandschaft aussieht.

cession of images that creates the full impression. Depending on how you cut or edit the material, you change the character of the sequence.

The La Villette project magnifies the bearing of each activity on its overlay with others. It addresses programmatic "uncertainty" by creating a sense of inter-changeability in which the profusion and mix are more important than the specific components. As in many of Adriaan Geuze's designs, the layering is but a scheme for explaining a complex setting in which all the hidden dimensions of each layer fit into a spacious and manifold image that entails the personal understanding of and individual appropriation by the people that use it. Although the montage (in the sense of pieces that are to be assembled) is already put together, the montage (in the sense of cutting/editing film, which depends on and varies with the length, the succession and the intention) is left to be put together by the user.

The idea of montage is applied in urbanism, as illustrated by the following exemplary projects: the prize-winning entry of Xaveer De Geyter for the Carrefour de l'Europe area around the Brus-

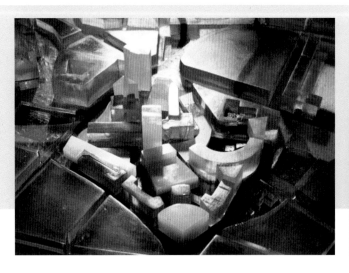

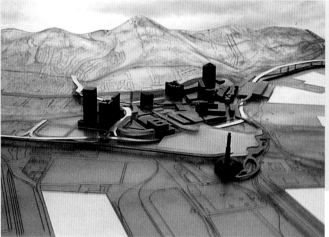

Montage. Das Zusammenfügen unterschiedlicher Bestandteile in der Stadtplanung lässt eine neue, charakteristische Stadtlandschaft entstehen. So zum Beispiel beim Projekt von De Geyter Architecten für den Hauptbahnhof Brüssel.

Montage. Joining up different components in urban planning lets a new and characteristic urban landscape develop, as for instance in the project by De Geyter Architects for the Brussels central station.

Montage. Durch die Montage unterschiedlicher städtebaulicher Elemente beim Vorschlag von OMA/Rem Koolhaas für den Umbau des Verkehrsknotens San Benigno in Genua, wird die Wahrnehmung des Gebietes verändert.

Montage. The montage of different urban architectural elements in the proposal by OMA/Rem Koolhaas for the conversion of the San Benigno traffic junction in Genoa causes the perception of the area to change.

sels central station and the proposal by OMA for the conversion of the San Benigno traffic junction in Genoa. Both projects want to solve the disruptive effect of the existing throughway by filling the recovered space with an intensification of urban components. Such intervention turns the initial perception of the area upside down. The juxtaposition of divided blocks, often made of individual buildings, is reconfigured in a conjunction of diverse, even dissonant, components that appears as a recognisable new urban landscape of its own.

Instead of standing alone (only in relation to traffic), each element in this new setting exists in relation to neighbouring ones. It thus correlates with them to form a set of overlapping sub-figures, which in turn inspire different sequences of readings depending on the routes taken through the area. Together with the constant search for connecting levels, revealing the underground and crossing paths and footways, the profusion of many activities in one spot intentionally highlight the sense of motion and turmoil. It is not only the perception of circulation appearing on all sides that creates the overlapping but also the sensation that no single element belongs to a well-defined configuration of a particular entity.

A continuous sense of merging is thus produced, whereby each element is a part of many others. The montage entails not only a constantly shifting understanding depending on the use you make of an area. It also generates an architectural coherence in the perception of the urban landscape, precisely because it is made up of interpenetrating forms and fragments.

I think this is exactly what Lissitzky was aiming at in his concept of the "Prouns".

Anstatt isoliert dazustehen und nur durch Verkehrsanbindungen mit der Umwelt verbunden zu sein, steht in diesem neuen Zusammenhang jedes Element in einem Spannungsverhältnis mit seinen Nachbarn. So steht es mit ihnen in Verbindung und bildet eine Reihe überlappender Figuren, die ihrerseits das Ablesen der verschiedenen Sequenzen interessant machen – je nachdem auf welchem Weg man sich durchs Gelände bewegt. Zusammen mit der ständigen Suche nach verbindenden Ebenen, mit dem Entdecken des Untergrunds und sich kreuzender Wege und Fußpfade will diese Überfülle von Nutzungen an einem Ort den Eindruck von Bewegung und Tumult entstehen lassen. Nicht nur Verkehr und Bewegung an allen Seiten führen zu einer Überlappung, sondern auch das Gefühl, dass kein einziges Element zu einem vorbestimmten Kontext einer bestimmten Einheit gehört.

So entsteht der Eindruck, dass alles in allem mündet und jedes Element zum Bestandteil vieler Komponenten wird. Die Montage bringt nicht nur sich stetig wandelndes Verständnis und wechselnde Wahrnehmungen, die davon abhängen, wie man einen Bereich nutzt. Sie schafft auch einen architektonischen Zusammenhang in der Wahrnehmung der Stadtlandschaft, eben weil sie aus Formen und Elementen besteht, die sich gegenseitig durchdringen.

Ich denke, genau das hat El Lissitzky in seinem Konzept der »Prouns« angestrebt.

Montage. Der konstruktivistische Maler El Lissitzky (1890 bis 1941) schuf mit den »Prouns« eine Gemäldefolge, in der sich zwei- und dreidimensionale Formen durchdringen; hier abgebildet Proun 7A. El Lissitzkys Werk entspricht somit der Theorie der Montage in der Stadtentwicklung, in der wechselnde Wahrnehmungen durch sich überlagernde Elemente erzeugt werden.

Montage. The Constructivist painter El Lissitzky (1890 - 1941) produced a series of paintings called "Prouns" showing interpenetrating two- and three-dimensional forms. Proun 7A is illustrated here. El Lissitsky's work thus corresponds to the montage theory of urban development, in which overlapping elements create changing perceptions.

Authors
Photo credits
Translations
Footnotes
Impressum

Authors

Sven-Ingvar Andersson, who was born in 1927, is a landscape architect. He succeeded C. T. Sørensen as the Professor of Landscape and Garden Arts at the Architecture School of the Art Academy in Copenhagen in 1963. As a landscape architect he has completed several projects in Copenhagen, Vienna, Amsterdam, and Malmö. He has published numerous articles and books.

Franziska Bollerey was born in 1944. She attended school and university in Berlin. From early on her interest in architecture revolved around the study of socio-economic conditions. Her dissertation in 1974 was about the architectural concept of the utopian socialists. In 1979 she became professor of the history of town planning at Delft Technical University, and she is now the director of the Institute of the History of Art, Architecture and Urbanism.

Paolo L. Bürgi is adjunct professor of landscape architecture at the University of Pennsylvania and visiting professor at the Università degli Studi di Reggio Calabria, Italy. After graduating in landscape architecture and planning at the Engineering School of Rapperswil in 1975, he began practicing as a free-lance landscape architect in 1977, when he opened his own practice in Camorino, Switzerland. He has also served as a critic and juror on various occasions.

Christophe Girot, who was born in 1957, studied architecture and landscape architecture in Berkeley. From 1990 to 1995 he was a partner in the Phusis office in Paris, from 1995 on in the Onne office in Versailles. He was department head from 1994 to 1999 at the Ecole Nationale Supérieure du Paysage in Versailles. Since 2001 he has held a full professorship in landscape architecture at the ETH Zurich, where he had already taught as a visiting professor in 1999-2000. He has headed the VUES practice in Zurich since 2002.

Fabio Isman born near Milan in 1945, lives in Rome. He is a specialist correspondent for the Italian daily, Il Messaggero, in Rome. He was formerly with the Gazzettino, a Venetian paper, and the Piccolo in Trieste. He has published several books on the preservation and restoration of Italian cultural and historical assets as well as on the "culture industry" of Venice.

Michael Jakob was born in 1959. He studied law, philosophy, and German and comparative literature in Tübingen and Geneva. He is professor of comparative literature at the University of Grenoble and teaches courses in theory and history of landscape at the Institute of Architecture of Geneva University. He is the founding editor of COMPAR(A)ISON and of the "di monte in monte" series (Tarara Edizioni, Verbania).

Andreas Muhar was born in 1957. He studied landscape ecology and design at the Universität für Bodenkultur in Vienna, graduating with a

Dieter Kienast was born in 1945. He studied landscape planning at the Gesamthochschule Kassel, graduating in 1978 with a doctoral thesis on plant sociology. From 1979 to 1994 he was a partner in Stöckli, Kienast & Koeppel, landscape architects. From 1980 to 1991 he was a professor at the Interkantonale Technikum Rapperswil, and from 1992 to 1997 Professor of Landscape Architecture and director of the Institute of Landscape and Gardens at the University of Karlsruhe. He was a partner in Kienast Vogt Partner from 1995 on. He held the professorship of landscape architecture in the architecture faculty at the ETH Zurich from 1997 on. Dieter Kienast died in December 1998 in Zurich.

Peter Latz was born in 1939. He studied landscape architecture in Munich-Weihenstephan and urban design and planning in Aachen. Since 1968 he has been a freelance landscape architect and urban planner. He taught at the Academy of the Building Arts in Maastricht; he was appointed to the University (GH) in Kassel in 1973, and in 1983 to the Technical University of Munich. He has lectured internationally (visiting professorships at the University of Pennsylvania and Harvard University).

master's diploma in engineering and a doctorate. From 1996 to 1998 ha was a lecturer in environmental planning at Griffith University in Brisbane, Australia. Since then he has been associate professor at the Institute of Open Space Planning and Landscape Maintenance of the Agriculture University in Vienna.

Hans Ophuis was born in 1956. He studied landscape architecture and regional planning in Wageningen and Philadelphia. He has his own landscape practice in Rotterdam and is currently affiliated with the Leidsche Rijn project office in Utrecht.

Ursula Poblotzki, who was born in 1955, studied landscape architecture at the Technical University of Munich. From 1980 on, she worked in the fields of planning, administration, research and teaching. She obtained her doctorate from the University of Hannover in 1991 and was an editor of Topos: European Landscape Magazine from the end of 1992 to 1995. She has been a professor of open space planning at the Osnabrück University of Applied Sciences ever since.

Kathinka Schreiber studied philosophy, German and Romance literature, and art history. She is a research assistant at the Chair of Philosophy and Theory of Science at the Technical University in Stuttgart. She lectures on aesthetics, semiotics and the history of design at the School of

Television and Film in the set design department.

Marcel Smets was born in 1947. He gained a diploma in architecture at Ghent University in 1970, a diploma in urbanism at Delft Technical University in 1974, and finally a doctorate at Leuven University in 1976. He has been a professor of the theory and practice of urbanism at Leuven University since 1978 and held visiting professorships at the universities of Urbino, Thessaloniki and Harvard. He heads the project team of Stadsontwerp.

Günther Vogt was born in 1957. After apprenticing in gardening and studying landscape architecture at the Interkantonale Technikum (Technical University) in Rapperswil, he was a managing partner with Stöckli, Kienast & Koeppel from 1986 on. He was a partner in Kienast Vogt Partner from 1995 on. Since 2000 he has been the head of Vogt Landscape Architects.

Brigitte Wormbs studied garden and landscape architecture at the Technical University of Munich. She is an honorary professor at the University of Oldenburg, teaching communication and aesthetics. She lives and works as a free-lance writer in Ulm and has published works on the concept of nature, on the perception, representation and design of landscape, and on urban development, architecture and the garden arts.

Translations:

German/English:
Almuth Seebohm: pp. 5, 77, 92, 114
English/German:
Bruce Roberts: pp. 83
Cornelia Groethuysen: pp. 102
Beate Rupprecht: pp. 122
Ursula Poblotzki: pp. 128
Italian/German:
Gabriele Meier: pp. 114

Footnotes

Franziska Bollerey: Der konkrete Traum von der neuen Harmonie/A concrete dream of new harmony, pp 6:
1. Ziegenhagen Franz Heinrich: Lehre vom richtigen Verhältnis zu den Schöpfungswerken und durch die öffentliche Einführung derselben allein zu bewirkende allgemeine Menschenbeglückung, Hamburg 1792
2. Ibidem, p. 335
3. Vgl.: Bollerey, Franziska: Architekturkonzeption der utopischen Sozialisten, Berlin (Ernst & Sohn) 1991.
4. Günther, Karl Heinz: Robert Owen. Pädagogische Schriften, Berlin 1955, p. 205
5. Leroy, Claude, zitiert in: Bauwelt, Heft 45/1989, p. 2117
6. Simmel, Georg: Die Großstädte und ihr Geistesleben. In: Die Großstadt, Dresden 1903, pp. 201 f.
7. Von Ben Wargin häufig benutztes Zitat
8. In Reaktion auf das höfische Leben ließ Marie Antoinette für das zu spielende bukolische Leben beim Petit Trianon zwischen 1775 und

1790 von Antoine Richard und Richard Mique ein Dorf mit Dorfbauten erbauen.
9. Bloch, Ernst: Geist der Utopie. Unveränderter Nachdruck der bearbeiteten Neuauflage der 2. Fassung von 1923, Frankfurt a.M. 1980, p. 10
10. Silberling, Eduard: Dictionnaire de sociologie phalanstérienne – Guide des œuvres complétes de Charles Fourier, Paris 1911 (Reprint New York 1966).
11. Fourier entwirft ein Schema des Erziehungsganges, der auf die unterschiedlichen Entwicklungsstadien, die die Kinder durchlaufen, eingeht. Fourier: IV, NM, p. 170, in: Apelt , Walter: Charles Fourier. Die harmonische Erziehung, Berlin 1958, p. 24 Zwölfbändige Gesamtausgabe: Œuvres complètes I-XII (Reprint der Ausgabe von 1841, Paris 1966).
12. Fourier, François Marie Charles, zitiert in: Bollerey, Franziska: A.A.O., pp 239f.
13. Fourier, VI, NM, p. 119
14. Bollerey Franziska, A.a.O., p. 66.
15. Günther, Karl-Heinz: A.a.O., pp 107/108
16. Robert Owen: in "Bericht an die Grafschaft von Lanark". In: Günther, Karl-Heinz: A.a.O., pp 186/187
17. Ruskin, John: Unto his last, 1862, zitiert bei: Howard, Ebenezer: Gartenstädte von morgen. Das Buch und seine Geschichte. Hrsg. Julius Posener, Berlin 1968.
18. Kampffmeyer, Bernhard: Gartenstadt und Landeskultur, Flugschrift Nr. 10 der Deutschen Gartengesellschaft, Berlin 1906, p. 9

19. Le Corbusier: L'Urbanisme, p. 52.
20. Ebda., p. 45.
21. Stranz, Herbert, in: Berlin, Märkisches Viertel – Ein Zwischenbericht. In: "Bauwelt" 46/47, 1967, pp. 1189 ff.
22. Fourier: IV, UU, 3. vol., p. 300.
23. Cerdà Ildefonso: Teoria General de la Urbanizacion. Reforma y Ensanche de Barcelona, 3 Teile, Madrid 1967, Neuauflage Barcelona 1968.
24. Fourier: IV, UU, 3. vol., p. 382 (Übersetzung Verfasserin).
25. Ebda., pp. 302/303.
26. Fourier, Charles: Œuvres complètes, Ausg. 1966, Bd. II, p. 209.
27. Gide, Charles und Charles Rist: Geschichte der volkswirtschaftlichen Lehrmeinungen, Hrsg. Franz Oppenheimer, Jena 1913, p. 238
28. Bloch, Ernst: A.a.O., p. 16

Die Artikel in der vorliegenden Topos Edition wurden aus den folgenden Ausgaben von Topos entnommen:
first publication of reprinted articles in:
pp.   6: Topos 1994/07
pp. 17: Topos 1993/02
pp. 30: Topos 1993/02
pp. 42: Topos 1993/02
pp. 54: Topos 1993/04
pp. 64: Topos 1994/06
pp. 69: Topos 1994/06
pp. 77: Topos 2000/33
pp. 83: Topos 1999/28
pp. 92: Topos 1996/14
pp. 102: Topos 1995/11
pp. 114: Topos 2000/33
pp. 122: Topos 2002/39
pp. 128: Topos 2002/38

Impressum

Editor: Topos – European Landscape Magazine (www.topos.de)
Robert Schäfer, Claudia Moll
Layout: Boris Storz, Heike Frese-Pieper

© 2002 Verlag Georg D. W. Callwey GmbH & Co. KG, Munich, P.O.Box 80 04 09, D-81604 München, Germany in cooperation with Birkhäuser – Publishers for Architecture, P.O.Box 133, CH-4010 Basel, Switzerland

A CIP catalogue record for this book is available from the Library of Congress, Washington D.C., USA.

Die Deutsche Bibliothek verzeichnet diese Publikation in der Deutschen Nationalbibliografie; detaillierte bibliografische Daten sind im Internet über: <http://dnb.ddb.de> abrufbar.

Printed on chlorine-free pulp. TCF

Printed in Germany

ISBN Callwey 3-7667-1558-5
ISBN Birkhäuser 3-7643-6977-9

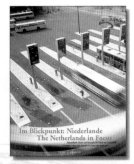
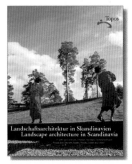